전남 유격투쟁사

전남 유격투쟁사

초판 1쇄 발행　2008년 06월 16일
초판 2쇄 발행　2010년 04월 16일

지은이　정관호
펴낸이　윤관백
편　집　김은혜
표　지　김지학
펴낸곳　선인

인　쇄　한성인쇄
제　본　광신제책

등록　제5-77호(1998.11.4)
주소　서울시 마포구 마포동 324-1 곳마루 B/D 1층
전화　02)718-6252 / 6257　팩스　02)718-6253
E-mail　sunin72@chol.com
Homepage　www.suninbook.com

정가　27,000원
ISBN　978-89-5933-128-4　93910

·저자와 협의에 의해 인지 생략.
·잘못된 책은 바꿔 드립니다.

전남 유격투쟁사

정 관 호

선인

추천의 글
노병이 쓴 유격투쟁 정사(正史)

한국 현대사에서 가장 비극적인 사건이 한국전쟁이라면, 한국전쟁이라는 비극의 심연에는 이름 없이 죽어간 산(山)사람들의 이야기가 자리 잡고 있다. 누구나 관심을 갖는 듯하고 한마디씩은 다 얻어듣기도 하고 해 본 것도 같지만, 정작 아무도 그 실상을 제대로 기록하지 못한 것이 바로 한국전쟁 전후 빨치산들의 역사이다. 이태의 『남부군』이 나온 지 20년이 지났지만, 산사람들의 이야기는 형식 면에서는 여전히 소설 방식을 맴돌고 있고, 좀 더 체계적인 기록을 위한 작업들이 일부 시도되었으나, 여전히 '장님 코끼리 만지는 수준'을 크게 벗어나지 못하고 있다. 문제는 형식이 아니다. 이태의 『남부군』은 한국에서는 최초로 시도된 빨치산들의 빨치산 이야기이지만, 그 이야기는 쓰기 어렵다. 비전향장기수 녹취작업을 한동안 했던 필자도 감히 정리할 엄두를 내지 못한 게 빨치산운동사다.

하지만 『남부군』은 빨치산 이야기를 전면화하였다는 점에서 각광을 받았다. 군사독재정권 시절의 반공도서나 영화에서 흔히 묘사되듯이 빨치산이 피도 눈물도 없이 잔혹한 살육만 일삼던 이념의 사생아가 아니라 희로애락의 감정을 지닌 따뜻한 인간이라는 사실을 드러냈다는 점은 『남부군』의 일정한 성과라 할 수 있다. 그러나 『남부군』이 일반 대중에게 준 충격의 강도보다 몇 배 더 강렬하게 이 책을 비판한 사람들은 극한적인 상황 속에서 총을 들었고, 그 총을 스스로 내려놓지 않았던 빨치산 출신들이었다. 『남부군』은 빨치산을 비인간의 영역에서 인간의 영역으로 끌어들였지만, 그 인간은 극히 나약하고, 감상주의적이며, 빨치산활동이 잘못되었다고 반성하는 전향자들이 중심이 된 인간이었다.

  살아남은 비전향 빨치산들은 분노했다. 빨치산들이 왜 총을 들었고 어떤 생각을 하며 극한의 조건을 견뎌냈으며, 어떻게 싸우다 어떻게 죽어갔는지는 전향자의 시각에서, 극단적인 반북반공국가인 대한민국에서 용인될 수 있는 정도로는 담아낼 수 없다는 것이다. 그들은 빨치산 이야기의 주역은 어디까지나 끝까지 총을 들고 싸우다가 이름 없이 죽어간 사람들이어야 한다는 주장을 했다. 이런 입장을 담은 글이 정지아의 『빨치산의 딸』이다. 이 소설은 구빨치 부모 사이에서 태어난 작가가 쓴 것으로, 빨치산들의 입장을 충실히 담아냈다고 할 수 있다. 그러나 이 소설이 나온 지도 근 20여 년이 되어 가지만, 이를 능가하는 빨치산 소설을 찾는 것은 쉬운 일이 아니다. 우리는 『빨치산의 딸』 같은 산 사람들의 입장에 충실한 소설 등을 통해 그들이 도대체 어떤 생각을 하고 어떻게 싸웠는지에 대해서는 최소한의 이해에 접근할 수 있게 되었다. 소설 또는 야사 형식의 기록물은 비교적 자유롭게 이런저런 얘기를 풀어나갈 수 있고, 또 빨치산들의 내면세계를 그리기에 유리한 조건을 갖고 있다고 할 수 있다. 그러나 소설과 야사와는 성격이 다른 보다 체계적인 정사(正史)는 나오지 않았다.

수만 명의 사람들이 죽어간 엄청난 사건임에도 빨치산들의 역사가 기록되지 못한 것은 어떤 까닭에서일까? 무엇보다도 빨치산의 전모를 밝힐 자료도, 주체도 부족했다는 사실을 지적하지 않을 수 없다. 아주 분산된 상태에서, 그리고 하루가 다르게 변화하는 외부 상황 속에서 빨치산 조직 자체가 재편에 재편을 거듭했기 때문에 이를 체계적으로 정리한다는 것은 쉬운 일이 아니다. 중앙당과 도당, 도당과 지구당 사이의 연계도 원활하지 않았다. 중앙당의 지시가 도당에 전달되는 데 5~6개월의 시간이 걸리거나 아예 전달되지 않았고, 하부에서 상급당에 올리는 보고는 번번이 토벌대에 의해 차단되곤 했다. 그러다 보니 각지에서 분산되어 전개된 빨치산 활동의 전체상을 그려내는 작업은 거의 불가능했다.

빨치산 관련 자료가 모두 흩어지고 사라져 버렸을 때 그 공백을 메우는 결정적인 방법은 기억이다. 빨치산의 역사를 그들의 관점에서 기억을 통해 복원해 내는 작업은 빨치산 투쟁의 정사(正史)를 향한 중대한 주춧돌이 될 것이다. 사실 비전향장기수 중 빨치산 활동을 했던 분들은 다들 분단과 전쟁이라는 소용돌이 속에서 이름 없이 사라져간 옛 동지들에 대한 엄청난 부채감을 안고 살아가고 있다. 그러나 빨치산 투쟁이란 각 지역에서 고립 분산되어 진행되었으며 전체 활동기간도 구 빨치를 포함해야 6년여이고 전쟁발발 이후를 친다면 4년여에 불과한 짧은 시절이었다. 그렇기 때문에 빨치산 활동 참가자라 하더라도 대부분 자신이 직접 체험한 것만을 알 뿐, 다른 지역에서 벌어진 일과 인물에 대하여 아는 것은 쉬운 일이 아니다. 빨치산 활동 당시에도 중앙당이 도당의 사정을, 도당이 지구당·지역당의 사정을, 지구당·지역당이 각 지역에 흩어진 각급 부대의 상황을 아는 것이 어려웠는데, 수십 년이 흘러 지금 그 전모를 밝히는 일은 지난한 일이 아닐 수 없다. 특히 빨치산 투쟁 당시 당이나 군사조직에서 직급이 높았던 인물들은 대개 자신들의 전설을 몸과 함께 지리산, 백아산, 덕유산, 회문산 등 자신들이 활동하던 산골짜기에 묻었다.

살아남은 자들 중 비전향의 길을 택한 이들은 옥중에서 빨치산 동지들을 만날 때마다 그 동지들이 체험한 일들에 대해 묻고 또 묻고 들은 사연을 가슴에 새기고 또 새겼다. 90년대에 들어와 비전향장기수들이 하나 둘 풀려나면서 이들은 그동안 각자의 가슴에 새겨둔 이야기를 서로 맞춰보기도 하고, 몸은 비록 전향하였으나 이름 없이 스러져간 젊은 벗들에 대한 미안함과 추억을 간직한 이들을 찾아 그들의 이야기를 또 보탰다. 이런 작업은 지극히 간고한 길을 걸을 수밖에 없었다. 한편에서는 민주화가 진척되었다 해도 한국은 여전히 극단적인 반공국가였다. TV에서는 오래전부터 '이제는 말할 수 있다'가 인기 프로로 나가고 있었지만, 수많은 사람들에게 한국은 여전히 '아직도 말할 수 없다'의 나라였다. 또 머릿속의 기억을 문자로 옮기는 작업도 만만치 않은 것이었다.

정관호 선생의 『전남 유격투쟁사』는 이런 모든 어려움을 뚫고 나온 역사서다. 빨치산 투쟁의 역사에 대해 조금이라도 관심이 있는 사람들은 왜 이 책이 전라남도에 국한되어야 하는가 하고 아쉬워할 수도 있다. 필자도 그런 아쉬움을 갖지만, 또 한편으로는 이 책이 경상남북도, 전라북도, 충청남도 등 유격투쟁이 활발히 벌어진 다른 지역의 역사가 정리되어 출간되는 계기가 되었으면 하는 바람을 갖고 있다.

지리산을 비롯하여 이 나라에서 명산이라 소문난 산이란 산은 죄다 골짜기마다 채 피지도 못하고 스러져간 젊은이들의 육신이 묻혀 있다. 돌부리 하나 함부로 차서는 안 되고 나무뿌리 하나 함부로 밟아서는 안 되는 이유가 여기에 있다.

민주화가 시작되고 20년이 지났다는 나라에서, 수많은 젊음이 피지도 못하고 스러져간 빨치산 투쟁사에 대한 제대로 된 역사서가 아직 없다. 아니, 아직 우리는 이를 슬퍼할 여유조차 없는지 모른다. 북의 고향을 그리며 감기지 않는 눈을 감은 비전향 장기수의 비문은 극우세력의 쇠망치에 박살이 나고, 형제끼리 겨눈 총에 꿈을 접은 남북의 젊은 넋을 위로하는 추모제에 학생들과 함께 다녀온 교사는 국가보안법 위반으로 지금도 옥에 갇혀 있다.

정관호 선생의 책에는 현대사에 관심이 많은 사람들에게도 극히 생소한 수많은 이름들이 나온다. 그러나 그 이름들은 전체 빨치산 투쟁 참가자들 중, 아니 전남지역 참가자 중에서도 극히 일부분의 이름일 뿐이다. 이 책은 여기에 다 기록되지 못한 숱한 젊은 넋들에게 이제는 팔순 고령이 된 옛 동지가 바치는 이름 없는 묘비명이다. 거기 채워져야 할 이름, 그 이름을 서럽게 부른다. 목 놓아 부른다.

2008. 6. 2.

촛불집회 끝자락에 아무 이유 없이 불법 연행되어
서대문서 유치장에서
한홍구 삼가 씀.

# 출판에 즈음하여

　써 놓은 지는 한참되었지만, 이제야 공간(公刊)키로 마음먹었다. 망설였던 데에는 여러 가지 이유가 있지만, 그 으뜸은 글 내용이 실하지 못하다는 자성(自省) 때문이다. 좀 더 깁고 보태어서 알찬 글로 내놓고 싶었다. 그러나 지금의 내 처지로는 더 이상 자료와 증언들을 모으고 다듬을 여력이 없다. 그래서 미숙한 줄 알면서 일단 출판키로 한 것이다.
　둘째로는 이 글이 세 갈래로 나뉘었으므로 일관된 문장 서식을 지킬 수 없었던 데 있다. 각각 독립된 내용으로 쓰기 시작했는데, 막상 정리를 하면서 보니 하나로 합치는 쪽이 좋을 성싶어 한데 묶었다. 그랬기 때문에 모둠글이 되어버렸다는 자괴감(自愧感)이 나의 발목을 잡았다.
　셋째로는 시의성(時宜性) 문제다. 이 글이 역사물이고 보면 크게 장애될 것은 없다. 그러나 "지금 새삼스럽게 웬 빨찌산물이냐" 하는 소리에는, 솔직히 기가 꺾였다. 하지만 공개된 서적으로 정착시키고 싶은 양보할 수 없는 동기가 감히 출판으로 내몰았다.

　나의 이러한 망설임을 불식시키면서 선뜻 출판을 쾌락해 준 '선인'에 감사할 뿐이다.

　이 책은 그 제목이 말해주는 대로 6·25 전후 시기에 전라남도 일원에서 전개되었던 무장유격투쟁의 역사를 기록한 것이다. 대저 역사서라고 하면 그 규모의 크고 작음에 관계없이 일정한 사관(史觀) 아래 충분한 사실 고증과 정확한 자료에 근거해야 됨은 두말할 것도 없다. 나는 여건이 허락하는 대로는 그 지침에 따랐다. 그러나 제한된 조건과 일실된 자료, 또 혹은 전혀 알아낼 수 없게끔 묻혀버린 사실들이 뚫을 수 없는 장벽이 되었다. 그러므로 알고는 있고 짐작은 되면서도 채록치 못한 것들이 많다. 아깝기는 하지만 증명되지 못하는 사실은 실을 수 없는 것 아닌가. 이 점이 이 책이 갖는 제한성이며, 저자로서 맨 먼저 사과해 두어야 할 일이다.

　그러면서도 일단 마무리를 짓지 않을 수 없는 까닭은, 이 정도의 것이나마 공표함으로써 이 땅의 현대사 정립에 조금이나마 보탬이 되리라는 소신 때문이다. 말하자면 첨부터 불완전하고 미비한 것임을 알면서 내놓는 것이다. 어떤 개인의 기억 또는 수집해 놓은 파일만으로는 '역사'가 될 수 없다. 그것은 아무리 많더라도 어디까지나 '자료'일 뿐이다. "구슬이 서 말이라도 꿰어야 보배다"라는 속담은 그래서 나의 경우에도 해당되는 말이다. 일단 '꿰어 본 것'이다. 그 결과가 가지런하지 못하더라도 나로서는 힘겨운 작업이었다.

이 책의 밑절미요 동력이라고 할 수 있는 것은 우선 나 자신의 체험이다. 그렇지만 재산활동의 규범상 그 어떤 사람도 사사건건 속속들이 다 알지는 못한다. 어쩔 수 없이 빨찌산 전력을 가진 생존자들의 증언을 들어야 했고, 현지 주민들을 만나서 그들이 겪었거나 기억하고 있는 사실들을 탐문해야 했고, 고을 고을 이 산 저 산의 전적지를 답사해야 했다. 그 뿐만 아니라 당시 발간된 공기관의 발행물과 신문들, 국방부 전사편찬위원회가 가지고 있는 자료들, 미국 국립문서보관소 소장 문건 사본 등, 시간과 경비가 허락하는 대로는 섭렵하고 분석했다. 때로는 그것들을 거꾸로 해석 적용하는 경우도 생겼다. 그리고 그것이 어느 정도는 나의 의도에 맞아떨어졌다. 이 책 곳곳에 '짜깁기식' 문장이 박혀 있고 토막글이 많은 까닭은 자료가 수집되는 대로 장절(章節)을 구성했기 때문이다. 양해 있기를 바란다.

 그런데 빨찌산 대열을 구성하고 있는 인원들의 출신과 성분이 매우 다양하고, 또 재산기관에서 발행한 문건들의 영향 등으로 해서 그들이 일상적으로 구사하는 말과 글이 좀 색다르다. 되도록이면 보편성이 있는 말글로 바꾸어 표현했지만, 어쩔 수 없이 그대로 옮겨 적어야 할 마디도 있었다. 아주 생경해서 일반 독자가 수용하기 어려우리라고 짐작되는 대목에는 주해를 달았고, 복수의 증언이 있을 때는 그것도 아울러 밝혀 놓았다.

 이 책 제2부에 수록된 글들은 재산기관에서 발행한 신문 등에서 차용한 것이 많다. 그러므로 제1부 지문(地文)의 경우와는 다른 낱말과 표현들이 쓰였다. 적성(敵性)의 서슬이 날카로운 부분이 있는 것도 그 때문이다. 현시성(現時性)을 살리려는 의도에서 그대로 두었다. 또 제3부에서는 대열에 큰 손해를 끼친 사람도 일단 수록해야 되잖겠느냐는 제안이 있었지만, 전체 글의 존엄성을 훼손할 빌미가 될 것 같아서 채택하지 않았다.

　이 책은 '패잔'의 기록이다. 그러나 '위대한 패잔'의 기록이다. 현대사의 격변기에 그 생을 내맡겨 당당히 싸우다가 괴멸한 음지의 활동기록이다. 승자의 역사, 양지의 역사만이 판을 치는 편견 속에서 "이런 역사도 있었다"고 말하려는 것이다. 미비한 대로 이 책이 어디까지나 역사서의 범주 안에 편입되기를 바라는 일념뿐이다. 미완성인 채 공간하면서, 최소한 현대사의 탑을 무어올리는 데 벽돌 한 장의 구실이나마 되어주었으면 큰 보람이요, 저술에 임한 나의 조그만 이룸은 되겠다.

　사람의 일생에서 어떤 매듭 하나가 전 생애를 지배하는 수가 있다. 그것을 풀지 않고서는 잠시의 평안도 누리지 못한다. 나는 그 매듭을 푸는 심정으로 목전에 닥친 상황을 맞이한다. 빨찌산 대열에 가담했던 사람으로서 짊어져야 했던 책무, 그 참담한 역사를 기록으로 남겨야 한다는 불퇴전의 욕구, 비록 단편에 그치기는 하지만 그 일부나마 이룩했다는 해방감은 있다. 이 글에 곁하여 소설 형식의 『남도 빨치산』(전6권)을 아울러 냄으로써 겨우 그 무거운 짐을 부려놓게 되었다. 다시는 이 땅에서 상잔의 아픔이 되풀이되어서는 안 된다는 우리 모두의 비원을 담아, 애오라지 경건한 마음으로 먼저 가신 이들의 영전에 이 책을 바친다.

그동안 자상하게 증언해준 옛 빨찌산 동지들, 현지 전구(戰區) 주민들, 드팀없는 충고를 마다하지 않은 선후배 제현들에게 지면을 빌어 고맙다는 인사를 드린다.

이 책의 원고를 보시고 선뜻 추천사를 써주신 한홍구 교수님의 호의와 노고에도 깊이 감사한다.

2008년 6월
정관호

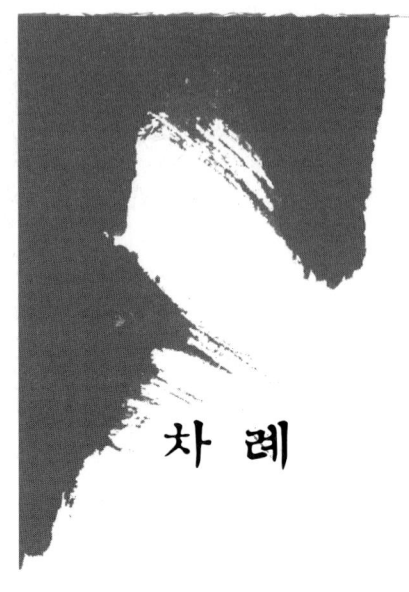

차 례

【추천의 글】노병이 쓴 유격투쟁 정사(正史)   5
【서문】출판에 즈음하여   11

제1부 조국해방전쟁 전후 시기의
조선로동당 전남도당 활동 약사(略史)   21

머리말 ··· 23
제1장 6·25 이전 ·· 27
   1. 유치산 시절   27
   2. 백운산 시절   30
제2장 전쟁 수행 시기 ·· 35
제3장 9·28후퇴 이후 ··· 40
   1. 체제 개편   40
     당조직 / 무장부대
   2. 해방구   50
     백아산 전구 / 무등산 전구 / 노령 전구 / 불갑산 전구 /
     유치산 전구 / 무후산 전구 / 백운산 전구 / 지리산 전구

3. 연락망　　　　　　　　　　　　　　　　　　　54
4. 교육교양사업　　　　　　　　　　　　　　　60
　　문맹퇴치 / 당생활 / 당학교 / 군사학교
5. 대열관리　　　　　　　　　　　　　　　　　65
　　지도원제 / 소환·책벌 / 표창
6. 보도·출판　　　　　　　　　　　　　　　　72
7. 문화·오락　　　　　　　　　　　　　　　　76
　　기념행사 / 문예활동 / 오락회
8. 무장유격투쟁　　　　　　　　　　　　　　　88
　　지대화방안
9. 후방지원사업　　　　　　　　　　　　　　　99
　　식량보급 / 거점·주거 / 피복 / 병기 / 보건·의료
10. 침공과 대치　　　　　　　　　　　　　　　113
　　초토전 / 전구 침공 / 세균전 / 백아산 대치전 / 그 밖의 전구
11. 파송작전　　　　　　　　　　　　　　　　140
　　도당간부학교 / 파송기간의 투쟁

12. 제1차대침공	151
13. 대침공 이후	160
지도체계의 개편 / 봉두산 분트 /	
지리산 전투지구당 / 잇따른 조치	
14. 소강기의 투쟁	171
해악분자들 / 평화옹호투쟁 / 백운산의 사기	
15. 닥치는 위기	179
다시 침공을 앞두고	
16. 제2차대침공	191
17. 지하로 내려간 사람들	208

제4장 분석과 반성 ···214

제5장 비망록 ··217
　1. 사건　　　　　　　　　　　　　　　　　　　　217
　　목포형무소 집단탈옥 / 광주형무소 집단학살 /

　　　보도연맹원들에 대한 무법살해 / 광주형무소 가사 집단몰살
　2. 인물　　　　　　　　　　　　　　　　　　　　　　219
　　　소옥단 / 지영배 / 김완근 / 최병호 /
　　　송기수 / 조국현 / 정화근 / 김용식 / 홍용식

제6장 제5지구당 전말 ··225
맺음말 ···231

제2부 전남 유격투쟁 약지(略誌)　　　　　　　　　　233
　1. 6·25 이전 시기　　　　　　　　　　　　　　　　　236
　2. 9·28 이후 시기　　　　　　　　　　　　　　　　　246
　3. 맺음밀　　　　　　　　　　　　　　　　　　　　　307

제3부　인명록　　　　　　　　　　　　　　　　　　　309

제1부

조국해방전쟁 전후 시기의
조선로동당 전남도당 활동 약사(略史)

조국해방전쟁 전후 시기의 조선로동당 전남도당 활동 약사(略史)

머리말

조국 역사의 커다란 변혁기 — 그것이 바로 6·25해방전쟁 시기라 할 수 있다. 그 준엄한 시기에 우리 선진 노동자·농민·지식인·학생 들은 제각각의 위치에서 온 심신을 바쳐 조국의 부름에 응했다. 인민군 병사이든 생산일꾼이든 가릴 것 없이 그들 핵심에 로동당원이 있었고, 그 대열을 당 중앙이 이끌었다. 국토완정을 다짐하는 그 대오는 상고했고, 나아갈 길은 뚜렷했다.

8·15해방 이후 반동세력의 가혹한 탄압에 신음하던 남조선 인민들은 두 번째 맞는 해방을 기쁘게 맞았고, 이제 다시는 전

과 같은 폭압과 무법을 용납하지 않을 각오로써 이 정의의 전쟁에 적극 동참했다. 승리는 목전에 다가와 있는 듯했다.

그런데 미제 간섭자들의 침공으로 전선은 허리가 잘리고, 남조선은 다시 암흑의 구렁텅이로 전락했다. 전보다 더 가혹한 유린과 학살이 자행됨으로써 다시 피와 죽음의 무법천지로 변했다. 그리고 재건 통일되었던 당 조직이 그 어려움 속에 남았다. 선택할 여지가 없는 절대의 사명, 간난(艱難) 속에서도 패배를 거부하는 높은 당성, 그것들이 예측할 수 없는 희생을 불러들이면서 새로운 불길로 타올랐다.

그렇게 해서 유격투쟁이 전개되었다. 그것은 유일하고 지고한 길이었다. 각 전구 중심으로 해방구를 창설하고, 항일유격전의 전통을 이어받은 전략 전술로써 전설 같은 전과들을 올리면서 당 중앙의 결정을 실행했다. 그것은 참으로 위대한 투쟁들이었고 높이 자랑할 만한 전과들이었다.

그러나 전쟁의 장기화와 전선의 고착으로 적아간 역량 대비가 기울었고, 후방을 갖지 못함으로써 빨찌산 공격역량은 급격히 쇠퇴했다. 그리하여 1954년에 이르러 무장세력은 괴멸하고 말았다.

이 글은 그렇듯 격랑을 이루면서 쓸고 지나간 조국 역사의 한 고비에서 전남 도당 산하 당원과 대중전사들이 어떻게 싸웠고, 어떻게 이겼고, 어떻게 죽어갔는가 하는 것을 적어두고 싶은 일념으로 시작했다. 역사의 그늘에 묻혀서 영영 망각되거나, 사실과 다르게 왜곡되어 전해지는 것을 그냥 내버려둘 수는 없다. 그러기에는 참된 삶을 위한 그들의 싸움이 너무나 당

당했고, 겪고 맞은 인고와 죽음들이 너무나도 값지다. 그런 신념이, 비록 부정확하고 단편들에 그치는 결과가 될 것을 각오하면서도, 그 대열의 지난 일들을 모으고 가닥추리는 일에 손을 대게 만들었다.

고사하거니와, 지난날의 생활과 투쟁들을 이러쿵저러쿵 평가하거나 옳고 그름을 판정하기 위해 시작한 글은 아니다. 그럴 계제도 아니고, 그럴 만한 능력도 자료도 없다. 다만 겸손히 "그들은 이렇게 살았고, 이렇게 견디었고, 이렇게 싸웠다"라고 말하려는 것이다. 그것을 기록으로서 남겨두고 싶은 것이다.

가혹한 조건 아래서 전체와 부분, 지휘부와 화선 들에서 일어났던 일들을 속속들이 다 기억하는 생존자는 없다. 또 현장에 없었거나 비밀로 다루어졌기 때문에 끝내 알아낼 수 없는 부분도 많다. 그런 줄 알면서도, 이 모퉁이 저 대목, 이 산 저 산, 이 작전 저 침공들을 치르고 겪은 경험과 기억들을 모으고 보태어서 감히 이 글을 엮었다.

도당 조직위원회가 채택한 여러 결정서, 총사령부 작전명령, 재산 조직들이 발행한 신문, 각종 교재와 유인물 들이 곁에 없는 것이 마냥 아쉽다. 그래서 이 글이 불완전하다는 것을 잘 안다. 그 어느 날, 역사를 바로잡는 자리에서 사실 증언이나 참고자료 구실을 할 수 있었으면 하는 바람뿐이다.

글의 맥으로는 '9·28후퇴 이후'의 일들이 숭심이 되어야 하는데, 서로 연계짓기 위해서 '6·25 이전'과 '전쟁 수행 시기' 일들을 간략하게 언급하였다. 그리고 본문을 깁는 뜻에서 '비망록'과 '제5지구당 전말' 등 몇 가지 항목을 곁들였다.

재산 조직들이 썼던 용어 가운데 보통사람들이 이해하기 어려운 대목에는 따로 주해를 달았다. 또 어법에는 거슬리더라도 재산 성원들이 일상적으로 씀으로써 굳어버린 낱말이나 표현은 그대로 두었다.

제1장 6·25 이전

1. 유치산 시절

  1948년 10월 19일에 일어난 여수 14연대 봉기 이후 계속해서 가해진 대탄압으로 전남 도당 지도부는 큰 타격을 입는다. 그리하여 창당 이후 면면히 이어졌던 도당 위원장과 주요 간부들은 잇따라 검거 투옥되거나 피신하였기 때문에, 1949년 4월의 폭압 이후는 지도부가 없는 상태였다.
  그러다가 1949년 6월 당 중앙으로부터 최현(충남 당진 출신)이 유격대 사령관으로 임명되어 내려오고, 뒤이어 전인수(인천), 김선우(보성 웅치), 박찬봉(경기도 고양) 등이 내려왔다. 이들은 파괴 분산된 당 조직을 재건 복구할 임무를 띠고 있었다.[1]
  이들은 처음에 광주 시내를 중심으로 활동을 시작하였다. 그러나 거점 확보가 매우 어려웠고, 깊이 잠복해버린 잔존 조직망을 찾아내는 일이 쉽지 않았다. 김선우는 그의 고향인 보성으로 내려가, 옛날부터 활동해 오던 조직원들을 찾아내어 거기서 거꾸로 선을 타고 올라왔다. 산산조각으로 흩어졌던 조직망을 간신히 살려냄으로써 도당 체계는 어렵게 복구되었다.
  그러나 이미 광주 시내에서 활동할 수는 없는 상황이었다.

---

1) 여기서 '당 중앙'이라 함은 남조선 로동당 중앙을 말한다.

드디어 전인수 이하 도당 지도부는 그해 8월에 장흥 유치로 입산한다.2) 그리하여 9월경부터 그간 저조했던 당사업 및 유격투쟁을 다시 펼치게 되었다.

그때의 도당부 진용은 위원장 전인수, 부위원장 김선우, 조직부장 박찬봉, 유격대 사령관 최현 등으로 짜여져 있었다.

당시는 도당부 아래에 '성'이라고 불리는 지구당 또는 소지구당을 두었고, 그 아래로 각 시군 당부가 있었다.

    광주 지구당(광주시 일원-1성) : 위원장 ○○○
    노령 지구당(영광·장성·담양-2성) : 위원장 이성세
    불갑산 지구당(나주·함평-3성) : 위원장 ○○○
    모후산 지구당(화순·보성-4성) : 위원장 이남래
    순천·고흥 소지구당(5성) : 위원장 윤기남
    백운산 지구당(구례·곡성·광양·여수-6성) : 위원장 오금일3)

그런데 백운산 지구만은 전남 도당과는 떨어져서 이현상이 따로 관리하였다. 그 이유는 이현상 휘하에 들어간 여순 봉기군이 주로 백운산과 지리산 영역에서 활동을 시작했는데, 그 부대를 처음부터 이현상이 맡아서 감독 지휘했기 때문이다. 그래서 전남 쪽에서는 백운산 지구를 백운 특수 뽈럭(이른바 '특

---

2) 화확산을 중심으로 한 산역 일대를 '유치산' 또는 '유치내산'이라 불렀다.
3) '성'이라는 명칭 말고 '제1부 사령', '제2부 사령' 하는 식으로 제6부 사령까지 두었다는 증언이 있다. 따로 '호대'라는 명칭이 쓰였다고 하는데, 이는 당시 빨찌산을 가리켜 부른 보통 이름이다. '지구'를 '지구당'이라고 부르는 관용은 이때부터 있었던 것 같다.

각')이라고 이름을 붙여 그 소관 밖에 두었다.

그러나 이현상이 봉기군 병사들과 더불어 주로 지리산에 머물러 있었고, 또 전남 도당 지도부도 유치 지구에 있었기 때문에 동부 지역에 대한 장악 지도가 불편한 상태였다.

특각이 조직된 것이 1949년 3월 25일. 그 당시의 특각 책임자가 오금일이고, 그 산하에 박대수(부책), 박종하(유격대장), 김채윤(조직), 조용식(선전선동), 정귀석(인위과), 정운창(비서과) 등이 있었다.

이러한 경위로 해서 특각은 전남 도당을 제쳐놓고 이현상에게 정세 및 사업 보고를 했던 것이다(평균 3일에 1회).

이 특각 산하에서 삽재 매복전(1949년 4월 초)이라든가 적군 제15연대 중화기중대 습격(1949년 6월 23일)과 같은 성공적 투쟁이 감행되었다. 이때부터 박종하가 두각을 나타내는데, 그러한 성공을 토대로 하여 광양읍 서국민학교에 주둔한 군 제15연대 대대본부를 완전 섬멸하는 기적 같은 승리(1949년 9월 16일)를 쟁취할 수 있었다.

박종하 부대의 이 '9·16광양작전'이 성공을 거둔 뒤 이현상은 이 부대를 자기 휘하(지리산)로 몽땅 데려가 버렸다. 이때 소환된 인원 거의가 전남 출신들이었다. 이로써 특각은 해산될 수밖에 없게 되었고, 전남 도당은 변동된 상황에 따라 조직체계를 정비해야 했다.

1949년 11월에 들면서 군경의 침입은 더욱 극심하여 겨울 침공 때 최현 사령관이 유치내산에서 전사하고 — 시체는 광주 시내에 효수 — 그 뒤로는 김선우가 유격대 사령관을 겸하게 되었다. 그러나 도당부 성원은 많이 희생 축소되었다.
　그 후 침공 세력에 대한 조직적 대처를 위해 지구당 위에 금성·철성·암성 등으로 불리는 3개의 대지구당을 두었다. 그 가운데 5성·6성을 지도하는 암성에, 그간 특각을 책임졌던 오금일이 전출되고(거점은 용계산), 백운산 지구는 김용우(당시는 가명 김혁)가 맡게 되었다. 특각 해체에 따른 도당부로서의 다음 조치가 필요했던 것이다.
　이로써 그동안 이현상에게 맡겨졌던 동부 지역의 당 조직 관리가 비로소 전남 도당으로 귀속되었다.
　그 무렵 도당 지도부는 유치산에서 계속 버틸 수 없다는 판단 아래 동부 소재 백운산으로 이동할 계획을 세운다. 그 계획을 실행하기 위해 구례 간전 면당 조직원들의 협조를 얻어 약 30명 정도가 들 수 있는 거점을 조성했다(간전면 제기암골). 그리고 두 번에 나누어서 제1차는 김선우·김병추·박찬봉 등 약 20명이 오고, 뒤이어 전인수 위원장 등 잔여 15명이 도착함으로써 도당부 이동은 연내에 이루어졌다.

2. 백운산 시절

　백운산으로 옮겨온 도당은 산하 대지구당 및 지구당 들을 장악하고 각 지구당은 산하 군당들을 장악 지도하는 체계를 운영하고 있었다.
　산지를 통한 연락은 주로 곡성 봉두산을 거치기도 하고, 남쪽으로는 용계산·조계산 루트를 이용하기도 했다. 한편 지하 세포망도 거치면서 평균 5일에 1회 정도씩은 정기적으로 연락이 오갔다.

그러나 군경들은 도당 지도부가 백운산으로 이동했다는 것을 알아차리고, 이 일대에 대한 집중공세를 가해 왔다. 연락원들도 자주 잠복대의 매복에 걸려 희생되었다. 따라서 내왕하는 루트도 많이 노출 파괴되었다.

그렇게 되자 가장 어려운 것은 식량 보급이었다. 산간 주변 마을들은 모조리 차단당하여서 쌀 한 줌을 얻기 위한 사투가 이어졌다. 당연히 많은 희생이 따랐다. 혹독한 시련의 연속이었다. 게다가 외부로부터의 정보는 잘 입수되지 못해서 내외정세를 가늠할 길이 막혔다.

그때 시도된 것이 중앙당과의 연락선 복구였다. 벌써 6개월 이상이나 선이 두절된 상태였다.

그래서 제1차로 지하선을 이용해서 1949년 12월 말에, 전남도당에 파견되어 와 있던 중앙당 연락책 소성대와 박찬봉을 서울로 보냈다. 박찬봉의 연고지인 경기도 일대의 잠복선을 이용해 보려는 것이었다. 그러나 그들은 선을 찾아내지 못하고 아무런 성과 없이 되돌아왔다(1950년 1월 5일).

제2차로 정운창·이성애 조가 부부로 위장하여 서울로 올라갔다(1월 15일). 이성애(이화 여전 출신)가 학생운동 시절에 사용했던 선을 잡아 보려는 것이었다. 그러나 이빈에도 접선에는 실패했다. 1949년 11월 대탄압으로 선들이 다 파괴되고 만 것이다.

그러는 한편 빨찌산들의 식량보급은 점점 더 어려워졌다. 그와 같은 사정은 심산이나 야산이나 마찬가지였다.

1950년 1월에서 3월에 걸쳐 지리산 이현상 부대는 지리산 침공세력을 분산시킬 목적으로 전남 지역 순회작전을 강행했다. 박종하가 이끄는 제3연대는 백아산을 거쳐 무등산과 유치산 일대를 휘저었고, 이영회가 이끄는 제5연대는 담양 추월산 쪽으로 진출했다. 그러나 소기했던 성과보다는 입은 손실이 더 컸다.

백운산 식량 사정은 더 나빠져서 대원들이 며칠씩 굶는 날이 많았다. 1950년 4월 16일, 도당 간부 몇 사람만 남겨 두고 무장 대원 40명, 비무장 대원 20명 등 모두 60여 명이 합쳐 보급투쟁에 나섰다. 구례 간전면 제기암골에서 백운산 상봉을 우회하여 진상면 야지로 나가려는 것이다. 그것은 결사적인 시도였다.

이틀간의 잠복 끝에 가까스로 식량 보급에는 성공했으나, 돌아오는 도중 고리봉(상봉) 근처에서 먼저 와 있던 매복병들에게 퇴로를 차단당했다. 대원들은 뿔뿔이 흩어져 쫓기며 귀환을 시도했으나, 끝까지 물고 늘어지는 추격으로 겨우 20명 정도만이 살아서 돌아왔다.

이로써 도당부는 큰 타격을 입었고, 식량을 비롯한 제반 사정은 더욱더 어려워졌다. 정확한 정보를 신속하게 입수할 수 없어서, 때마침 국내에서 벌어지고 있는 정치적 격동을 제때에 파악하지 못했다. 그렇게 되자, 당조직으로서 해야 할 본연의 임무를 수행할 수 없게 되었다.

그 뒤 제3차로 박찬봉·소성대 조가 다시 중앙당 선 복구를 위해 지하로 잠복했다(6월 21일). 그러나 전에 사용했던 그 지하선의 파괴로 그들은 순창에서 체포되었다.

도당부는 백운산에서 더 이상 버틸 수가 없게 되자, 다시 허를 찌를 작정으로 야산으로의 이동을 결정한다. 그리하여 6월 27일 봉두산으로 지도부를 옮긴다. 거기서 보급투쟁을 나갔다가 6·25조국해방전쟁이 발발된 것을 알게 된다.

급속히 대열을 재정비하고, 끊겼던 선들도 최대한 살리면서 빨찌산 본연의 임무를 수행하려고 마지막 노력을 기울인다.

7월 중순을 넘으면서는 멀리 북쪽으로부터 포성이 들려오기 시작했다. 인민군이 가까이 온 것이다. 그러나 전남 도당 산하 빨찌산은 그 본연의 임무, 즉 주전선의 진격을 돕기 위한 적 후방 교란작전을 펴지 못하고 만다. 그만한 역량이 남아 있지 못했던 것이다.

그러나 당면한 과업 가운데 초미의 문제는 해방을 맞아 정권을 인수 관리하는 일이었다. 그 일을 위해 일꾼들을 되도록 많이 끌어 모아 동참케 해야 했다. 그것은 하산하는 길에서부터 시작되었다.[4]

마지막까지 남은 재산 세력은 도당부 약 30명, 광주 지구 약 10명, 구례·광양 합쳐서 약 20명 정도였고, 보성·순천·장흥 등지에 소수가 살아남았다. 그 밖에 두루 합쳐도 100명이 채 못 되었다. 그 가운데서도 끝까지 선을 달고 있었던 사람은 70~80명에 불과했다. 이들이 이른바 '**구빨찌**'인 것이다.

---

4) 광주 지구 빨찌산들의 하산 대열이 화순 동면 탄광지대를 지날 때는 어느덧 250명가량의 청년들이 함께 일하겠다면서 뒤를 따랐다. 이들은 그 길로 광주에 입성해서 시내 치안 유지에 협력했고, 9·28후퇴 후에는 유격대에 가담해서 훌륭히들 싸웠다.

이들 구빨찌는 그 뒤 당 재건 및 전쟁수행, 9·28후퇴 이후의 유격투쟁에서 핵심적 역할을 담당하게 된다.

제2장 전쟁 수행 시기

　1950년 7월 23일 방호산이 이끄는 인민군 장병들이 광주를 해방시켰고, 김선우 이하 빨찌산 간부들은 24일에 입성했다. 이에 앞서 6월 초에 북으로부터 파견되어 서남 해안을 통해 진입한 선견대 김백동, 김상하, 이담래, 이강진, 송금애, 조형표, 백병익, 김태규, 임복현 등이 합류하였다.
　전남 도당은 우선 광주 지방법원 건물을 접수하고 당과 행정기구를 짜는 일부터 착수했다. 도당부는 그 뒤 체계가 잡히면서 인원이 많아지고, 또 한편으로는 항공관제의 필요에 따라 최부자 집, 잔남여교 교사, 병사사령부 건물 등으로 옮겨 다녔다.
　도당은 구빨찌들을 기간으로 하여 우선 급한 부서들을 짰다. 그러던 중 8월 초에 도당 위원장으로 박영발이 부임했고, 전후해서 각 부서 책임자들이 잇따라 부임했다. 이를 계기로 하여 당과 행정기구가 완전히 짜여지게 되는데, 주요 부서의 책임자는 대개 이남 출신들이 맡게 하고, 부책임자는 이북에서 파견된 간부들로 충당해서 실무를 맡겼다.
　도당부 책임부서 분장은 아래와 같았다.

위원장 : 박영발
부위원장 : 김선우(외곽단체 담당)
부위원장 : 김인철(당 실무 담당)

조직부장 : 박찬봉(하산 직후에는 김병추가 맡다가 도 인민위원
　　　　　회 수매부장으로 전출)
조직부 부부장 : 염형기
선전선동부장 : 선동기
선전선동부 부부장 : 유운형
노동부장 : 오금일
간부부장 : 정귀석
농림부장 : 이방휴
경리부장 : 김오동
기요과장 : 이○균
당증과장 : 김원배

주권기관과 사회단체는 아래 간부들로 구성되었다.

― 주권기관
도 인민위원회 : 위원장 김백동(목포), 부위원장 유성계(여
　　　　　수)·유상기(구례), 서기장 박대수, 내무부
　　　　　장 조형표(뒤에 부장은 북에서 내려옴), 상
　　　　　공부장 김계석, 보건부장 박춘근.
광주시 인민위원회 : 위원장 김영재. 검찰소장과 재판소장은
　　　　　북에서 파견되어 왔다.

― 외곽 사회단체
도 민청 : 위원장 변장학(하산 직후에는 박계현), 조직부장
　　　　이강만, 책임지도원 한월수.

도 여맹 : 위원장 고진희(하산 직후에는 장삼례), 조직부장 정봉희(초기에는 유일남), 문교부장 임복현.

도당 기관지『전남로동신문』과 도 인민위원회 기관지『전남인민보』(주필 – 이강진)가 발간되었다.
각 시군당 위원장은 대부분이 구빨찌, 부위원장은 이북 출신들로 짜여졌다. 그 진용은 다음과 같다.

광주시당 위원장 : 김상종(가명 하종호, 하동. 하산 직후에는 김채윤)
목포시당 위원장 : 김용우(가명 김용원, 나주)
구례군당 위원장 : 양순기(구례)
곡성군당 위원장 : 조영길(구례)
광양군당 위원장 : 이봉옥(광양)
영광군당 위원장 : 김채윤(광양)
함평군당 위원장 : 김용범(함평)
장성군당 위원장 : 김병억(장성), 후에 이성세(장성)
나주군당 위원장 : 박정현(나주)
광산군당 위원장 : 고윤석(광산)
담양군당 위원장 : 권상술(구례)
여수군당 위원장 : 유몽윤(여수)
순천군당 위원장 : 정호연(구례)
고흥군당 위원장 : 김종채(고흥)
화순군당 위원장 : 박갑출(화순)

보성군당 위원장 : 박춘석(보성)
장흥군당 위원장 : 이재만(장흥)
강진군당 위원장 : 윤국현(강진)
해남군당 위원장 : 김대원(해남)
영암군당 위원장 : 황병택(영암)
무안군당 위원장 : 정상렬(구례)
진도군당 위원장 : 김용길(순천)
완도군당 위원장 : 조형표(완도)

이렇게 2개 시, 21개 군의 당 체계가 갖추어지면서 당면과업 추진에 전력을 경주했다.

① 토지개혁 사업 : 남조선 농민들의 숙원이던 토지개혁은 성과적으로 이루어졌다. 그 후 현물세 실태조사로 이어졌는데, 그 과정에서 평뜨기[坪제]에 대한 충분한 요해사업을 펼치지 못했기 때문에 일부 농민들의 오해를 사기도 했다.
② 당원 심사 등록 : 1949년 6월 30일에 남북 로동당이 합당하였으므로 재심사를 거친 등록이 필요하다는, 1950년 8월 9일 날짜 중앙당 지시에 따라 이 사업이 추진되었다.
③ 주권기관 선거 : 주권기관을 구성함에 있어서 군 단위까지는 임명식으로 완료했지만, 면 단위 이하는 직접선거로써 하게 된 것을 뜻한다. 인민들의 주권 참여의식을 높이기 위한 교육 교양 사업과 병행하였다.

④ 전후 복구 사업 : 후퇴하는 군경들과 미군 항공기에 의해 파괴 폭파된 도로·철도·교량 들을 수리 복구하는 사업에 불철주야 매달려야 했다. 인민들의 열성적인 노력 동원에 크게 힘입었다.
⑤ 병력 충원과 물자 수송 : 인민군 자진 입대를 원하는 청년·학생들의 조직 동원, 전선으로의 보급물자 수송은 일관해서 수행된 중요한 사업이었다. 특히 적 항공기의 공격이 심해 야간에만 할 수 있었던 물자 운반은 많은 노력을 필요로 했다. 이에는 민청·여맹·농맹 등 사회단체 성원들이 헌식적으로 매달렸다.

이렇게 사업하던 중 1950년 9월 25일 당 중앙위원회 정치위원회로부터 모든 당조직을 지하당 기구로 개편하라는 특별지시가 내려왔다. 그에 따라 9월 26일 전남 도당 조직위원회가 열렸고, 이어 27일에 가진 각 시군당 위원장 연석회의에서 그 지시가 전달되었다. 그러나 그 지시가 말단 하부조직까지 미치는 데는 하루가 더 걸렸다.

갑자기 닥친 일이라 그것은 큰 충격이었다. 추진하던 일들은 모두 중단되고, 빨찌산 투쟁으로의 전환이 급속히 진행되었다. 9·28후퇴에 따른 혼란과 대변동이 몰아닥친 것이다.

제3장 9·28후퇴 이후

1. 체제 개편

당조직

당의 기구를 지하당으로 개편하라는 당 중앙위원회 정치위원회의 지시에 따라 당장 조직 체계를 지하조직화하는 일부터 착수했다. 정세는 빠르게 변하고, 대처해야 할 일은 화급을 다투는 것뿐이었다.

우선 도당부로서는 산하 당단체들을 효율적으로 장악 운영하기 위해 조직체계부터 개편해야만 했다. 그래서 후퇴작전을 펼치는 순간부터 도당 지도부를 광주 무등산 증심사를 거쳐 화순 백아산 새목으로 옮겼다.

그리하여 1950년 10월 5일, 전남 도당 조직위원회가 그곳 새목에서 열렸다. 몇 가지 이미 실행에 들어간 것들을 추인하고, 당면한 제반 문제에 대해 토의하고 중요한 결정들을 채택했다.

이 회의는 9·28후퇴 후 처음으로 갖는 조직위원회였던 만큼, 지하당 사업을 추진함에 있어서 기본요건이 되는 중요사항들이 토의되었다. 전라남도 유격대를 조직하고 총사령부를 개설할 데 대한 결정을 채택한 것도 이날 회의에서였다.

6·25 당시, 그리고 그 이후 주권 관리 시기에 모든 조직과 그 구성원들이 노출되어 버렸기 때문에 합법을 가장한 전면적 지하 개편은 사실상 불가능했다. 그러므로 극소수의 일부 조직

원들만 잠복시키고 대부분의 역량을 무장유격투쟁으로 전환시킬 수밖에 없었다.

도당 위원장은 도당 조직위원회를 소집하여 모든 주요 노선, 유격 전략, 주요 간부 이동 등을 수시로 토의 결정했다.

도당 조직위원회 구성원은 도당 위원장, 동 부위원장, 각 부부장 들이며 경우에 따라서는 각 지구 지구책들 및 주권기관의 장과 사회단체 책임자들을 참가시켜 확대회의를 가지기도 했다. 도당 조직위원회 결정은 하부 당단체 및 유격대 총사령관에 의해 집행되었다.

제반 조직은 당이 집중 장악하며, 당의 지도 아래 일사불란한 무장투쟁이 진행되었다.

후퇴 직후에 즉시 도당부 산하에 지역적 특성에 알맞게 지구당을 두었고, 지구당 산하에 각 시군당, 그 아래에 각 면당 조직을 두는 것을 원칙으로 했다.

개설 당초에 '지구당'이라고 통칭은 했지만, 그냥 '지구'라고 부르는 것이 옳다. 왜냐하면 지구란 하부 시군당 조직과 도당부와의 연계 기관이기 때문이다. 그러므로 '지구당 위원장'이라는 호칭보다 '지구책'이라는 호칭이 더 적절하며 또 실지로 그렇게 쓰였다.[5]

지역의 특성에 따라서는 도당부가 직접 관리하는 당 및 무장 조직도 있었고, 특수선으로 지하조직을 직접 관리하기도 했다. 그리고 해안 및 도서 지방 조직들은 그 구성원 중심으로 내지

---

5) 이후 주변 정세에 따른 당 조직의 원활한 운영을 위해 각 지구에 당부 또는 주재당부를 개설하는 시기가 온다.

로 이동하여 당사업 및 유격투쟁을 펼치거나, 혹은 그 현지 조직에 편입되었다.

후퇴 직후의 도당부 주요 부서는 합법 때[6] 그대로였지만, 새로이 연락부(부장 정상렬 — 6·25 당시 무안 군당 위원장)를 두어 하부 조직과의 연락 임무를 맡게 했다.

조직부와 선전선동부는 그 사업의 필요에 따라 신축성 있게 인원을 두었고, 여타 부서는 부원을 두지 않는 경우도 있었다.

입산 후의 기요과장은 공종렬(뒤에 총사 기동연대로 전출). 그리고 전날의 '오르그'에 해당되는 도당 책임지도원을 두어서 지구 이하 조직들을 임의 수시로 지도하는 일을 담당케 했다.

도당 선전부 소속으로 전남로동신문사를 두어 『전남로동신문』 발행과 결정서·지시문·교재·전단 등 모든 유인물의 작성 배포를 맡게 했다(정관호·양인승·김범주·문계성).

그 밖에 도당부 산하에 무전을 송수신하는 부서인 보도과(남호일·유비)를 두어 조선중앙통신을 수신케 하였다.

거점 사정에 따라 보위부대를 두어 직간접으로 도당 지도부를 원근에서 호위토록 했다.

도당 산하 지구 조직은 아래와 같다.

광주 지구(제1지구)
광주·광산·곡성·담양 일부, 화순 북부 장악. 무등산과 백아산이 주거점. 지구책 윤기남(처음 1951년 초까지 조중

---

6) '합법 때'란 주권을 관리 행사하던 전쟁수행 시기를 말한다. 대치할 만한 말을 찾지 못해 눌러 쓰기로 한다.

환), 유격대 사령관 김용길(뒤에 이태식).

노령 지구(제2지구)
영광 일부, 장성 북부, 담양 북부 장악. 추월산과 용치 가마골이 주거점. 지구책 김채윤, 부책 권상술, 유격대 사령관 김병억.

유치 지구(제3지구)
장흥·나주 동부(동나주), 화순 남부, 목포·해남·강진·영암 등을 장악. 유치내산과 화학산이 주거점. 지구책 (윤기남·김용우를 거쳐) 이방휴, 관내 해방구책 변장학, 유격대 사령관 이봉천(후에 황병택).

불갑 지구(제4지구)
영광, 장성 남부, 나주 서부(서나주), 함평·무안 장악. 불갑산이 주거점. 지구책 김용우, 유격대 사령관 박정현.

모후산 지구(제5지구)
화순 동부, 보성·순천·고흥 장악. 모후산과 말봉산이 주거점. 지구책 박계현(뒤에 조중환), 유격대 사령관 김종채(가명 고종수, 별칭 고사령).

백운산 지구(제6지구)
광양·여수, 구례 일부 장악. 백운산이 주기점. 지구책 정귀석(뒤에 강봉기, 부책 최영철), 유격대 사령관 유몽윤.

이때 지리산에는 지구 조직을 따로 두지 않고 구례 군당(위원장 양순기)이 그 임무를 겸했다. 이후 필요에 따라 개설하게 된다.

조계산 지구(지구책 이상률)를 잠정적으로 두었다가 후에 모후산 지구로 편입시켰다.

지구 편제는 6·25 이전의 경험을 토대로 하여 거점 중심으로 구성하되, 합법 시절의 행정 단위에 구속받지 않았다. 화순군과 나주군의 경우 그 뚜렷한 예에 속한다.

합법 때 군당 위원장들은 지구 개편에 따라 많이 이동되었고, 그 자리를 다른 간부들이 메웠다.

이 같은 지구 운영 체계는 다소의 변경을 거치면서, 1951년 겨울에서 1952년 봄에 걸친 군경들의 연합 대공세(제1차대침공) 때까지 유지되었다.

그러나 그 명칭은 작전상 기밀을 요할 때도 있어서 숫자로 된 기호를 쓰기도 하였고, 또 그것을 자주 바꾸었다. 가령 도당부 명칭을 88이라는 숫자로 표시하고, 각 지구당 명칭은 그 다음에 -1, -2를 따로 붙여 88-1, 88-2 등으로 부르기로 약속한 것 등이다.

각 지구의 당 및 유격대 책임자들은 군경들과의 대치 상황 및 조직의 필요에 따라 수시로 이동했다.

무장부대

후퇴 직후에 가장 급한 일은 유격투쟁을 위한 무기 확보와 부대 편성이었다. 구빨찌들이 하산할 때 지녔던 무기들은 일단 회수되어서 후퇴를 맞았을 때는 빈손이었고, 무기를 지녔던 내무부 조직은 일찍 후퇴해 버렸다. 그래서 정작 도당부 산하에는 수류탄이 몇 개 있었을 뿐이다.
　무장하려면 후퇴하는 인민군 병사들을 포섭하는 길밖에 없었다. 그러나 그들도 일부 남기는 했지만, 대부분은 후퇴 명령을 따른다면서 강원도 방향을 향해 북쪽으로 철수해 갔다.
　당시 주요 무기공급원은 아래와 같다.

① 박판기가 이끄는 진도 소탕전 귀환 부대 약 150명. 후퇴 직후 전선 후방에 남은 유일한 집단 무장세력이었다.
② 인민군 낙오병. 그들 가운데는 많은 의용군 병사들이 포함되어 있었다.
③ 남해여단 병력. 주력은 참모장이 이끌고 북상하였고, 여단장 이청송과 정치위원 조정철이 이끈 직속부대만 유치산으로 돌아와 있었다. 그 부대를 속칭 '00부대'라고 불렀다.
④ 군경들로부터의 탈취.

　도당 부위원장 김선우가 전남 유격대 총사령관이 되어 구빨찌와 후퇴하지 못한 인민군 장병들을 기간으로 하여 우선 전남 유격대 총사령부(약칭 '총사') 직속부대를 편성했다. 그리고 각 지구 및 각 군·면에도 무장유격대가 조직되어 그 단위별로 활동을 시작했다.
　이와 같은 무장유격부대 체계는 1950년 10월 10일경에는 대충 정비되었다.
　발족 당시의 총사 간부 진용은 다음과 같다.

총사령관 : 김선우
부사령관 : 오금일
문화부 사령관 : 이남래
참모장 : 김병추(후에 남해여단 책임지도원으로 전출)
부참모장 : 노창환
후방부장 : 조형표

그리고 총사 산하 각급 무장조직에는, 전쟁 수행 시기 정치공작대 등의 명분으로 파견된 채 북상하지 못한 교사·학생 들을 비롯하여 각 사회단체 일꾼들이 다수 참여하여 무장대 혹은 문화부 성원으로 활동했다. 이들은 유격대원들의 교육·교양 및 대민선전 선동 분야에서 큰 몫을 담당했다.
시작 단계에서 총사는 2개의 부대를 편성할 수 있었다.

한강 부대 : 후퇴하지 못한 인민군 장병들을 기간으로 조직되었다. 부대장은 인민군 중위 ○○○.
백두산 부대 : 박판기 진도 소탕부대 일부와 구빨찌들을 기간으로 편성되었다. 부대장은 한창수.

이때의 무장부대 구성원은 그 성분이 단순치 않았다. 그러나 이 두 부대의 편제는 오래 가지 않았다. 그 뒤 다시 수습된 인민군 병사들, 일단 후퇴하다가 길이 막혀 되돌아온 낙오병들, 남해여단 일부 병력, 각 시군에서 차출된 약간의 인원들로써 더 강화된 총사 직속연대를 편성할 수 있었다.

그 편제의 핵심에는 우선 구빨찌들이 박히있는데, 인민군 출신 가운데도 유능하고 헌신적인 군관과 병사들이 많이 있었다.

당시 총사 산하에 집약된 무장은 개인화기로 약 300정 정도였던 것으로 추산되었다. 그리고 무기 구성도 잡다해서, 심지어는 엽총까지도 전투 때 화선에 배치되었다.

한 개 연대의 편성 인원은 약 150명으로, 그중 40명 정도가 무기를 휴대했다. 각 연대와 산하 대대·중대에는 문화부를 두어 대열 결속, 당 세포 조직 운영, 대내 및 대외 교양 선전 활동을 맡게 했다.

각 직속연대는 백아산과 지리산 혹은 유치 지구에서 조직되었다.

제1연대

한강 부대를 기간으로 하여 1950년 12월에 백아산에서 재편성되었다. 연대장은 처음에 한강 부대장이던 ㅇㅇㅇ이 맡다가, 1951년 초에 남태준(14연대 봉기군 출신, 구빨찌)으로 승계되었다. 부연대장 심형찬, 참모장 김달룡(전 총사 책임지도원), 부참모장 최복삼, 문화부 연대장 전홍찬(순천 농고 교사), 제1대대장 양권태, 동 문화부 대대장 최고운.

이 제1연대는 명실공히 전남 유격대의 강력한 선봉 무장력이었다. 후에 연대장 남태준의 영예를 따라 전체 전남 빨찌산들로부터 '영웅 연대'로 존경을 받았다.

그뿐만 아니라 많은 지휘간부들을 길러서 총사 산하의 다른 연대 또는 지구 유격대로 내보냈다.

제15연대

백두산 부대와 인민군 기포부대가 주축이 되어 1950년 12월 7일에 백아산에서 재편되었다. 그래서 '기포연대'라고 불렀는데, 직속연대 가운데서 유일하게 중화기로 무장하고 있었다. 연대장 김성문(뒤에 강상철·한창수·황영주).

이 제15연대는 제1연대와 나란히 전남 유격대 주력으로서 혁혁한 전투 기록을 세웠다. 그 빛나는 전공을 기려 1951년 8·15를 기하여 전남 유격대 총사령관으로부터 '광주 연대' 칭호를 받았다.

제7연대

지리산에 집결된 인민군 낙오병들과 시군당 유격대에서 차출된 인원으로 지리산에서 편성했다. 연대장 박대수(뒤에 조용식). 제4지대(남부군) 병력과 자주 협동작전을 벌여 굵직한 전과를 올렸다.

제3연대

00부대 일부 병사들을 기간으로 하여 1950년 12월 유치 지구에서 조직되었다. 연대장 황영주. 1951년 7월 초까지 잘 싸웠는데, 지세에 어둡고 현지 적응 능력이 떨어졌기 때문에 민청연대에 흡수되었다.

민청연대

도 민청 조직원들을 기간으로 유치 지구에서 편성 출발하였는데, 곧 제3연대 병력을 흡수하였다. 연대장 한월수. 주로 유치 지구를 무대로 하여 그 이름을 영예롭게 빛냈다.

이로써 총사는 4개의 직속연대를 가지게 되었다. 그런데 총사 직속연대 및 지구 유격대급 지휘관들은 대열 사정 등으로 해서 이동이나 충원이 잦았다.

이들을 서로 연계 짓고 지도하기 위해 총사 산하에 책임지도원들을 두었다. 이들은 수시로 예하 부대에 파견되기도 하고, 또 잠깐 소환되어 있다가 직속부대 지휘관에 결원이나 이동이 생기면 충원되기도 했다. 발족 당시에는 정대철(가명 박철, 인민군 중위), 황영주(구빨찌), 김달룡(14연대 출신 구빨찌) 들이 있었다.

그리고 별도로 총사 보위중대(중대장 양태일)를 두어 일상적인 주변 경비를 맡는 한편, 침공하여 들어오는 군경들과 대치전도 벌였다.

그 밖에 총사령부 직속 부서로서 기요과(과장 박종호, 해남), 선전과(과장 김상하, 해남), 선동과(과장 김광우, 강진), 정보과(과장 최귀현), 대열과(과장 인민군 출신), 출판과(과장 조용식, 가명 박태준, 구례), 통신과(과장 김영기) 등을 두었다. 그리고 병기과(과장 최달만, 장성), 의무과(과장 박춘근, 영암)는 후방부에서 관할키로 하였다.

정보과는 적정의 움직임과 민심 동향을 살피는 것이 주임무여서 군경 주둔지 가까이에 개인 비트를 마련하는 등 깊숙한 데까지 침투하여 신속한 정보를 수집하였다.

출판과에서는 총사 기관지 『전남빨찌산』을 발행하였고 간단한 교재나 지시문, 전단류도 출판하였다(기세충-광주, 박남진-나주).

병기과에서는 무기의 수리, 탄약의 재생, 폭약의 제조 등 매우 다양한 임무를 수행하였다.

의무과는 별도로 환자트를 마련하여 부상자·병자 들을 돌보았고, 그 일을 위해 산하에 간호일꾼들을 두었다.

통신과는 각 부대 간의 연락 임무를 수행하였는데, 날쌔고 강인한 통신원들을 두어 긴급한 전투 명령과 지시들을 전달하는 한편 그 결과도 보고하였다.

도당부는 화순 북면 백아산으로 입산하여 만수·용촌·약수 등의 마을에 부서를 두었고, 총사는 등너머 새목·갈갱이에 본부를 두었다.

2. 해방구

주전선의 남하와 적 행정의 공백기를 이용하여 유격전은 아주 활발하게 전개되었다. 그리하여 각 전구 거점 주변에는 넓은 지역에 걸쳐 해방구를 이룩했고 수만 명의 인민을 포용하고 있었다.

그 후방의 지원을 받으면서 각급 유격대들은 대담한 공략 기습전을 펼쳐 전사들의 사기는 더욱 높아졌고, 무장 대열은 날로 충실해져 갔다.

총사 직속연대들은 후방 깊숙이 들어가 교란전을 펼쳤고, 해방구 변두리에서는 기습 매복전을 펼쳐서 군경들의 침공 속도를 지연시키는 데 성공하고 있었다.

그러는 과정에서 각 전구가 그 활동의 본거지가 되었다. '지구'와 '전구'의 개념 차이는 동전의 안팎과 같다. 지구가 잠겨 있는 조직선을 의미한다면, 전구는 드러난 전투마당을 뜻한다. 지구는 없으면서 전구는 있을 수 있다. 지리산의 경우가 그렇다. 또 지구는 하나인데 전구는 여럿일 수 있다. 광주 지구의 경우가 그렇다. 조계산 전구와 모후산 지구와의 관계도 역시 마찬가지다.

한 마디로 말해서 전구는 해방구의 전투적 핵인 셈이다.

백아산 전구

도당부, 총사, 곡성 조직이 웅거한 백아산 전구는 화순군 동면·동복면·이서면·북면, 곡성군 삼기면·석곡면·오산면·겸면 등 지역 대부분을 그 세력권 안에 포용하고 있었다. 그 위에 통명산·봉두산 같은 좋은 지세의 산들을 이웃에 갖고 있었기 때문에 총사 직속연대들이 활동하는 데 유리한 조건들을 아울러 갖추고 있었다.

그뿐만 아니라 유격대들의 사령 기지 구실을 하였으므로 군경들에게는 그 어느 곳보다 커다란 위협이었다.

무등산 전구

무등산은 광주시당, 광주시 유격대의 거점이며 광주 지구 유격대(540부대)의 활동무대다. 빨찌산들은 그 산을 기점으로 하면서 광주 시내까지 진입하여 적의 행정을 교란했고, 귀중한 정보와 귀한 물자들을 공급함으로써 전 빨찌산의 사기를 드높였다. 이 전구에서의 모든 투쟁은 직접 행정 심장부를 건드리는 것이었으므로 주야로 군경들을 두렵게 만들었다.

노령 전구

장성과 담양 지방은 넓은 산들이 서로 연결된 지세인 데다가 빼어난 지도일꾼들이 있어서 가마골 일대에 해방구를 오래 유지하고 있었다. 장성 내장산과 담양 추월산이 보조적 구실을 잘 해주었다.

불갑산 전구

불갑 지구 및 유격대는 영광·함평 등 좋은 인민성을 가진 후방을 업고 불갑산 주변에 해방구를 차리고 있었다. 그러나 보조적 울타리가 없고 야지로 둘러싸여 있어서 넓은 지역을 장악하지는 못했다.

유치산 전구

유치 지구 및 화순·장흥·나주·영암 등이 자기 구역 안이었으므로, 그다지 높지는 않지만 넓은 유치내산의 산지 지형과 더불어 광범한 영역을 해방구로 장악할 수 있었다. 피복공장 등 풍부한 병참이 뒷받침을 했고, 화학산 줄기가 병풍 구실을 해 주었다.

모후산 전구

모후산 지구 및 그 유격대, 화순·보성·순천 조직들이 모후산·말봉산의 연결된 지세와 매우 좋은 인민성 고장을 장악하고 있어서 해방구 구실을 잘 해냈다. 백아산과 화학산 간의 연계 루트일 뿐만 아니라 조계산을 끼고 있어서 유격전을 펼치기에 아주 좋은 조건을 갖추고 있었다.

백운산 전구

산하 조직은 적지만 구례라는 좋은 인민성 고장과 도내 제일의 큰 산 백운산을 끼고 있어서 든든한 해방구를 가장 오래 유지하게 된다. 그리고 야산지대 조직들의 총후방 구실도 하고 있어서 그 존재가치가 매우 컸다.

지리산 전구

광대한 산역과 울창한 숲으로 인해서, 비록 포용하는 전남 지역은 넓지 않지만 오랜 기간 해방구를 유지한다. 그뿐만 아니라 장차 닥칠 대침공 기간에 유생역량 보존을 위한 방패 구실도 하게 된다.[7]

이렇듯 각 전구 중심의 유격투쟁은 점점 치열해졌다. 총사 직속연대들은 단독 또는 현지 유격대들과의 협동삭전을 펼치면서 그 세력들을 키워 갔다.

---

7) 이상 8개 전구 외에 봉두산·말봉산·조계산 등 전구를 분립해서 '11개 해방구'로 부르기도 했다.

3. 연락망

　도당부와 유격대 총사령부는 백아산에 있다. 그리고 각 전구들은 도내 여러 곳에 흩어져 있다. 그 전구에서 다시 산하 조직들이 갈려나간다. 이 거미줄처럼 깔려 있는 조직망을 연결시켜주는 것이 도당 연락부와 총사 통신과가 하는 일이다.
　당이 비합법 조직으로 전환되면서 가장 먼저 챙긴 부서가 연락부다. 물론 합법 때는 없던 부서다. 그리고 무안 군당 위원장이던 정상렬을 뽑아 올려 그 책임을 맡겼다. 사업의 중요성에 비추어 비중 높은 간부를 배치한 것이다.
　그는 즉시 인선에 착수했다. 서둘러 산하 지구에도 연락과를 두었다. 당장 일을 시작해야 될 처지다. 도당의 다른 부서와 산하 조직들의 도움으로 짧은 시일 안에 연락 사업망을 짰다. 그리고 일을 해 가면서 그 영역을 넓히고 다졌다.
　총사령부도 발족 즉시 통신과를 두었다.
　연락망은 선으로 운용되고, 그 선을 다른 말로 '루트'라 부르기도 한다. 그리고 그 루트를 관리하며 사용하는 담당자가 연락원(통신원)들이다. 그들이 선을 연결해 줌으로써 모든 조직들이 살아서 움직인다. 그러므로 연락원들은 조직의 산소요, 연락망은 곧바로 혈맥 그 자체다.
　백아산을 중심으로 볼 때 각 전구는 부채살처럼 뻗어 있다. 동시에 백아산을 축으로 한 동심원 상에 그 거점들이 빙 둘러 있음을 알 수 있다. 백아산에서 산하 조직들로 떠나는 선을 '하행선', 백아산으로 모여드는 선을 '상행선'이라 부른다.

그 선들을 타고 레포가 오간다.8) 그 내용에는 결정서·지시문·작전명령·신문·교재 등 온갖 것이 다 들어 있다. 또 그 선들을 타고 지도원과 책임간부 들이 오가며, 때로는 간단한 물품도 유통된다. 그리고 출동하는 부대원들은 연락원의 길잡이를 따른다.

연락부 본트는 도당 지도부 가까이 새목에 두었다. 옮긴다 해도 그 언저리를 이동했다. 그리고 분트는 오고가는 선 방향에 따라 몇 군데 나누어 두었다. 기밀 보장과 안전을 위해 연락원들은 분트를 기점으로 들고나며, 분트책이 본트와의 연결을 책임진다.9)

도당 지도부로 출입할 수 있는 사람은 연락부장뿐이다. 하부로 내려가는 모든 레포는 연락부장의 손을 거치며, 상부로 올라오는 보고나 전달 같은 것도 물론 그의 손을 거치는 것이 원칙으로 되어 있다.

총사령부 통신과도 그 규모만 조금 작다 뿐, 운영 체계는 도당 연락부의 그것과 똑같다. 다만 그 범위가 좁아서 주로 직속 연대를 비롯한 산하 각 부대와의 통신을 관장한다.

백아산에서 방사선 모양을 이루면서 뻗은 선들은 각 전구를 향해 여러 가닥을 이룬다.

제일 가까운 선이 무등산 전구로 가는 길이다. 백아산과 무등산을 잇는 지대는 비교적 오래 해방구를 유지하고 있었다. 오고가는 길초에 부대들과 당조직들이 촘촘히 박혀 있었다. 내

---

8) '레포'란 전달하는 문건이라는 정도의 넓은 뜻으로 쓰이는 말이다.
9) 기본 거점을 '본트'라고 불렀고, 분립된 소규모 거점을 '분트'라고 불렀다.

왕하는 거리도 짧지만, 이런 이유 때문에 1951년 봄까지는 백주에 아무 길이고 마구 다녔다.

유치 전구로 가는 길이 멀고 험하다. 보성강과 지석강 흐름이 루트를 차단하고, 여름 한 철에는 강물이 불어서 도강 자체가 쉽지 않다. 그러나 입산 초기에는 그것도 별 문제될 것이 없었다.

백아산을 떠난 연락원들은 동복과 사평을 마구 질러가다가 이양만 살짝 피하면 되었다. 그래도 물론 하룻밤 안으로는 닿지 못한다. 보통 이틀을 잡고 다닌다. 그러다가 동복을 내주면서는 모후산을 중계해서 다녔다.

모후산까지는 별 어려움 없이 간다. 거기서부터는 가는 길에 장애가 많다. 그래서 여러 가닥의 루트가 선별적으로 사용되었다.

우선 큰 부대가 이동할 때 쓰는 루트. 말봉산 주능선을 쭉 따라가다가 두봉산 삼거리에서 개기재로 내려서서 예재 터널 위로 넘어가는 길이다. 조금 돌지만 마구 달릴 수 있는 이점이 있다.

다음은 두봉산에서 어시(어시랭이)·먹실로 해서 독침재를 넘어가는 길이다. 품평을 거쳐 어리에서 화학산 능선에 달라붙는다. 거리는 단축되는 대신, 경전선 철길과 이양-능주 간 기동로를 가로지르는 모험이 따른다.

위 두 길 사이에 어시에서 쌍봉사를 거쳐 매정리로 빠지는 길이 또 있다. 부대들이 가끔 이용한다.

그 밖에 분기점이 다른 또 하나의 큰 루트가 있다. 유마사에서 도마동재(도마치)를 넘어 절동과 한실 마을 앞을 돌아 동산

촌으로 빠진다. 거기서 말머리재를 넘어 금릉천을 끼고 내려가다가, 지석강 합수점 조금 위쪽을 건너 한한동으로 해서 화학산 주릉에 오르게 된다.

이러한 루트 그물은 각각 외가닥이 아니다. 적정과 대열 사정에 따라 서로 옮기고 바꾸어 가면서 관리한다. 연락원들에게 있어서 이 길들은 생명줄이므로 그것들을 아끼는 마음이 유별나다.

백운산 전구로 들어가는 루트는 유격투쟁이 격화되면서 그 쓰임이 점점 더 잦아진다. 그리고 새로운 루트를 개척할 필요성이 자꾸만 제기된다. 백운산 전구가 전남 지역 유격투쟁의 총후방 구실을 하게 되므로 그렇다.

후퇴 초기에 가장 많이 쓰인 노순. 백아산에서 일단 모후산으로 내려간다. 거기서 주암 협곡을 지나 조계산으로 건너뛴다. 그런 다음 용계산을 거쳐 광양 봉강골 무리묵재를 넘으면 백운산 영역이다.

이 루트는 쌍암에서 순천 서면으로 질러가다가, 전라선 철길과 순천 변두리 기동로를 가로지르는 부담을 안고 있다. 그런 불리함을 피하기 위해 조계산에서 갓꼬리봉으로 건너뛴 다음, 미사치를 거쳐 봉강골로 들어가는 길도 차츰 쓰이게 되었다. 이 경우도 쌍암-학구 간이 어렵다.

봉두산의 중계적 분담이 중요시되면서 거기를 거지는 노순이 많이 개척되었다. 거기를 거치면 여러 가닥으로 해서 백운산에 들어갈 수 있기 때문이다. 봉두산이 적정으로 막히거나 할 때는 삼산으로 돌아서 황전을 거치는 루트도 쓰였다.

그 밖에 한동산에서 닭재를 거치는 노순이 쓰이게 되는데, 중간에서 야산잠복을 해야 되는 경우가 생긴다. 군경들의 매복이 심해지면서 그 목을 우회할 목적으로 이 길이 개척되게 된다. 어쩔 수 없이 많이 돈다.

지리산 전구로 가는 길은 크게 두 가닥이다. 바로 가는 길과 백운산을 거치는 길이 있다.

국사봉에서 통명산으로 건너뛰어 곤방산을 끼고 가다가, 구례 용방이나 문척 쪽으로 들어선다. 지리산으로 곧추 가는 길이다. 전라선 철길을 넘기는 어렵지 않은데, 섬진강을 건너는 일이 큰 고비다. 특히 한여름 큰비가 내리면 강물이 엄청 불어나기 때문에 도강 지점을 고르기가 쉽지 않다.

그 길 말고 백운산을 거치는 노순이 많이 쓰였다. 특히 간부들이 이동할 때는 이쪽 루트를 많이 이용했다.

도강 지점으로는, 중바우등에서 대기하고 있다가 칠의사묘를 향해 강을 건너 왕시루봉으로 오르는 루트가 제일 무난해서 오랫동안 쓰인다.

노령 전구로 가는 노정은 하루 길이밖에 안 된다. 그런데 창평·무정을 거치는 들길이 고생스럽다. 거의 전북 도계선을 따라가듯이 가다가 담양 용면으로 들어서는 길을 많이 밟는다.

그와는 달리 담양 들판을 질러 병풍산을 향해 가다가 월산면으로 들어서는 루트가 있다. 매우 어려운 코스다.

불갑 전구가 멀다면 제일 먼 셈이다. 그래서 후퇴 초기에는 분적산을 중계점으로 삼아 남평 들을 질러가다가, 일단 금성산에 들르는 노순을 많이 밟았다. 거기서 다시 출발해서 불갑산으로 들어간다. 직접 가는 길이다.

　그러나 그 길이 어렵게 되면서는 유치 지구에 들렀다 가는 노순을 밟게 되었다. 그 경우도 금성산을 거쳐 가는 수밖에는 없다. 오고가는 데에 많은 시간이 걸린다.

　이상이 백아산을 기점으로 하여 방사선 모양으로 뻗은 주요 루트들이다. 하행선의 경우만 언급했는데, 상행선의 노순도 역순일 뿐 얼추 비슷하다.

　이 여러 가닥의 축선을 동심원으로 겹겹이 엮는 루트가 또 무수히 있다. 인근 당단체끼리 또는 부대끼리의 횡적 연락선들이다.

　가령 조계산에서 접치재를 넘어 닭재·삼산을 거쳐 봉두산으로 빠지는 루트가 그 예이다. 부대들이 이동할 때 많이 썼다.

　모후산에서 조계산, 혹은 대원사에서 조계산으로 오고가는 루트. 불갑 전구에서 노령으로 통하는 루트. 이런 것들이 다 횡선이다.

　또 각 지구가 산하 군·면 혹은 부대들과 주고받는 선들은 지구와 군 연락과에서 관장한다.

　이 밖에 다른 도와의 연락선들이 또 별도로 있다. 지리산 지구와 노령 지구가 중계 구실을 한다.

　그런데 이 루트망도 시일이 지나면서는 군경들에게 다 노출되고 만다. 그래서 군경들은 연락원들이 잘 다니는 목을 지키며 매복도 하고, 저지선에 지뢰를 매설해 놓기도 한다. 그런 어려움, 목숨을 건 행보를, 밤낮을 가리지 않고 연락원들이 해 낸다. 많은 희생을 치르면서.

4. 교육교양사업

어렵고 고된 조건에서 투쟁을 이겨 나아가려면 튼튼한 대내 결속이 무엇보다도 앞서야 한다. 그 밑바탕이 되는 것이 당원과 빨찌산 대중들에 대한 교육 교양 사업이다.

재산 대열의 근간이 되는 구빨찌들을 비롯하여 소수의 핵심들에 이르기까지, 그들에게 가장 부족했던 것은 이론무장이었다. 오랜 지하활동으로 체계 있는 학습을 받을 기회를 갖지 못했기 때문에, 뜻은 강고하지만 그것을 펼치고 다지는 방도를 잘 알지 못했다.

심지어 투쟁 대열에 기꺼이 동참한 빨찌산 대원들 가운데는 문맹자가 적지 않았다. 가장 먼저 극복해야 할 장애였다.

문맹퇴치

전혀 국문을 해독하지 못하는 기층 출신의 대원들을 비롯하여, 조금은 알지만 교재를 혼자 해독할 정도는 되지 못하는 대원들에 이르기까지 적지 않은 문맹자가 대열 안에 있었다.

다행히 인민군 출신 대원들을 위시해서 미처 후퇴하지 못한 교사·학생 등이 훌륭한 교사가 될 수 있어서, 이 문맹퇴치 사업은 조직만 하면 실행은 어렵지 않았다. 거기다가 문맹자 내지 반문맹자들 자신이 까막눈임을 부끄럽게 여겼고, 그 답답함에서 벗어나려는 열의에 차 있었다.

각급 당 조직의 세포, 각급 부대의 문화부(정치부) 조직들이 실행자가 되어 다른 무엇보다도 우선해서 이 일에 매달렸다.

특별교재도 마련했고, 해당자들에 대한 다른 임무의 면제, 개별지도의 책임제, 서로 경쟁하기, 극복의 속도에 따른 표창 등 여러 가지 방법들을 강구했다.

각 해방구들에서는 비교적 좋은 환경 아래 집체교육도 실시했다. 그리고 그 범위가 대열 밖으로까지 번져서 투쟁인민들도 아울러 가르치는 여유까지 보였다.

이렇듯 인민들까지 아우른다는 계획은 이 사업을 시작하는 단계에서 이미 고려되었던 바다. 그리고 그와 같은 활동은 인민들과의 연대를 강화하는 데에도 크게 기여했다. 이 일에는 민청과 여맹 조직원들이 선두에 나섰다.

그리하여 1951년 녹음기를 즈음해서는 전 빨찌산 대열 안에서 문맹자 반문맹자를 완전히 퇴치했다. 초보 교재는 물론이요, 당과 유격대 기관지도 술술 읽을 수 있게 되었고, 일기나 보고서까지도 자력으로 작성할 수 있게 되었다.

당생활

각급 당 조직과 부대에는 당부와 세포들이 있어 건전한 당생활을 할 수 있었다. 일상적으로 갖는 정기 세포회의, 전투를 앞둔 화선당회의, 사업 계획과 총화를 통한 자체 교육, 비판과 자기비판의 엄정한 실행 등을 통해 당원들의 중추적 선도적 임무가 강조되었다.

연령이 찬 대원들의 입당 절차, 과오를 범한 당원들에 대한 심사 책벌 등 당생활의 건전성은 최대한 보장되었다.

당 세포를 통한 학습회에서는 선배 당원이나 초빙강사 등을 통해 꾸준한 이론 학습을 실행했다. 특히 당 건설의 요약, 정치 경제학의 기초, 쏘련 사회의 선진성 등의 학습에 전 성원들이 아주 열성적으로 참가했다.

책임간부들에게는 학습에 대한 특별과제도 부과했다. 모든 당원들로 하여금 조국과 인민의 선봉대임을 자랑스럽게 여기 도록 교육 교양 사업을 실행하였다.

당학교

더 알고 싶고 더 배우고 싶은 당원 및 빨찌산 대중들의 열의는 입산 초기부터 당학교를 개설케 만들었다.

합법 때는 광주에서 도당학교(스피아 여고 교사 이용)를 운영했고, 각 시군에서도 강습소 같은 것을 통해 각종 교육을 실시한 바 있다.

재산 대열을 정비하면서 곧 도내 주요 지구에 당학교를 세웠다.

불갑 지구 당학교 : 불갑 및 노령 지구에서 함께 운영,
                    불갑산과 가마골 등지를 이동하면서 실행
장흥 지구 당학교 : 유치 및 모후산 지구에서 함께 운영,
                    주로 유치내산에서 실행
광주 지구 당학교 : 광주 지구에서 운영,
                    백아산에서 실행
백운 지구 당학교 : 백운산 지구에서 운영,
                    백운산에서 실행

각급 당 및 부대 조직에서 전도유망한 중견 일꾼들을 추천하여 입교시켰다. 저마다 이 학교에 뽑혀 가는 것을 커다란 자랑으로 여겼다.

입학생으로 뽑힌 사람은 자기가 먹을 식량을 가지고 입교해서 재학 기간 동안 독립된 단위로 공동생활을 하면서 오직 학습에만 전념했다.

백운 지구 당학교(그때는 '도당학교 제1분교'라고 불렀다)의 경우를 예로 들어 그 구체적 내용을 알아본다.

운영 책임 : 강봉기(지구책)
책임 강사 : 고평준(함남 이원 출신)
      강사 : 김석준(이원군 민청위원장, 중앙당학교 졸업자), 이두화(김일성대학 역사학부 학생), 고재형(노어대학 학생)
학습 인원 : 1회에 약 20명 단위
학습 기간 : 적정 유무에 따라 신축성이 있었는데 평균 15~20일
학습 총 시간 : 96시간. 그중 '당건설' 22시간, '해방후조선' 38시간, '쏘련' 18시간, 군사훈련 18시간

1951년 4월 28일 현재 9기생까지, 모두 164명의 졸업생을 내었다. 그 가운데 10%가 최우등생이고 57%가 우등 생인바, 최우등생의 53%는 기본출신들이었다.

이 제1분교는 그 뒤 수업 시간을 1개월로 연장하여 1951년 7월 25일 현재 제12기생까지 모두 210명의 중견일꾼들을 길러

냈고, 그 성과 위에 수업 일수 36일 총 258시간의 기성간부 재교양 사업도 펼쳤다.

그때는 강사진이 더 보강되었고, 그 기반 위에 장차 도당간부학교가 도당 직속으로 개설되게 된다.

백아산 강이동(송단리)에 개설한 광주 지구 당학교는 1회 20명, 학습 기간 1개월. 학습 과목 가운데에는 쏘련 볼셰비키 당사, 유격전술 등이 들어 있었다. 강사 진용에 따라 교과목에 다소간의 융통성이 있었기 때문이다.

보통 각 단위 기관에서 2명 뽑히기가 어려운데, 당학교 입교가 결정되면 성대한 송별연을 베풀어 주기도 했다.

당학교 가운데 불갑 지구 당학교가 적정 때문에 이동이 잦았고, 그 수명도 제일 짧았다.

군사학교

당학교와 비슷한 체제로, 역시 각 지구가 주동이 되어 군사학교를 운영했다. 각급 부대에서 추천되어 온 중견지휘관 또는 전도유망한 전사들이 교육을 받았다.

강사는 인민군 군관 출신들이 맡았는데, 일반교양도 다루었지만 군사학 기초와 유격전술이 주된 과목이었다.

장흥(유치) 지구의 경우, 지구 사령부 문화부에서 운영한 군사학교는 1951년 6월 25일 현재 제8기생까지 졸업시켰다. 가장 운영이 잘된 지구로 꼽힌다.

각 지구별의 구체적 운영과 교과과정에 대해서는 자료가 없어 기술치 못한다.

침공이 잦아지면서는 군사학교를 단독으로 운영할 수 없어 당학교와 합치게 된다. 그럴 경우 유격전술 시간을 더 늘렸다.

5. 대열관리

'대열'이란 말은 인민군 쪽 용어인 듯하다. 대열을 안으로 단단히 묶어세우고, 밖으로부터의 물리적 위해나 사상적 침입을 막는다는 뜻에서 '대열관리'라는 말이 있을 수 있다.

전남 유격대 총사령부도 창설 당초에 대열과와 정보과 두 부서를 둠으로써 전자와 후자의 임무를 나누어 맡게 했다.

그중에서도 정보과가 하는 일은 다양하면서도 강력했다. 적진 속 혹은 그 변두리에 침입해서 그들의 동향과 침공 계획을 염탐해 오는 일. 그것은 유격전을 펼침에 있어서 꼭 필요한 정보를 수집하는 일이다. 하지만 그 임무를 수행하는 데는 항상 위험이 따랐다. 그래서 희생도 많이 냈다.

또 한 가지는 대열에 침투하는 적들의 파괴 공작을 사전에 포착 단절하는 일이다. 이 일을 수행하기 위해서는 투철한 사명감과 철저한 충성심이 요구되는바, 겉으로는 드러나지 않으면서 대열을 관리하는 데 있어 요긴한 구실을 수행하는 부서다. 당 쪽에서는 조직부와 간부부에서 그 일을 주로 맡았다.

그러나 무엇보다도 중요한 그 주제는 강선하고 전두력 있는 대오를 육성 유지하는 일이다. 그리하여 간고한 유격투쟁 과정에서 유생역량을 되도록 많이 온존케 함으로써 최후의 승리에 대비하는 일이다.

투쟁이 장기화되고 전황이 어렵게 되면 어쩔 수 없이 이탈자도 더러 생기게 마련이다. 그것을 예견하고, 그런 사태에 대비하기 위해서도 대열관리는 필수적인 사업 항목이 된다.

여기서는 도당부와 총사가 대열관리를 위해 어떻게 일했는가를 포괄적으로 살펴본다.

지도원제

상부 당단체가 하부 당조직을 지도 감독 검열하는 제도는 중앙집권제 아래서는 엄격히 지켜진다. 후퇴 후의 비합법 상황일지라도 전남 도당은 이 원칙을 충실하게 이행함으로써 일사불란한 지도체계를 유지했다. 더구나 당 중앙의 직접 지도를 받지 못하는 현실에서는 그 중요성이 한층 더했다.

산하 각 지구(전구)가 떨어져 있고 정상적인 통신 연락이 불가능한 사정 아래서는, 사람을 직접 보내서 지도 업무를 수행할 수밖에는 없다. 당이 비합법 조직으로 전환되면서 바로 지도원제를 강화한 것도 이러한 이유 때문이다. 그것은 상하 소통과 지시 및 건의 사항 전달의 가장 확실한 수단이기 때문이다.

앞에서 언급한 바와 같이, 후퇴 후에도 도당부는 합법 때 체제 그대로 각 부서를 유지했다. 노동부와 농민부도 물론 부서원들을 두었으나, 오금일(노동부장)과 이방휴(농림부장)가 각각 딴 부서를 맡게 되면서 그 체제가 느슨해졌다. 변화하는 상황에 적응하면서 보다 발전적이고 실질적인 체제로 점차 바뀌어 갔다.

조직부 · 선전선동부 · 간부부는 그 활동을 보다 적극적으로 전개하면서 많은 지도원들을 산하에 두었다.

조직부 지도원들은 주로 하부 당단체 인원들의 조직생활과 당 규율 준수 상황, 조직원들의 생활작풍 등을 지도 검열했다. 가령 예를 든다면, 안이한 생활에 빠진 나머지 자칫 가족주의적 피난생활로 전락하지는 않는가. 패배주의에 젖어 투쟁을 포기하지는 않는가. 극단적 관료주의에 흘러 성원들의 자발성을 무시하는 경향은 없는가. 지시와 명령들이 창조적으로 수용되고 있는가. 이런 것들에 유념하면서 차근차근, 그러나 위엄을 갖추어 지도 단속해 나갔다.

선전선동부 지도원들은 하부 당단체의 교육 교양 상황을 지도하며, 대적 선전 선동과 당면 투쟁 구호 등을 가르치며 침투시키는 일을 한다. 선전부의 활동 범위가 가장 넓어서 많은 지도원들을 거느렸고, 후비군을 양성하는 의미도 있어서 예비인원도 두었다.

당학교의 운영 실태, 대내 학습과 교양 사업의 이행, 출판물의 간행 같은 것에 착목하여 같이 연구하며 가르친다.

간부부 지도원들은 당원들의 생활, 신입 당원들의 입당 절차 등을 지도 감독했다.

세포회의의 운영, 비판과 자기비판의 수준 높은 실행, 비당원대중들 사이에서의 당원들의 선도적 임무 등을 살핀다. 그런데 모든 조직원들이 하나같이 높은 목적의식으로 무장되고 있기 때문에, 실지에 있어서 당원과 비당원 간의 의식적 분할 지도는 그 필요성이 희박했다. 비당원 빨찌산 대중 가운데서 열성적인 사람들을 심사 입당시키는 일만 지도해도 충분했다.

이러한 간부부 일이 조직부 일과 겹치는 경우가 많았다. 거기다가 거듭되는 군경들의 침공으로 대열이 설피어지면서는 간부부 일이 조직부에 흡수되었다. 그럼으로써 도당부의 부서가 조직부와 선전부 두 부서만 남게 되는 때가 온다.

각 부 지도원들은 임무를 띠고 현지에 나간다. 그곳 성원들과 생활을 같이하면서 구체적인 문제들을 실질적으로 해결해 준다.

뿐만 아니라 현지 사정을 잘 관찰 포착하고, 현지 성원들의 애로와 건의 사항들을 종합해서 소속 부장에게 보고하는 임무도 아울러 수행한다. 경우에 따라서는 해당 일꾼을 소환시킬 수도 있다. 상하 소통이 원활치 못한 상황에서 지도원들의 이러한 적극적 활동은 대열에 활력을 불어넣는 원천이 되었다. 그러므로 각 부 소속 지도원들에게는 높은 지적 수준과 투철한 책임감, 예리한 관찰력, 과감한 실천력 등이 요구된다.

각 부서에 소속된 지도원 말고 도당 위원장 또는 도당 조직위원회가 직접 파견하는 지도원이 따로 있다. 그 직분을 책임지도원이라 하여 다르게 부른다. 예전의 '오르그'에 해당된다.

책임지도원은 현지에 가서, 도당 위원장 또는 도당 조직위원회가 위임한 사항을 책임지고 전결 수행한다는 의미에서 아주 강력한 실천력을 가지는 지도일꾼이다. 그러므로 도당 부부장급 이상의 책임일꾼이 맡는 게 통례다. 어떤 중요한 계기, 말하자면 긴급을 요하는 사항이 벌어졌거나 강력한 실천이 요구될 때 파견한다. 보통 도당 조직위원회가 중대한 결정을 채택했을 때에 많이 내려보냈다.

그 밖에 현지에 상주하는 책임지도원도 두었다. 거리가 멀어서 자주 내왕할 형편이 못 되는 지구, 가령 불갑 지구 같은 데에 이 상주 책임지도원을 두었다.

총사령부에도 지도원·책임지도원을 두었다. 산하 직속연대와 각 지구 사령관(유격대장) 들에게 중대한 작전 명령을 내릴 때, 책임간부 이동이나 소환을 지시할 때, 작전 결과를 총화할 때, 어떤 투쟁 캠페인을 벌일 때 등에 맞추어 파견했다.

총사 부참모장 급, 각 직속연대 연대장을 지냈거나 맡고 있는 지휘관들이 책임지도원 직책을 맡는 경우가 많았다.

도당에서 파견되는 지도원에게, 총사령부가 이중으로 지도 임무를 명령하는 경우는 드물다.

합동작전이나 대부대가 연합해서 작전을 벌일 때는 총사 부사령관이나 총사 참모장이 직접 나간다.

각 지구에도 지도원을 두었다. 앞에서 언급한 바이지만, 본시 지구는 당부를 가지지 않는 연계 조직체다. 그러나 일을 하다 보니까 부분적으로 지도업무를 수행해야 될 경우가 생겼다.

그 절실한 부문이 선전 교양 부문이다. 그래서 맨 처음 선전 지도원을 두었는데, 이것이 지구가 지도원제를 채택한 시초다. 그렇게 돼서 차츰 선전부가 생기고, 책임일꾼이 부서를 맡다 보니 차츰 당부에 준하는 일들을 추스르게 되었다.

이렇듯 지구의 지도원제는 현실 사업이 요구함으로써 생긴 일종의 변칙 운영인 셈이다.

소환 · 책벌

아래와 같은 과오를 범했을 경우에는 상부 당단체의 결정에 따라 해당 일꾼을 소환한다.

① 현 직책을 수행할 능력이 없거나 부족하다고 인정될 때
② 당의 결정이나 상부 명령에 복종하지 않았을 때
③ 방만 또는 태만으로 인해서 대열에 큰 손해를 끼쳤을 때
④ 도피성 이기주의나 가족주의적 경향에 흘러 성원들 간의 존경을 얻지 못함으로써 그의 명령 또는 지시가 소속 인원들에게 먹혀들지 않을 때
⑤ 패배주의에 무젖어 자신감을 상실했을 때
⑥ 성원들 간의 화합을 이루지 못함으로써 분파적 분란이 잦을 때
⑦ 소환을 청하는 대원들의 건의에 타당성이 있다고 인정될 때
⑧ 인민들에게 부도덕한 행위를 함으로써 빨찌산의 위신을 심하게 추락시켰을 때 등이다.

이에 해당되는 사람들은 그가 속하는 대열 또는 당단체에서 그 과오의 정도에 따라 여러 가지 벌을 받는다.

① 자기비판을 한다.
② 견책 · 엄중경고 · 출당 등 처벌을 받는다.
③ 직책을 내놓고 재교육을 받는다.
④ 지정된 조직에 맡겨져 대기한다.

책벌을 받은 대원은 강등되거나 투쟁 성과로써 보답하기도 한다. 재교육 과정은 본인의 직책과 놓여 있는 환경에 따라 여러 가지가 적용된다. 당학교로 보내거나, 어떤 간부와 함께 지내면서 개별교육을 받기도 한다.

적과 내통하거나 적측에 가담함으로써 대열에 커다란 피해를 입혔을 때는 반당분자로 인정한다. 그는 대열에서 제거된다.

표창

유격투쟁에서 빛나는 활동을 보인 대원들은 표창한다. 그들에게는 전남 유격대 총사령관의 명의로 아래와 같은 칭호가 주어진다.

  모범대원 : 빨찌산 대중들 사이에서 모범적으로 생활하며 투쟁한 대원.
  용사 : 용감한 투쟁으로써 큰 전과를 올리는 데 선봉적 역할을 한 대원 또는 중견지휘관. 거듭 수여됨으로써 이중용사, 삼중 용사 칭호를 부여하기도 했다.
  영웅 : 전 유격대원들의 사표가 될 만한 영웅적 투쟁을 한 전사 또는 지휘관.

기념행사 등 공식 모임에서 그 칭호를 발표하고 표창장을 수여했다. 그리고 빨찌산 기관지에 그 성명과 표창 내용을 게재하며, 총사 기요과 영구보존문서에 기록 보존했다.

한편 도당 조직위원회는 당 중앙과 최고인민회의 앞으로, 공

화국 명의로 되는 상훈을 수여해 줄 것을 신청하고 있었다.[10]

6. 보도·출판

　도당부가 위원장 직속으로 보도과를 둔 이유는 두말할 것도 없이 무전 송수신을 위해서다. 두절된 당 중앙과의 소통을 이루려면 무전이라는 수단을 이용할 수밖에 없었기 때문이다.
　당의 비합법 개편 지시를 받을 당시에, 이러한 난국에 대처하기 위해 당 중앙과 모종의 비상 연락수단을 강구했는지의 여부는 알 수 없다. 그러나 목전에 닥친 어려움을 극복 해결하는 방책의 일환으로서 무전 송수신 수단을 가질 필요는 절실했다.
　빠를수록 좋았다. 다행한 일은 광주에 내려와 있던 조선중앙통신 광주 지사장(남호일)이 송수신기를 가지고 입산한 일이다. 그런데 이 기기를 작동하려면 동력이 있어야 되는데, 그것을 해결할 길이 없었다. 그에 맞는 발전기가 있어야 작동될 터인데 말이다.
　발전기라고 이름 붙인 것은 구할 수 있는 대로 구해다 맞추어 보았다. 각종 자동차의 제너레이터를 구해서 맞춰 보았다. 그 제너레이터 또한 동력이 있어야 발전이 되는 것인데, 어렵사리 돌려는 보았지만 그것으로는 무전수신기가 작동되지 않았다. 참으로 안타까운 일이었다.
　군인들이 메고 다니는 야전용 무전기도 맞추어 보았지만 그

---

[10] 이 기록물들이 군경들의 손에 들어감으로써 예상치 못했던 희생을 강요 받은 예가 있다.

것으로는 출력이 모자랐다. 게다가 수신 반경이 짧고 주파수가 고정되어 있어서 목적하는 바를 이룰 수가 없었다.

어렵게, 실로 어렵게 수소문해서 수동식 발전기 한 모델을 구해 왔다. 재산조건에서도 쓸 수 있는 것이었다. 어설프나마 그것이 그래도 수신장치를 구동할 수 있었다. 평양에서 발신하는 조선중앙통신을 가까스로 받을 수 있게 됐다. 그것은 정말로 기적이요, 펄쩍 뛰게 만드는 낭보였다.

공화국 북반부 인민들의 목소리를 백아산 유격전 기지에서 들을 수 있게 된 것이다. 그로써 비록 간접으로나마 당 중앙의 전략과 전술을 미루어 알 수 있게 되었다. 커다란 자신감을 용솟게 만드는 경사였다.

이제 신문을 발간할 차례가 되었다. 후퇴로 말미암아 중단된 『전남로동신문』 속간을 서둘렀다.

수신된 조선인민군 총사령부 보도는 주전선의 소식을 제때에 알려주었다. 신문 1면에 그것을 싣고, 속간사와 더불어 당면 유격전의 방향을 제시하는 도당 위원장의 글이 사설로 실렸다.

그 첫 호를 1950년 10월에 동복면 만수동에서 발간했다. 그것을 시초로 해서 매주 1회 이상을 꼭 냈다. 총사령부 산하 빨찌산들의 전투상보도 실었다. 부대원들의 생활상도 담았다. 매 호마다 약 500부 정도, 원지가 더 이상 못 받아내는 한도껏 찍었다.

등사로 민 한지 폭의 타블로이드판이었지만, 그것을 받아든 산하 빨찌산 대원들은 감격에 겨웠다. 신문을 놓고 독보회도 가졌고, 자신들의 소식을 실어달라고 기사도 보내왔다.

이제 도당 선전부는 일풍년을 맞았다. 신문을 내랴, 교재를 찍으랴, 결정서·지시문을 발송하랴, 그저 바쁘게 일만 했다. 그 실무 부서를, 처음에는 6·25 전 용어 그대로 '기술부'라고 불렀다. 그러다가 여러 가지 유인물을 낸다고 해서 '출판과'라고 부르더니 이제는 '신문사'라고 불렀다. 신문사 식구들은 덩달아서 으쓱했다. 다만 더 자주 못 내고, 더 많이 찍어내지 못하는 것이 안타까웠다.[11]

이런 사정을 깁듯이 총사령부 출판과에서도 『전남빨찌산』이란 제호로 신문을 냈다. 신문의 성질상 산하 유격대들의 활동과 그 전과, 부대원들의 일상생활, 보건과 위생 등 실무적인 기사들을 주로 실었다. 문예란도 만들어 대원들의 글도 실었다.[12]

신문을 받고 싶은 인원은 많고, 손에 들어오는 부수는 한정되어 있고. 그래서 각 지구마다 나름대로 애를 쓰면서 신문들을 냈다.

광주 지구에서 발간한 『광주 로동신문』, 무등산 전구 발행의 『무등산 빨찌산』, 유치 전구의 『유치 빨찌산』, 불갑 전구의 『불갑 빨찌산』, 백운산 지구의 『백운 로동신문』, 지리산 전구의 『구례 인민보』 등 실로 다양한 신문들이 쏟아져 나왔다. 비록 부정기이기는 하지만, 빨찌산들의 욕구가 마구 분출되는 소산이다. 이런 일들을 위해 각 지구가 창의적으로 활동하고 있었다.

---

11) 후에 도당 조직위원회 결정으로 '도당 선전부 출판과'라고 부르게 된다.
12) 초기 한때는 『승리의 길』이라는 제호로 낸 적이 있다.

도당 선전부에서는 신문 발간 외에 각종 유인물들을 출판했다. 당학교 일반 교재인 『해방후조선』, 당학교 강사용 교과 요강, 월간 계획서와 당면 구호집 등 다방면에 걸치는 등사물을 출판했다.

도 인민위원회 기관지 『전남인민보』도 여러 호 내었다. 그밖에 각종 전단류, 예를 들어 세계평화이사회가 제기한 「5대열강 간의 평화조약 체결 촉구를 위한 호소문」 서명을 받기 위한 용지, 대적 선동 전단, 심지어 보급투쟁 때 건네는 영수증이나 차용증서 같은 것까지 찍어냈다.

다행이 종이나 잉크가 떨어져서 일을 중단한 적은 없었다. 온갖 장애를 무릅쓰고 산하 당단체와 부대원들이 열성껏 받쳐준 덕택이다.

도당 위원장 직속 보도과 일꾼들은 잦은 침공군의 수색을 잘 견디면서 헌신적으로 일했다. 그 육중한 발전장치를 빼앗기지 않기 위해 온갖 지혜를 짰다.

그렇게 피맺히는 노력을 쏟았는데도 당 중앙과의 교신은 끝내 이루지 못했다. 그러다가 박영발 위원장이 제5지구당 부위원장 직책을 맡아 지리산으로 건너갈 때, 보도과 인원들도 같이 데리고 갔다.

『전남로동신문』 발간은 그 어렵던 제2차대침공 초까지도 계속되었다. 그리하여 '신문'은 난시 집단적 선전자요, 집단적 조직자로서의 구실에 더하여, 당 중앙의 말소리를 저 하부 대원들을 거쳐 인민들 속에까지 전하는 교량 구실을 충실히 해냈다. 그럼으로써 당의 목소리는 저 일반대중에게까지 깊이 침투했다.

7. 문화 · 오락

　재산 유격대원들이 안정되고 조화로운 정서로써 생활하고 투쟁하게끔 유도하는 일의 중요성은 재론할 여지가 없다. 항상 죽음과 맞서 있게 마련인 긴장된 나날. 못 먹고, 못 입고, 못 자면서 연속되는 싸움에 임해야 되는 휴식 없는 낮과 밤들. 이중 삼중의 포위 속에서도 굳건한 사명감과 뜨거운 동지애로써 버티어 나가는 대오. 봄 · 여름 · 가을 · 겨울, 어느 계절이고 편할 날은 없다. 고립된 속에서 한 해, 두 해, 해가 거듭될수록 닥치는 어려움은 곱절로 더하여 갔다.

　이를 극복하기 위한 묘방은 없었다. 전담 부서가 따로 있어서 거기에 맡기면 되는 일도 아니다. 전 재산 인원, 직책의 무겁고 가벼움에 상관없이, 모두가 앞앞이 책임져야 하는 일일 따름이었다.

　어쩌면 당단체건 부대건 할 것 없이 일상적으로 유념해야 할 일이 그것이었는지도 모른다. 기회가 있을 적마다, 조건이 허락되는 한도에서 방법과 수단을 다 이용하여 그 일을 해내야 했다.

기념행사

　각종 기념일, 민족의 명절, 신년과 송년, 승리의 축하와 희생자의 위령 등. 그것들을 맞고 보낼 때 기념행사와 캠페인을 벌였다. 그럼으로써 소속감과 정체성을 일깨우며 미래에 대한 전망을 굳게 갖도록 했다.

새해맞이

신년에는 최고사령관의 신년사가 있게 마련이다. 그것이 수신되고 유인물화되어서 말단 대원에게까지 전달되도록 했다. 그것을 받들어 새해를 축하하며 새로이 충성을 맹세하는 모임들을 가졌다.

인민군 창군 기념일

빨찌산 대열에는 인민군 출신들이 많다. 2월 8일에는 그 축하행사를 가지며, 그 자리에서 대원들의 표창도 했다. 또 그날을 전후해서 기념투쟁도 벌였다.

오일절

국제적으로 기념하는 노동절이다. 이날이 갖는 의미와 국제적 연대성을 굳게 지키기 위한 독보회 등을 가졌다.

8·15해방 경축일

중앙에서 내려오는 보도문들을 읽으며, 정황이 허락되는 대로 보고대회를 가지고 진치도 베풀었다. 군공표창 행사도 가졌다.

쏘련 10월 혁명 기념일

볼셰비키 혁명 기념일인 11월 7일을 맞아 각종 궐기 모임과 기념 캠페인을 벌였다.

설날과 추석
민족 최대의 명절을 맞으면 잔치가 없을 수 없다. 투쟁에 휴식이야 없지만, 이날들은 꼭 쇠고 넘어가도록 했다. 건전한 사향심, 그것은 애국심의 원천일 테니까.

위와 같은 날 가지게 되는 기념행사에 앞서서는 반드시 전사한 동지들에 대한 묵념을 올렸다.
해방구를 유지하고 있을 때는 인민들과 함께 기념행사를 가졌다. 적중에 치고 들어가서도, 위와 같은 날들임을 소리 높이 외치면서 그날들을 위하고 알렸다.
이 밖에도 여러 고비마다 그에 상응하는 행사를 함으로써 자긍심과 연대의식을 튼튼히 갖도록 힘썼다.

문예활동
빨찌산 대원들은 높은 창작의욕 속에서 그가 치르고 있는 삶과 싸움을 글로써 나타내고 싶어 한다. 그것은 상상 이상으로 뜨거운 정서다. 영웅적 무대에서 영웅적 언어가 잉태되기 마련이다. 지도원들이 현지에 나가 같이 생활하다 보면 그런 계제에 자주 부닥치게 된다. 수첩에 투쟁일지나 습작들을 깨알처럼 박아쓴 것을 자주 보게 되는 터이다.
또 재산 인원들 사이에는 학력도 있고 창작 공부도 제대로 한 전사들이 많았다. 그들에게 창작하고 발표하는 기회를 주도록 하는 세심한 배려가 필요했다.

한편 공화국 북반부에서 창작되거나 번역된 작품들이, 북에서 내려온 학생·교사들을 통해 많이 보급된 영향도 컸다. 그런데 그들에게 체계적 지도를 베풀고, 만들어진 작품들을 발표할 수 있는 지면은 극히 한정되어 있어서 그 뜻을 다 담아내지는 못했다.

우선 지구나 부대에서 발간하는 신문 등 인쇄물 지면을 이용했다. 『전남로동신문』은 다목적으로 쓰이는 통신원 제도를 두어서, 그들이 투쟁기사도 송고하고 자신들의 창작물도 보내오도록 했다. 그 가운데서 잘된 것을 골라 기명으로 신문에 싣기도 했다.

또 전도유망한 인재를 뽑아 올려 같이 생활하면서 가르치기도 했다. 그러나 넘치는 그들의 욕구를 다 받아주지는 못했다. 그들이 끄적거려 놓은 수첩이나 일기장은 다 어찌 되었을까.

오락회

각종 기념행사 뒤풀이로서, 승리한 뒤의 성과풀이로서, 또 적정이 뜸한 사이사이 사기앙양의 수단으로서 오락회가 자주 열렸다. 춤도 추고, 땅재주도 부리고, 헹가래도 치고, 마구 고함도 지르면서. 그러나 가장 많이 등장하는 것은 노래였다. 노래가 아무래도 오락회의 주종이었다.

북에서 온 사람, 동북(만주)에서 온 사람, 일본에서 살다가 온 사람, 본토박이 사람 등. 출신지와 성분들이 다양한 만큼 그들이 펼치는 노래 잔치도 각양각색으로 푸짐했다.

그 노래들을 몇 가지 가닥으로 분류해 본다. 그리고 색다른 것들 하나씩을 예시한다.

의식

각종 행사 때 많이 불리는 노래다. 「애국가」, 「김일성 장군의 노래」, 「공화국 선포의 노래」, 「공화국 찬가」, 「인민군 행진곡」, 「민주청년동맹가」, 「민주청년 행진곡」, 「세계민수청년동맹가」 등.

공화국 선포의 노래

백두산 천지에서 제주도 끝까지
새 깃발 높이어 삼천만은 나섰다
산천도 노래하라 이 날의 감격을
조선은 빛나는 인민의 나라다
(후렴)아, 자유조선 인민공화국
　　해와 별 빛나라 조국의 앞길에

빨찌산의 노래

지역과 소속 별로 따로 창작된 노래들이 있다. 「남조선 빨찌산의 노래」, 「전남 빨찌산의 노래」, 「무등산 빨찌산의 노래」, 「제주도 빨찌산의 노래」, 「삼각산 빨찌산의 노래」, 「태백산 빨찌산의 노래」, 「오대산 빨찌산의 노래」, 「빨찌산 훈련가」, 「빨찌산 통신」 등.

무등산 빨찌산의 노래

인민의 우수한 아들딸 무등산 빨찌산
김일성 장군 항일 유격 정신 계승하여
우리들은 돌진한다 원쑤들의 심장으로

눈보라 내리고 찬바람 부는 산골짝
원쑤들의 발악이 심하면 심할수록
우리들의 용기는 더욱 높아만 간다

어둔 밤 등불처럼 인민의 선두에서
무등산 빨찌산 조국의 해방 위해
오늘밤도 출전한다 광주 시내로

항전가
 적과의 싸움에 임하여 많이 불렀다. 「인민항쟁가」, 「적기가」, 「궐기가」, 「결전가」, 「진격의 노래」, 「승리의 새해」, 「잊지 말자 우리의 형제」 등.

궐기가

보아라 피에 젖은 남조선 땅을
우리 부모 형제가 목숨 걸고 싸우는 땅
일어나라 조국의 아들딸들아
삼천만의 운명이 우리 힘에 달렸다

건전가요

공화국 북반부에서 창작되었거나, 정치공작대로 내려온 학생·교사들을 통해 보급된 노래들. 「5월의 노래」, 「밭갈이 노래」, 「조선로동단가」, 「건국의 노래」, 「평양의 봄」 등.

밭갈이 노래

백두산 말기에 백학이 너울너울
이 강산 골마다 뻐꾸기 뻐꾹 뻐꾹
아 아 아아 아아아 뻐꾹새 울며는
에루아 데루아 두둥실거리며 밭갈이 가세

개울가 실버들 바람에 넘실넘실
키다리 영감네 물방아 돌고 돌아
아 아 아아 아아아 물방아 돌며는
에루아 데루아 두둥실거리며 밭갈이 가세

슬픈 노래

전사자를 묻으면서, 희생자를 추도하면서 부르는 노래들이 있다. 「혁명가의 노래」, 「혁명가의 아내 노래」, 「추도가」, 「동무의 유언」, 「산동애가」 등.

추도가

동무여 장하다 삼천만 위하여

외적의 칼날 앞에 굴함 없이
(후렴) 투쟁에서 쓰러진 혁명의 투사여

동무여 장하다 삼천만 위하여
미제의 총칼 앞에 굴함이 없이
(후렴)

동무여 장하다 칠천만 위하여
민주를 위하여
(후렴)

동무여 장하다 칠천만 위하여
자주 통일을 위하여
(후렴)

동무여 장하다 인류를 위하여
자유 평화를 위하여
(후렴)

오락적인 노래
　일반인들 사이에서 유행했던 노래, 학교에 다니면서 배운 노래 등 다양한 것들이 있다. 「여수 블루스」, 「부용산가」, 「가을」(일명 목동의 노래), 「7백의 노래」, 「봄이 오면」, 「물방아」 등.

가을

들국화 핀 이 언덕 송아지 울음소리
금물결 십리 벌에 쫓기는 참새떼들
아, 가을바람 석양은 재를 넘고
마을에 연기 나네

물동이 이고 가는 산두밭 오솔길에
꼴 비는 저 목동아 무엇을 생각느냐
아, 저녁 노을 구름은 재를 넘고
벌레 소리 들리네

민요조

민요 가락에 바탕을 두고 만들어진 노래들이 있다. 「사과의 노래」, 「도라지」, 「해방의 노래」, 「숫자 노래」 등.

해방의 노래

선창 : 남반부 들판은 풍년이 들어도
　　　 인민의 뱃속은 흉년이라네
후창 : 아리아리랑 스리스리랑 해방의 고개
　　　 억울한 놈 만나서 참을 수 없네

선창 : 북반부 들판은 흉년이 들어도
　　　 인민의 뱃속은 풍년이라네

(후창)

선창 : 남반부 들판은 떡판인지
　　　 이놈 저놈 붙어서 막 뜯어먹는다
(후창)

선창 : 북반부 공장 굴뚝은 연기만 풍풍
　　　 남반부 공장 굴뚝은 거미줄만 쳤네
(후창)

선창 : 다틀렸네 다틀렸네 다 틀렸네
　　　 개승만이 대통령살이 다 틀렸네
(후창)

* 〈밀양 아리랑〉의 곡으로 부름.
　선창을 한 사람이 뽑으면, 후창을 여럿이서 받는 형식으로 잇대어서 엮어감.

구전민요

오랜 세월 인민대중들 사이에서 구전으로 내려오는 민요들이 많이 불렸다. 빨찌산 대중들의 출신을 짐작케 하는 바다. 「강강술래」, 「진도 아리랑」, 「육자배기」, 「판소리」, 「담배 타령」, 「개구리 노래」, 「×시 사연」 등.

개구리 노래

개골개골 청개골
개고리집을 찾일랴면
삼시먹고 대돈을 받고
양다리를 훨씬 걷고
미나리꽝으로 더터라

외국 가요

쏘련과 동북 지방에서 만들어졌거나, 그곳과 관련되어 창작된 노래들이 제법 많이 불렸다. 「쏘련군 환영가」, 「쓰딸린 대원수의 노래」, 「조국찬가」, 「삼총사의 노래」, 「카추샤의 노래」, 「전선의 밤」, 「뱃노래」, 「봄노래」, 「아득한 광야」, 「모스크바의 봄」, 「세 동무」, 「꼴호즈의 노래」, 「불란서 혁명가의 노래」, 「백모녀(白毛女)」, 「동방홍(東方紅)」, 「행군가」 등.

백모녀(白母女)

북풍이 몰아친다
눈보라 휘날린다
눈보라 휘날리면
설날이 온다네

바람에 눈꽃 일고
문밖에 눈보라네

바람이 불어오면
문이 절로 열리네

아버지 빨리 오세요
기쁘게 설을 맞아요

* 가사 뜻은 이러한데, 동북 출신들은 중국어로 잘 불렀다.

  빠이 모 뉘
  뻬이펑 나거 추이
  쉐화 나거 포우
  낸 라이 또우

기타

위의 갈래에 들지 않거나, 널리 알려진 노래에 가사를 바꾸어 달아서 부른 노래들도 제법 많았다. 「공군의 노래」, 「여성의 노래」, 「로동자의 노래」, 「전진의 노래」, 「로동자 농민의 노래」, 「콩쥐 팥쥐」, 「민지를 마소서」, 「축배의 노래」 등.

민지를 마소서

명월단 다겸을 임께 드리나이다
민지를 마소서 하 —
모란꽃 향기로운 그 밤 그리워라
높은 태백산의 기상풍긴 빨찌산이여
정의의 힘찬 두 팔로 나를 안아주소서

장미화 시들어질 때 내 집 떠나왔건만
믿지를 마소서 하 —
모란꽃 향기로운 그 밤 그리워라
노령 산줄기 따라 발자국 뭉친 선열들
인민의 자유 행복 빨찌산의 피맺음

* 〈낙랑공주의 노래〉 곡에 가사를 붙인 것임.

8. 무장유격투쟁

적 후방에서의 유격투쟁 주종은 무장투쟁이다.

전남 도당은 후퇴 직후에 채택한 조직위원회 결정(1950년 10월 5일)에 따라서 당의 지도 아래 무장유격투쟁을 일관되게 추진했다.

도당 조직위원회 결정에 따른 전략 전술은 총사령관에 의해 작전명령으로 집행되며, 그에 따라 전개되는 각종 형태의 무장투쟁은 적에게 숨돌릴 사이를 주지 않을 만큼 치열한 것이었다.

① 병력과 군수물자 수송을 차단하기 위한 매복 기습전.
이양 철로 폭파(1950년 11월 24일), 호남선 구진포 철교 폭파(1951년 1월 18일), 전라선 압록-구례 간 철도 파괴(1951년 7월 26일), 장성 갈재 열차 습격(1951년 11월 중순), 두 차례에 걸친 경전선 열차 습격 및 철로 폭파(1951

년 10월 21일 보성-이양 간 쌍봉, 11월 14일 이양-춘양 간). 통신수단을 마비시키기 위한 전주·전선 절단 투쟁 등. 그 규모의 대소를 불문하고 의의 있는 투쟁들을 전개했다.

② 당이 제시한 "자기지역 자체해방"의 구호 아래 주전선의 남하에 호응한 대규모 도시 공략전.

총사 직속연대와 지구 및 군 유격대 연합으로 펼친 순천 진입작전(1951년 3월 22일), 거듭 감행한 순천 진입(1951년 5월 20일. 1953년 3월 30일), 형무소 해방, 적군 주둔지 섬멸, 적성기관 파괴 등을 목적한 여러 차례의 광주 시내 침투전(1951년 1월에서 7월 사이), 노령 지구 유격대가 전북 부대와 합동으로 감행한 정읍 해방 작전(1951년 6월 10일), 이현상 부대와 합동으로 펼친 구례 산동 해방 작전(1951년 9월 12~14일), 곡성 경찰서 격파전(1951년 9월 30일), 전북 부대 및 이현상 부대와 합동으로 벌인 쌍치 해방 작전(1951년 10월 19~20일) 등. 그 전략적 가치를 묻게 된 경우도 더러는 생겼지만, 그 작전 규모와 성과 면에서 적들에게 입힌 손해는 막대했다.

③ 적의 행정력을 교란하고 인민 수탈과 청장년 강제징집, 민주인사 학살 등을 저지하기 위한 각종 전투.

함평 문장 지서 공략전(1951년 1월 17일), 나주읍 공격전(1951년 6월 1일), 화순읍 기습전(1951년 11월 7일) 등. 주로 각 시군 유격대들이 제공하는 정확한 정보 아래, 그들이 선봉이 되어 결행하는 일이 많았다.

④ 초토전과 해방구 침공을 저지 지연시키기 위한 유도 기습 대치전.

함평 시목 마을 매복전(1950년 12월 2일), 유치내산 침공 격퇴전(1951년 6월 22일), 백아산에서 미군 제트기 격추(1951년 7월 2일), 여러 차례에 걸친 한천 지서 공략(1951년 여름 기간), 가마골 대격전(1951년 7~8월경), 학천 공략전(1951년 8월 1~3일), 능주읍 점령전(1951년 10월 23~26일), 침공 거점 장흥읍 공격(1951년 10월 하순경), 백아산 토치카 격파전(1951년 11월 8일), 노령 병단의 꼭두재 전투 등. 해방구를 공격적으로 유지하며 구역 내 비무장 성원들을 지키기 위한 방어전도 꾸준히 전개했다.

⑤ 무장투쟁과 병행한 대인민 교양 호소 선동 사업.

강진 병영읍 돌입전(1951년 5월 29일), 광양 읍내 진입전(1951년 6월 5일), 호남선 요충 고막원 돌입전(1951년 6월 14일), 청풍 지서 공격전(1951년 8월 7일), 장평 지서 소탕전(1951년 10월 20일) 등. 위 대표적인 작전들 외에도 대치전이나 침투전을 벌일 때 선동대들은 대적 대인민 교양 선동 사업을 꾸준히 전개했다. 정전협정 체결 촉진 및 세계평화이사회 '베를린 어필' 서명운동도 이러한 투쟁과 연관된 것이었다.

⑥ 무전기기 부속, 화약 원료, 의약품, 출판 기재(등사판·종이·원지·잉크) 등을 조달하기 위한 각종 위장 또는 음폐 투쟁.

재귀열 특효약을 구하기 위해 벌인 석곡 작전(1951년 3월 말)은 대표적인 예에 속한다.
⑦ 무장부대 이외에도 투쟁인민들(생산유격대)의 협동이 작전을 전개함에 있어서 큰 기여를 했다. 전황에 따라서는 적극 전투에 가담하기도 하는 이들의 참여를 빠뜨릴 수 없다.
불갑 전구 대침공 때(1951년 2월 19~20일), 화학산 대혈전 때(1951년 4월 24일), 백아산 대치전 때(1951년 봄에서 여름에 걸쳐)의 전구 내 또는 주변 마을 주민들의 적극 참전과 후원은 길이 새겨둘 만하다.
⑧ 남부군(독립제4지대) 부대를 비롯한 이웃 도 유격대들의 활동은 높은 경쟁의식과 더불어 튼튼한 동지애를 불러일으켰다.
남부군의 청주 해방전(1951년 5월 26일), 경남 유격대의 추풍령 터널 폭파(1951년 9월 13일), 전북 유격대의 탄약 수송열차 습격(1951년 10월 13일), 충남 유격대의 옥천 전투(1951년 10월 18일) 등은 그 성과와 더불어 커다란 고무가 되었다.

유격투쟁 임무를 수행하는 과정에서 정의로운 전쟁을 수행하고 있다는 확고한 자긍심, 국제적 지지를 얻고 있다는 튼튼한 연대의식 들이 전사들의 용기를 백배 천배로 돌우었다. 특히 중국 인민들이 보내는 거국적 항미원조운동은 자칫 고립감에 빠지기 쉬운 유격전 대열을 한층 떨쳐 일어나게 했다. 그 무렵(1951년 7월) 제15연대 안에 소년들로 조직된 '항미소년돌격대'를 둔 것도 중국 인민들의 그런 열의에 부응하기 위함이었다.

이렇듯 1951년 여름을 정점으로 하여 치열한 무장 유격투쟁을 전개함으로써 커다란 성과들을 올렸다.

이와 같이 무장투쟁을 전개하는 한편, 닥쳐올 겨울과 군경들의 침공에 대비하기 위한 식량·피복 등의 확보 사업에 힘을 쏟았다. 해방구 농민들의 현물 납부를 비롯하여 돈으로 사기도 하고, 군경 근거지를 습격하여 빼앗기도 하면서 그 일을 추진했다. 각 전구의 후방부와 비무장 대원들이 이 일에 동원되었다.

그런데 1951년 9월에 약간의 전구 조정이 있었다. 그것은 동년 8월 15일에 내려진 조선인민군 최고사령관 명령 제461호의 구체적 실행을 위한 것인데, 당시에는 조선인민유격대 남부군 사령관의 명령으로 그것이 이루어졌다.13)

1951년 7월. 남부군을 이끌고 남하 중이던 이현상은 덕유산에서 6개도당위원장회의를 소집했다. 거기서 남조선 유격투쟁을 통일성 있게 수행하기 위해 각 도 유격대 편제를 재조정하게 되었다. 그 결정의 일환으로서 전남 유격대의 전구 조정이 있게 되었던 것이다.

그때 조정된 전구 재편성 내용은 아래와 같다.

제5전구(백운·모후)
  장악 구역 : 구례·광양·순천·여수·보성(보성강 동안 일
              대) 및 경남 수개 군

---

13) 한때 그런 명령체계가 있었다. 이 체계는 그 뒤에 시정되었다.

현지 지휘관 : 오금일 (유고시 대리 – 박태종)

제6전구(백아·광주)
장악 구역 : 광주·광산·화순·곡성·보성(보성강 서안 일대)
현지 지휘관 : 박정현 (유고시 대리 – 한월수)

제7전구(유치)
장악 구역 : 장흥·나주·영암·강진·함평
현지 지휘관 : 박경식 (유고시 대리 – 김　일)

제3전구(노령)
장악 구역 : 담양·장성·영광 및 전북 수개 군
현지 지휘관 : 임종환[14]

　이와 같은 조정은, 그동안 군경들의 침공으로 피해를 입은 채 재건치 못한 전구를 제외하고 좀 더 큰 단위의 전구로 개편한 것이다. 때문에 도 경계선까지도 넘나드는 구역 조정이 되었다.
　그럼과 동시에 10월에 들어서는 군사위원회 조직을 강화하게 된다. 이는 주전선이 철원·금화 선에서 일진일퇴를 거듭함에 따라, 적구 내 제2전선을 확대 강화함으로써 그 남진을 돕기 위한 조치로 이루어졌다.
　전에는 도에만 군사위원회 조직이 있었는데, 이번에 각 시군에까지 확대함으로써 훨씬 광범한 계층을 묶어세움과 동시에

---

[14] 임종환은 남부군 소속인데, 이현상 사령관이 노령 전구 지휘관으로 임명하였다.

무장부대에 대한 전인민적 원호사업을 벌이기 위한 조치였다.

지대화방안

그 뒤 얼마 지나지 않은 1951년 11월 18일 날짜로, 이번에는 전남 인민유격대 총사령부 체계가 '조선인민유격대 독립 제7지대'로 바뀌게 된다(대외적으로 부를 때는 '조선인민유격대 독립 제7지대 사령부'라고 부른다).

이에 앞서 인민군 최고사령부는 9·28후퇴 직후인 1950년 12월, 1951년 1월과 3월 등 몇 차례에 걸쳐 남반부 유격투쟁을 효과적으로 수행하기 위한 단일 지도체계 수립을 지시했다.

그에 의하면 남조선을 지역의 구분과 지세의 특성에 따라 8개의 지대로 편성하라는 것이었다.

제1지대 : 서울
제2지대 : 강원
제3지대 : 경남-남도부 부대 등 낙동강 동쪽
제4지대 : 이현상 부대
제5지대 : 충남북
제6지대 : 전북
제7지대 : 전남
제8지대 : 경남-낙동강 서쪽

이 지대 개편 지령 전달을 위해 423부대라는 특수부대까지 조직 파견했다(1951년 4월). 그 지령이 충북 도당을 거쳐 지리산에 도착한 것이 그해 10월이었다. 이현상은 곧 남부군을 해체하고 '독립 제4지대'로 개편한다(1951년 11월 14일).[15]

전남 도당도 그 지시를 접수하고 위 날짜에 지대 체계로 개편했던 것이다. 그리고 이 개편은 조선로동당 중앙당 서울지도부 지시에 근거한 것이다. 이 지대 개편 지시를 접수하면서 지난 6개도당위원장회의에서 채택된 결정의 시비가 문제되었다.

그런데 이 지대화 지시는 현실적으로 각 도당이 어떻게 활동하고 있는가를 파악하지 못한 상황에서 내려진 것이었다. 그래서 이미 당 사업과 유격투쟁을 유기적으로 연결 진행하고 있던 전남 도당은 그 지령을 창조적으로 접수하여 기존 '총사' 체계를 지대 편제로 바꾸는 선에서 마무리를 지었다. 그렇게 해서 김선우 총사령관은 제7지대 지대장이 되었다.

그 제7지대 조직 체계와 간부 진용은 다음과 같다.

지대장 : 김선우
제1부지대장 : 오금일(7의1지대장 겸임)
　부지대장 : 양순기(7의2지대장 겸임)
　부지대장 : 김병억(7의3지대장 겸임)

정치위원 : 이남래
제1부정치위원 : 조중환(7의1지대 정치위원 겸임)
　부정치위원 : 오국환(7의2지대 정치위원 겸임)

---

15) 이현상 부대는 1950년 11월 14일 강원도 후평을 출발할 때는 '남반부 인민유격대'라고 호칭했다. 그러다가 남하하는 도중(1950년 12월 초순) 월악산 언저리서부터 '조선인민유격대 남부군'이라 부르게 되었다.

부정치위원 : 박경식(7의3지대 정치위원 겸임)

후방부장 : 김동길
군의부장 : 박춘근
간부과장 : 박종현
기요과장 : 홍인철

지대장 산하에 참모부를 두었다.

참모장 : ○○○, 부참모장 : 강인옥, 부참모장 : 한월수, 부참모장 : 노창환, 작전과장 : 주기수, 대열과장 : 최광준, 정찰과장 : 최귀현, 통신과장 : 김장수

정치위원 산하에 각 부를 두었다.

조직부장 : 김공진, 조직부 부부장 : 이봉빈
선전부장 : 김상하, 선전부 부부장 : 김원일
민청부장 : 김재섭, 민청부 부부장 : 이동근

후방부 산하에 두 과를 두었다.

보급과장 : 오두오, 병기과장 : 최달만

그리고 독립 제7지대 사령부 산하 부대들을 7의1지대, 7의2지대(지리산 전구 부대들), 7의3지대(노령 전구 부대들) 등으로

명명하였다.

7의1지대는 7지대 산하 직속연대 및 남부 지구 부대, 중부 지구 각 부대, 경비부대 등을 총괄한다.

지대장 : 오금일, 부지대장 : 노창환
정치위원 : 조중환, 부정치위원 : 김상하

작전과장 이하 각 과 책임자는 7지대 사령부 직책과 겸하게 되어 있다.

7의2지대
지대장 : 양순기, 정치위원 : 오국환

7의3지대
지대장 : 김병억, 정치위원 : 박경식

이 시기부터 '문화부사령'이니 '문화부연대장'이니 하던 호칭이 '정치위원'으로 바뀌고, 따라서 무장부대 내의 당부 지도 체계도 그에 준해서 개편되었다.

전남 도당은 이와 같은 전구 조정 및 체계 개편 등을 수용하면서, 이전과 다름없이 일사불란하게 당면 유격투쟁 목표를 위해 계속 매진한다.

차츰 행정력을 되찾아가던 군경들은 그들에게 가장 커다란 위협이 되는 해방구 분쇄작전부터 펴기 시작한다. 이리하여 각 해방구 거점들은 군경과의 대치전, 후방 기습에 의한 적 세력

분산, 비무장 대열의 정비 등 사업을 아울러 추진하면서 군경들의 침공에 대비한다.16)

1951년 8월 31일. 당 중앙위원회 정치위원회에서는 「미해방지구에 있어 우리당 사업과 조직에 대하여」라는 결정 제94호를 채택한다.

이 결정은 매우 중요한 내용을 담고 있는바, 그 대략을 간추리면 다음과 같다.

① 종래 행정지역에 근거한 조직 체계를 보류하고 잠정적으로 5개 지역을 설정하며, 각 지구에 지구조직위원회를 둔다.
② 각 지대 단위로 활동하고 있는 유격대들은 각 지구당 조직위원회의 지도를 받는다.
③ 당 중앙에 연락부를 설치하고, 이제까지 인민군 최고사령부 유격지도처가 하던 일을 맡아서 한다.
④ 연락부장에 배철(전 경북도당 위원장)을 임명한다.
⑤ 1,000여 명을 훈련할 수 있는 간부훈련소(금강정치학원)를 설치한다. 책임자 김응빈(전 서울시당 위원장, 제1지대장).

지대화 방안 지시 이후에 내려진 것으로 짐작되는 이 결정은 제때에 남조선 현지 당조직에 도달하지 못했고, 또 그 전달 경로에 분명치 못한 점이 있음이 인정되었다.

---

16) 전남 지방의 무장유격투쟁에 대해서는 6·25 이전과 그 이후로 나누어 본고 제2부 "전남 유격투쟁 약지(略誌)"에 보다 소상히 기술해 놓았다.

그러나 뒤에 결정 제96호, 제111호 등과 더불어 제5지구당 결성을 위한 근거가 되었다. 이 일련의 결정에 대해서는 제6장 '제5지구당 전말'에서 다시 언급하겠다.

9. 후방지원사업

전남 유격대 총사령부가 개설되면서 총후방 지원을 위해 후방부를 두었다. 발족 당시에는 총사 산하 모든 조직들에 대한 후방사업 전체를 일괄해서 입안 추진할 작정이었다.

그런데 차츰 적아간 대치 환경이 바뀌면서 총사 후방부가 그 전체를 체계 있게 장악 관리할 수는 없게 되었다. 그래서 총사 후방부는 그 본연의 임무를 백방으로 수행하는 한편, 그 일부 내용은 산하 각 부대와 각급 당조직들이 독자적으로 해결하도록 내맡길 수밖에 없게 되었다.

각 전구에 걸쳐 빨찌산들에 대한 고사작전을 펼치고 있는 상황 아래서, 일원적으로 후방지원사업을 수행한다는 것은 지극히 어려운 일이었다.

이하 각 부문 별로 그 추이를 살펴본다.

식량보급

유격투쟁의 전 기간, 그 처음부터 끝까지, 가장 어려웠던 일은 식량보급 문제였다. 그것은 빨찌산 활동을 지지하는 인민들에 대해서조차 무거운 부담일 수밖에 없었다. 인민에게 기대면서도, 그들에게 물질적으로 과중한 부담을 지우게 되는 현실.

그들을 위해 싸우면서도, 그들의 이익을 해칠 수밖에 없는 상황의 이중성. 그렇지 않고는 대오를 유지조차 할 수 없는 절박한 사정. 이런 조건들이 중복되어서 재산 인원들을 출구가 없는 곤궁으로 몰아붙였다.

상황 변동에 따른 식량보급 사정의 움직임을 통시적으로 살펴보기로 한다.

후퇴 전략을 세우던 도당부는 미구에 닥칠 이러한 난관을 충분히 예견할 수 있었다. 인민군의 전략적 후퇴에 따른 어두운 전망 속에서도, 지하당 조직으로 개편하는 과정에서 이 문제를 침착하게 다루었다. 그래서 곧바로 대책을 세웠다. 6·25 전에 겪었던 간난의 경험이 안받침되었다.

맨 먼저 손을 댄 것이 창고에 수납되어 있는 곡식을 접수하는 일이었다. 동원될 수 있는 운반 수단, 즉 우마차나 손수레를 이용해서 곡식들을 유격기지로 실어날랐다. 유치 전구가 가장 모범적으로 잘했고, 다른 전구들에서도 그 본을 받았다.

적지 않은 벼·보리·콩 같은 곡식들을 전구 예정지 안으로 운반하였다. 마을 곳간에 쌓아 놓기도 하고, 일부는 깊이 비장해 두었다. 그런 조치를 제때에 하지 못한 전구도 물론 있기는 했지만, 그 일의 중요성을 몰라서는 아니었다.

또 한편 9·28후퇴가 마침 추수 때여서 농민들은 현물세를 내기 시작했고, 그것들은 별 저항 없이 수납되었다. 아직은 군경들의 침입이 없었던 때여서 그 일부는 현지에 맡겨놓기도 했다.

해방구 안 곳곳의 마을들에서는 발동기를 돌려 밤낮으로 탈곡과 도정을 했다. 후방부 일꾼들이 그 일을 맡아 했고, 현지 주민들이 나서서 적극 도왔다. 그렇게 마련된 식량들은 부대원들이나 당단체 일꾼들이 머물러 있는 마을들에 배급했다.

주요 해방구 사정은 이렇게 해결되고 있었다. 조직 성원들은 마을들에 분산되어 민가에서 기거했다. 곡식은 대주었고, 반찬 같은 것은 주민들이 거두어서 뒷바라지를 해 주었다.

이런 형태가 후퇴 직후 해방구 안에서 시행되었던 식량 지원 사업의 정형이었다. 이른바 '민트'를 쓸 당시의 식량 사정은 이러했다.17)

이러한 양상이, 대체로 침공군에 의해 해방구가 유린당하기까지 계속되었다. 식량보급 사정만을 기준 삼는다면 그 제1단계라고 할 수 있다.

그런데 그 기간은 전구에 따라서 차이가 났다. 해방구 영역은 넓지 않으면서, 수용하고 있는 인원이 많은 곳은 이 배급체계가 일찍 무너졌다. 가지고 있는 저축량이 바닥났기 때문이다. 불갑 전구가 그 예인데, 해동도 되기 전에 벌써 식량을 구하기 위해서 전구 밖으로 출동해야만 했다.

대조적으로 해방구 영역이 넓고, 비교적 오랜 기간 해방구를 유지한 경우는 그 체계가 오래 유지되었다. 물론 비축해 놓은 식량이 충분했을 경우를 말한다. 유치산 전구와 백아산 전구가 그런 예에 속한다.

그러나 이런 안전성도 차츰 무너지게 된다. 재침해 들어온 군경들은 빨찌산들을 인민들로부터 절연시키기 위해 대규모

---

17) 민간 마을에 마련한 거점을 '민트', 산비탈이나 골짜기에 마련한 거점을 '산트'라고 불렀다. '민간트' 또는 '재산트'라는 말을 줄인 쓰임새다.

초토작전을 감행했다. 먼저 유격 기지 주변 마을들을 소각하고 주민들을 철거시켰다. 그럼으로써 빨찌산들에 대한 지원을 못하게 하려는 작전이었다.

그렇게 해 놓고는 무장력을 더 키워서 해방구 안 깊숙이 침공해 들어왔다. 1951년 봄, 군경들의 춘기공세 회오리가 불기 시작했다. 유격기지 마을들을 불싸지르고, 빨찌산들과 함께 지내며 뒷바라지를 해 주던 주민들을 한 사람도 남김없이 철거시켜 버렸다. 더러는 집단으로 살육하고, 비축해 놓은 식량도 모조리 불사르거나 실어갔다.

빨찌산들은 산트를 쓰기 시작했고 식량 사정은 어려움을 겪게 되었다. 산간에 비장해 둔 식량만 남았다. 이것이 제2단계 양상이라 할 수 있다.

그러나 뒤따른 녹음기가 어려움을 얼마간 덜어 주었다. 어렵다고는 해도 뚫고 나아갈 길은 있었다. 산트에서 벼를 찧고 보리를 갈아 밥을 지어먹었다. 부대원들도 아직은 식량을 구해오기가 그다지 어렵지는 않았다. 부대원들이 들어가면, 마을 사람들도 기꺼이 내주었다.

그해 가을에 접어들면서 군경들의 대침공이 예측되었다. 월동을 위한 식량 비축이 큰 과업으로 제기되었다. 특수사업조가 출동해서 벼를 사들이기도 하고, 부대원들이 식량창고를 습격해서 뺏어오기도 했다. 상당량을 확보할 수 있었다.

그러나 군경들의 연합 동기공세(제1차대침공)의 태풍은 너무나 큰 어려움을 몰고 왔다. 비장해 둔 식량이 있어도 가지러 갈 수 없었다. 대원들의 피해가 따랐고, 혹한과 적설이 이중의 고통을 안겼다. 실로 무자비한 침공이었다. 생포된 자들을 앞세워서 그들 손으로 비장한 곡식들을 다 뒤져서 파갔다.

이렇듯 혹독한 침공이 많은 희생을 내면서 지나간 후, 식량 보급의 어려움은 제3단계로 접어든다.

경찰들은 그들의 주둔처인 지서를 견고한 석축 토치카로 에워쌌다. 그리고 통나무와 생죽으로 이중 울타리를 둘렀다. 그뿐만 아니라 빨찌산들의 활동 영역 요소요소에 그에 준하는 방책들을 구축하였다. 그렇게 해 놓고는 인민들로 하여금 식량을 그 안에 두게 하고 하루치씩 타가도록 강요했다. 여유 곡식을 집에는 못 두게 엄금했다. 농우도 밤에는 지서 울타리 안에 가두었다.

이제는 식량을 구하는 일이 전투가 되었다. 그래서 어느덧 식량 보급사업을 '보급투쟁'이라 부르게 되었다. 그것은 글자 그대로 '투쟁'이었다. 전투부대를 앞세우지 않고는 낟알 한 줌, 된장 한 보시기도 구해올 수가 없는 지경에 이르고 만 것이다.

1952년 가을에서 1953년 여름에 걸치는 소강기조차 빨찌산들은 보급투쟁에 목숨을 걸어야 했다. 보급 거리는 멀어졌고, 용케 식량을 구해 가지고 돌아오는 길은 경찰들이 앞질러 그목을 막았다. 금쪽같은 대원들을 하나하나 잃어 갔다. 실로 애통한 일이었다.

그러면서도 앞에서 언급한 것처럼, 인민들에게 이익을 주지 못하는 빨찌산이 되어가는 것이 가장 가슴 아픈 일이었다.

종래부터 하던 보급투쟁의 방법을 개선해 보려고 백방으로 노력했다. 산사람들을 도와달라고 계몽과 설득도 수없이 했다.

영수증 또는 차용증명서 같은 것도 발급했다. 그러나 군경들은 빨찌산을 괴멸시키는 다음 단계 침공을 준비하고 있었다.

거점 · 주거

후퇴 직후는 산간 마을을 거점으로 썼다. 입산 초기에, 조직에 따라서는 잠시 절에 머물기도 했다. 일부 전구에서는 상당 기간 사찰 건물이나 그 경내를 거점으로 썼다. 그럴 경우 문화유산으로서의 불적을 훼손하는 일이 없도록 세심한 배려를 했다.

군경 침공대가 침입해서 사찰 건물을 소각하고 불적들을 훼손해 놓고는, 그것이 빨찌산 소행이라고 덤터기를 씌웠다. 산사람들이 자신들의 거처로도 쓸 수 있는 건물들을 왜 스스로 없애면서 민심 잃을 짓을 하겠는가. 실로 어불성설이다.

무장부대의 경우처럼 인원이 많아 한 마을에서 같이 지내지 못할 경우는 이웃 마을에 나누어 들었다. 그리고 주민들과 어울려 한 집에서 기거했다. 그러면서 추수나 집안일을 거들기도 했다.

작은 방을 내주어 쓰는 것이 통례였는데, 당주가 양보해 주어서 통째로 다 쓰는 경우도 드물게는 있었다. 빈집인 경우야 물론 예외이지만. 방이 모자라면 움막을 달아지어서 쓰기도 했다.

그럴 때는 머무는 집에서 밥을 지어주거나 반찬을 대주는, 이른바 기식 또는 기숙 형태가 되었다. 부대원들처럼 거느리는 권속이 많을 때는 밥을 따로 지어먹기도 했다. 어떤 경우이든 마을 주민들에게 폐가 덜 가도록 백방으로 대책을 세웠다.

침공군에 의해 가옥이 소각되더라도, 그 불자리를 쓸고 다시 이엉을 엮어 지붕을 덮고 함께 지냈다. 그렇게 반복하다가, 영영 민간트를 쓸 수 없게 되면서는 산간트로 거처를 옮겼다.

빨찌산들은 '트'라는 낱말을 다의적으로 쓴다. '아지트'란 말에 연원을 둔 낱말인데, '거점' 또는 '주거'라는 뜻으로 두루 썼다.[18]

산에 트를 잡을 때는 몇 가지 수칙이 있다. 우선 보초를 서기 좋은 곳이어야 한다. 침입자의 움직임을 빨리 포착할 수 있어야 하기 때문이다. 다음은 불의의 기습을 받았을 때 재빨리 빠져나갈 수 있는 목이어야 한다. 그리고 물론 샘물이 있어야 함은 두말할 것도 없다.

거처로 쓰는 산트 구조는 환경과 적아간 힘 대비에 따라 여러 단계를 거쳤다. 입산 초기, 큰 산에서는 귀틀집을 번듯하게 짓고 구들까지 놓고 지냈다. 그러나 야산에서는 초막 구조가 대부분이었다. 바닥을 반반하게 공글린 다음 네 기둥을 세우고 거기에 서까래를 얹는다. 억새나 덤불로 벽체를 엮고 산죽으로 지붕을 이었다. 바닥 가운데에 화덕을 만들고 거적문을 달면 완성이다.

여름에는 땅이 눅지고 빗물이 스미기 때문에 바닥에 통나무를 까는 시렁집을 엮었다. 그 위에 풀이나 섶을 깔면 훌륭한 거처가 된다.

---

18) '트를 잡는다'는 말은 거점을 쓴다는 뜻이고, '트가 불탔다'는 말은 거점 또는 주거가 소각됐다는 뜻이다. 그리고 '비트'는 비밀 아지트라는 뜻인데, 지상에 만들기도 하고 땅을 파서 지하에 만들기도 한다. 그 어떤 경우이든 수색대의 눈을 기일 목적으로 위장(캄플라지)한다. 부상자나 병자들을 수용하는 곳은 '환자트'라고 불렀다.

차츰 이동이 잦아지면서는 천막생활을 했다. 나무 두 개를 가새질러 마주 세우고, 그것을 마룻대로 눌러 칡으로 비끄러맨다. 그 위에다가 광목천을 이어 박은 천막을 치면 그것으로 완성이다. 천막을 접으면 배낭 하나에 다 들어간다. 그것을 늘 지고 다녔다.
　제1차대침공의 혹한 시기에는 천막도 없이 한데서 나기도 했다. 그래서 발이 마를 새가 없었다. 동상의 원인이 되었다.
　제2차대침공의 막바지에는 지상에 몸을 숨길 데가 없어서 자연동굴이나 너덜강 사이에 몸을 누이기도 했다. 그런 틈서리조차도 수색대의 총부리는 가만 놓아두지 않았다. 낱낱이 들치고 쑤시면서 훑고 누볐다. 큰 산 험한 비탈 어디에도 오척단구 하나를 숨길 곳이 없었다.

피복

　후퇴 즉시 전구 배정을 하면서 백아산 새목과 유치내산 척동에 총사 후방부가 관할하는 피복창을 만들었다. 재봉침을 느런히 차려놓고 옷을 깁고 모자·배낭 등 장비들을 만들었다. 여맹 단체가 주동이 되었고, 주민들이 나서서 도왔다.
　입산할 때 입고 온 옷들은 산생활에 어울리지 않았다. 그래서 급한 대로 감이나 호두나무 뿌리로 염색해서 입었다. 감으로는 붉누르죽죽한 색깔이 나고, 호두나무로는 진한 밤색이 난다.
　무장대원들은 보다 많이 군경들에게서 뺏어 입었다. 그것이 격에도 맞고 멋도 있었다. 그러나 노획한 것만으로는 턱없이 부족했다. 피복창에서는 밤낮 없이 계속 옷들을 만들어댔지만,

불어나는 요구를 다 채워주지 못하는 실정이었다.

특히 월동기를 앞두고는 부대원들에게 솜누비옷을 대줘야 하는데, 그 일이 화급을 다투었다. 특수선을 통하기도 하고 부대들도 출동해서 감들을 구해 왔다. 부지런히 굴리고 박아서 만들어냈다.

침공군의 거듭되는 파괴 방화로 다 망가질 때까지 이 피복창의 활동은 계속되었다.

그런데 해결하기 어려운 것이 신발이었다. 일부 대원들은 늦게까지 짚신을 면치 못했다. 그런데 짚신으로는 겨울 침공기를 견디어내기 어렵다. 그래서 고무신만 있으면, 거기다가 천으로 목을 달아서 농구화 모양을 만들어 신었다.

산에서 가장 인기가 있었던 신발은 농구화(목이 긴 작업화)였다. 걷기에 편하고 가벼워서 막 달리기에도 마춤하다. 빨지산들은 저마다 농구화 한번 번듯하게 신는 것이 소원이었다.

부대원들은 인민군 병사들의 본을 받아서 발싸개를 많이 했다. 보기에는 서거파도, 긴 행군을 하기에는 그보다 편한 버선이 없다. 갈기도 쉽고, 빨아 널기도 편하다. 활동량이 적은 비무장 성원들은 '덧버선' 모양으로 기운 것을 많이 신었다. 보자기 천을 몇 바늘 뜨면 버선이 되고, 트면 그대로 천같이 되어 만들기 쉽고 간수하기도 편하다.

신발에 대한 이런 어려움이 결국 거울 침공 때 발 동상을 몰고 왔다. 신발이 늘 젖어 있고, 벗어서 말려 신을 겨를이 없이 한뎃잠을 자게 된다. 그런 속에서도 발을 각근히 씻고 바지런히 발싸개라도 갈아매는 전사는 동상을 모면했다. 그렇지 못하고 눈 속 노천생활에서 잠깐 방심하면, 어느새 자기도 모르게 발을 얼군다. 동상에 한번 걸려 짓무르기 시작하면 엉뚱한 감염이 와서 목숨을 앗아간다.

춥고, 배고프고, 잠 못 자고. 그리하여 겨울은 제대로 못 먹고, 제대로 못 입는 빨찌산 대원들에게 끝없는 시련을 몰고 왔다.

병기

총사령부는 발족하면서 후방부 산하에 병기과를 두었다. 웃새목 동화석골에 자리를 잡고 총기의 수리, 소총 탄환의 재생, 폭약의 제조 등을 맡아 했다.

화학을 전공한 폭약 전문가, 야금 기술자, 목수 등 그 방면에 경험이 있는 전사들이 모여서 일을 시작했다. 개머리판 깎아맞추기, 화약의 추출 조합, 수류탄 등 폭발물 제조. 뭐든지 창의를 발휘해서 대적무기와 탄약을 만들어냈다. 심지어 적군 비행기가 떨어뜨린 불발탄을 분해해서는 열차 전복용 폭발물을 만들어내기도 했다.

숲속의 대장간. 병기과 일터다. 풀무질 할 때마다 불꽃이 난다. 모루에 얹어놓고 두드리다가는 구유 물에 담근다. 뜨거운 김이 솟는다. 도가니에서는 쇠물이 끓고, 거푸집에서는 수류탄 외피가 식고 있다. 저쪽에서는 몇 사람이 둘러앉아 소총탄을 재생하고 있다.

소총탄을 재생하는 과정은 여러 단계를 거친다. 수집해 온 탄피에서 뇌관을 분리한다. 우선 격발기 자국부터 펴고 뇌관을 만든다. 한 번 쏘고 난 탄피는 탄두가 나갈 때의 열과 힘으로 그 주둥이가 벌어진다. 그것을 탄두 굵기에 맞도록 만든 쇠붙이에 끼운 다음 잘근잘근 다독여서 그 구경을 좁힌다.

탄두는 구리나 놋쇠 따위를 녹여 거푸집으로 빼낸다. 그것을 탄피 구경에 맞도록 줄로 다듬는다. 탄피에 뇌관을 붙이고 화약을 장전한 다음 탄두를 맞춘다. 습기가 침범하지 못하도록 방수 페인트를 바르면 완성이다.

어려운 것은 폭약 만드는 과정이다. 후퇴 초기에는 재료를 구할 수 있어서, 비록 성능은 약하지만 만들어 냈다. 그러나 차츰 재료 수입 길이 막혀서, 산중에서 자라는 초피나무 숯을 빻아서 잿물을 내려 쓰기도 했다. 그러나 성능도 떨어지고 만드는 시설이 자주 파괴되므로, 나중에는 노획한 포탄이나 불발탄 같은 데서 화약을 뽑아내서 썼다.

그 재생 과정에 허술한 데가 있어서 불발이나 오발이 더러 생겼다. 수류탄 핀을 뽑자마자 손안에서 터져 희생을 낸 예도 있다. 열차 궤도에 시설한 폭약 — 박격포탄을 분해해서 만든 폭발물 — 이 터지지 않아서 작전이 실패하는 경우도 생겼다.

그러나 이 병기과 일꾼들의 헌신적 노력이 없었다면, 총을 가지고도 총알이 없어서 못 쓰는 경우가 일찍 올 뻔했다. 그래서 전투를 하면서도, 또는 침입병들이 사격한 자리에서, 탄피를 주워오는 일이 의무처럼 되기도 했다.

이들이 일하던 고랑 뒷고지를 '병기과 고지'라 할 만큼 웃새목 골짜기에서 그들은 잘 버티었다. 침공군에 의해 한번 파괴되면 하루이틀에 수리가 되는 시설이 아닌데도 말이다.

그러나 이들도 1951년 가을의 대침공 이후로는 그곳을 뜨지 않을 수 없게 된다.

인민군 보병의 주요 무기인 슈파긴 긴관단총(따발총)은, 군 경한테서 노획한 탄환들로 상당 기간 빨찌산의 중심무기로 쓰였다. 그러나 차츰 탄환이 동이 나고 보충할 길이 막혀서, 유격투쟁 후반기에는 그 좋은 무기를 폐기하게 된다.

그 밖에도 체코제 권총이나 일본제 구식 소총 등 몇 가지 총기들이 탄환을 구할 수 없어서 일선 용도에서 물러났다.

보건 · 의료

총사 후방부는 발족 당시부터 의무과를 두었다. 빨찌산에 대한 보건과 의료를 맡은 부서다. 주로 총상 환자를 다루면서 일을 시작했다. 수술 시설이 갖추어진 것도 아닌 환경에서 그 일을 해 낸다는 것은 처음부터 어려움 투성이었다. 게다가 수용한 환자들의 안전까지 책임져야 했으므로 그 난관은 더 가중되었다.

중환자를 위해서는 새목 안골짜기에 트를 마련하여, 후퇴하는 인민군 부상병부터 치료했다. 경환자를 위한 트는 조금 내려와서 있었다. 거의 완치되었거나 가벼운 부상을 입은 대원들이 거기서 기거했다.

개설 당초에는 일반 병으로 고생하는 대원들은 별로 없었다. 거의 전부가 총상을 입은 부상자들이었다. 그런데 원정을 나갔다가 중상을 입으면 총사 의무과까지 올 수가 없었다. 그래서 현지에 환자트를 만들어 그 치료에 임했다. 각 지구 유격대와 총사 직속연대 들에는 경험이 있는 의무일꾼과 여성 간호원들을 두었다. 이들은 치료 임무 외에, 침공이라도 있으면 환자들을 안전하게 대피시키거나 숨기는 일까지 맡아서 했다.

1951년 초부터 돌기 시작한 괴질. 그 열병의 창궐로 재산 전 빨찌산은 커다란 위기를 맞았다. 치료 방도가 없는 환자들을 돌보는 데 간호일꾼들이 매달려야 했다. 환자트에 다 수용하지 못할 만큼 마구 번졌다. 간호원 자신들도 걸려서 쓰러졌.

치료 방도가 없는 것도 문제였지만, 두 탕(직) 세 탕씩 앓고 난 환자들의 회복을 도와주는 일이 더 어려웠다. 잘 먹이지 못하는데다가 운신을 못해 침공군 앞에 대책 없이 노출되는 위험을 막을 길이 없었기 때문이다. 그래서 많은 희생을 냈다.

그러는 과정에서 부대들의 빈번하고 다급한 이동, 침공대의 때를 가리지 않는 기습 유린 등이 차츰 일상적인 것이 되었다. 그렇게 되자, 부대가 단독으로 환자트를 관리할 수 없는 지경에 이르렀다.

그래서 웬만한 상병자들은 총사 의무과로 후송했고, 그렇지 못한 환자들은 인근 지구나 당 조직에 맡겨서 치료케 했다. 무장부대들의 기동력을 살리자는 의도에서다.

그러자니 총사 의무과가 하는 일이 많아졌고, 수용한 상병자들을 지켜내는 일이 의무과 일꾼들에게는 과중한 부담이 되었다. 다만 때맞게 괴질의 본체가 규명됨으로써 더 이상 번지는 것을 막을 수 있었던 것이 그나마 큰 도움이 되었다.

총사 의무과에서는 수술까지 했다. 상처 봉합, 파편 제거, 농양 절개 등은 보통으로 했다. 마취약이 부족하거나 떨어져서 수술을 받는 쪽이나 하는 쪽 다 심한 아픔을 견디어야 했다.

사지 절단 수술까지도 했다.

그러나 전투 과정에서 머리나 배에 관통상을 입거나 다리에 골절상을 입은 대원들은 귀대조차 하지 못했다. 설사 총사 의무과까지 실려 왔다 하더라도 의약품이 모자라 사망하는 경우도 자주 발생했다.

환자트에 있는 동안 침공대의 수색에 걸리지 않도록 비트도 조성했다. 지상에도 만들었고 지하에도 만들었다. 위장은 했지만 그래도 수색대에 발각되어 살해되거나 생포되는 일이 잦았다.

일반 대원들의 보건에 대해서는 특별한 대책이 없었다. 이동이 잦고, 과중한 임무를 수행하는 처지에서 잔병치레는 할 새도 없었다. 어쩌다가 고뿔에라도 걸리면 생강나무 잎이나 잔가지를 달여 먹었다.

여성들은 과격한 전투 임무를 수행하며 잘 먹지도 못하는 생활이라, 생리의 양이 적어지거나 아예 밭아져 버렸다. 계속 생리가 있는 대원들은 겨울 같은 때 겪는 불편함이 이만저만이 아니었다.

산생활이 길어지면서는 결핵환자가 생기기 시작했다. 영양 부족에다가 고된 임무 수행에서 오는 발병이었다.

몸 관리를 위한 생활, 가령 예를 들어 목욕 같은 것은 거의 못했다. 그래도 남성들은 밤에 골짜기에서 더러 씻었지만, 여성들은 더울 때 몸을 훔치는 정도가 고작이었다. 큰 산에서는 그래도 좀 나았다.

남성들 머리깎이는 서로 품앗이로 하거나, 할 줄 아는 전사의 순회 차례를 기다려서 했다. 수염이 짙은 전사들은 작은 가

위를 지니고 다니면서 스스로 깎았다.

여성들은 머리를 추켜서 짧게 잘랐다. 간수하는 편리를 위해서도 그랬지만, 수색병들의 과녁을 따돌리기 위해서도 그렇게 했다. 여성인 줄 알면 집중표적이 되어 한사코 쫓아오기 때문이다.

여자대원들은 남자대원들의 각별한 보살핌을 받았다. 그렇지만 아무래도 산생활은 그들에게 이중고를 겪게 했다. 여성이기 때문에 겪게 되는 불편함이 한두 가지가 아니었으니까 말이다.

여성들은 초인적 인내력으로 견디었고, 영웅적 시대에 걸맞게 영웅적으로 잘 싸웠다.

10. 침공과 대치

공백기가 지나고 무장력을 증강한 군경들은 주전선의 정체기에 편승하여 소규모에서 대규모로, 소극적 수세에서 적극적 공세로 나왔다.

초토전

군경들은 유격대의 생활근거를 없애고 그 보급원을 차단하기 위해 해방구 주변에서 대규모 초토전을 벌였다. 산간 주변의 마을들을 모조리 불사르고, 주민들을 그들 근거지 안으로 강제 소개시켰다. 그 과정에서 양민들에 대한 유린·겁탈·무차별 학살, 그리고 산간 소재 사찰과 문화유산의 파괴 소각이 따랐다.

그 실례 몇 가지.

— 집단 학살

1950년 12월 6일. 진주한 군인들은 함평군 월야면 정산리 장교·동촌 마을에서 주민 55명을 논 가운데 세워놓고 사살한 것을 필두로, 같은 날 계림리 월곡·죽림 마을에서 21명을 역시 논바닥에 끌어내어 사살했다. 이튿날인 12월 7일에는 월악리·월야리 7개 마을 주민들을 남산뫼에 몰아다가 묏등에 기관총을 걸어놓고 무차별 학살했다. 죽은 숫자는 200여 명을 헤아렸다.

이러한 양상의 집단학살은 계속 이어졌다. 젊은이들이 집에 없다거나 빨찌산이 다녀갔다는 따위 황당한 이유를 붙여서.

12월 9일에는 외치 마을에서, 빨찌산들이 파괴한 도로를 복구한다면서 청년 20명을 연행, 그 가운데 18명은 해보면 금덕리 두루샘골에서 시신으로 발견됐다. 같은 날 일부 군인들은 나산면 이문리 사정 마을에 들이닥쳐 주민 23명을 호명해서 강변으로 끌고가 전원 사살했다. 12월 31일에는 해보면 대창리 성대 마을 소개민들을 쌍구룡으로 가라고 몰아내어, 그들 35명을 방죽(저수지) 언저리에서 죽여 물속에 처넣었다.

해가 바뀌어서도 학살은 계속되었다. 1951년 1월 12일. 해보면 상곡리 모평 마을에는 광암리·산내리·대각리 소개민들이 살고 있었는데, 그날 군인들이 마을을 포위하고 방화 살육을 감행했다. 희생자는 200에서 230명으로 증언되고 있다. 1월 14일. 나산면 우치리 계동 마을에서 집에 불을 지르고 주민 7명을 사살했고, 소재 마을에서는 어린이 8명, 노인 6명, 부녀자 5명, 장애인 1명을 죽여서 불싸질렀다.

이들 군인(국군 제11사단 20연대 2대대 제5중대)은 1950년 12월 6일에서 1951년 1월 14일에 걸친 40일 동안에 함평군 동삼면 일대에서만 524명의 양민들을 죽였고(월야면 350, 해보면 128, 나산면 46), 1,454동의 주민 가옥을 방화 파괴했다.[19]

1951년 1월 16일. 위 제5중대 병력은 나주군 세지면 오봉리로 진출해서 방화 학살을 감행했다. 마을 어귀에서 주민 3명을 총살한 뒤, 주민들을 모두 동창교 다리 위로 몰아다가 그중 130명을 가려내어 자갈밭에 끌고가서 단 5분 만에 96명을 사살했다. 그리고 논밭에서 일하던 농민 40여 명을 아무런 이유 없이 총으로 쏘아 죽였다.

1951년 4월 9일 무장경찰들은 동복면 만수동에 침입하여, 봄 농사 준비를 위해 올라온 소개민 20여 명을 붙잡아놓고 집단으로 달려들어 고문했다. 그런 끝에 대검으로 찌르고 총으로 쏘아 불타는 움막에 던져 넣어 타죽게 만들었다. 그중에는 5명의 여성이 들어 있었는데, 그들은 옷이 다 벗겨지고 국부는 칼로 난자되었다.

— 능욕

1951년 3월 29일. 유치내산에 침입한 군경 침공대들은 마을 뒷산에 피신하고 있던 주민 수십 명을 무더기로 쏘아 죽였고,

---

[19] 이 통계는 1960년 6월 8일 국회 양민학살 진상조사 특별위원회 전남반이 발표한 것이다. 실제 숫자는 이보다 훨씬 더 많은 것으로 증언되고 있다.

그 과정에서 어린이를 업고 있는 여성 이선옥(28세)을 불타는 가옥에 몰아넣어 죽였다. 같은 날 여맹원이라는 이유를 붙여 박순임(20세)·박덕례(19세)·홍순옥(20세) 등 6명을 포박한 채 수십 명이 달려들어 윤간한 뒤 젖가슴과 국부를 도려 죽였다.

1951년 8월 30일. 승주군 서면 구상리에서 경찰 무장대는, 가족이 입산했다는 이유를 들어 19세 처녀를 부엌으로 끌고 들어가서 난타 실신케 해 놓고, 10여 명이 달려들어 옷을 벗기고 능욕 강간한 뒤 살해했다.

침공대들은 마을에 침입해서는 으레 불을 질렀고, 부녀자들을 능욕하는 것을 당연한 일로 여겼다. 심지어 한 집에서 어머니와 며느리와 딸을 동시에 겁탈한 사례도 있었다. 그리고 주둔처에서는 강제로 성 상납을 받는 일이 상례였다.

— 생매장

1951년 3월 30일. 유치 지역에서 투쟁인민 35명을 위협 포박하고 그중 11명을 고문으로 죽게 만든 뒤, 나머지 24명은 구덩이를 파서 생매장했다. 그 가운데에는 10세 미만의 소년 3명이 들어 있었다.

— 소각

빨찌산 거점을 없앤다는 명분 아래 산간 마을들을 아무런 기준 없이 마구잡이로 불태웠다. 그러는 과정에서 순천 송광사 대웅전, 장흥 보림사 대웅전을 비롯하여 곡성 오산면 관음사, 화순 동복면 유마사, 장성 백양사 운문암, 광주 무등산 증심사 등 문화유산 긴조물들을 다수 소각했다. 그래놓고는 거꾸로 빨찌산이 불질렀다고 뒤집어씌웠다.

그뿐만 아니라 빨찌산들이 은신한다는 구실을 붙여 대밭이건 부락 뒷산이건 마구 불을 질러 많은 산림들을 잿더미로 만들었다.

1950년 11월 20일경 도당 선전부가 있던 동복면 만수동이 소각당해, 선전부 인원들은 백아산 기슭 용촌 마을로 후퇴했다.

빨찌산들이 머무르고 갔다 해서 부락을 불싸지르고, 밥 한 끼니 해 주었다고 해서 마을 주민들을 몽땅 소개시키고, 된장 한 쪽박 퍼 주었다고 해서 당산나무에 매달아 죽이는 등 이루 말할 수 없는 만행이 자행되었다.

1950년 가을에서 1951년 봄에 걸쳐 전남 지방 산야에서 연기가 피어오르지 않는 날이 없었고, 총성이 멎는 날이 없었고, 애먼 백성 생목숨이 죽어나가지 않는 날이 없었다. 그것은 무한 테러가 판을 치는 공포와 전율의 생지옥이었다.

전구 침공

각 군 단위 경찰기동대 병력들은 물론이요, 빨찌산 전구 가까운 요지마다 주둔하고 있는 군 제11사단 산하 제20연대(연대장 박기병 대령) 병력들은 대규모 작전으로 해방구를 침공하기 시작한다. 그러는 과정에서 대(對) 빨찌산 작전을 전담하는 전투경찰대까지 조직된다(지리산지구 전투경찰사령부, 후에 서남지구 전투경찰대, 신상묵).

6·25 이전만 해도 빨찌산에게는 지세 이용의 이점이 있었

다. 그러나 대치 과정에서 군경들도 지세를 완전 파악했으므로, 9·28후퇴 후에는 그것이 빨찌산들에게는 아주 불리하게 작용했다. 게다가 소총이 위주고, 기껏해야 기관총 정도이던 경찰대의 무기가 완전히 전쟁무기로 바뀜으로써 그 화력이 크게 증강되었다.

1950년 말부터 침공이 거세어졌다. 이른바 군경들의 동기공세다. 그해 따라 눈이 많이, 그리고 자주 내렸다.

월출산이 먼저 침공당한다. 산세는 험하나, 온 산이 바위로 되어 있어서 부대가 월동하기에는 어려운 지세다. 거기에 강진군 유격대가 거점을 쓰고 있었다. 몇 차례 접전에서 일단 물리치기는 했으나, 그해 겨울 침공을 끝내 이겨내지는 못한다.

새해 접어들면서 극소수 인원만 남겨두고 유치내산으로 이동한다. 그 기간의 접전 과정에서 적잖은 희생을 내었다.

주요 전구 주변에 있는 거점들, 주로 면당 조직들이 박혀 있는 기지들, 그러면서도 빨찌산의 무장력이 거기까지 미치지 못하는 변두리 산들이 이렇게 먼저 침공당한다. 광주 지경의 분적산, 보성의 존제산, 강진의 수인산, 담양의 병풍산 등이 차례로 침공당한다.

불갑산 대학살

1951년 1월 중순경부터 불갑 지구는 그 산하 조직 거점들을 하나 둘씩 적의 수중에 내주게 된다. 태청산·장암산 일대가 자주 침공당하면서 거기에 자리 잡고 있던 면당 조직들이 터전을 잃게 된다.

같은 무렵 군유산이 대침공을 받는다. 경찰 연합기동대가 침입하여 선별 없이 마구 쏘아 죽였다. 그리하여 셀 수조차 없는 큰 희생을 내었다. 학살된 인원이 1,000명이라고도 하고 2,000명이라고도 전해진다.

그해 1월 20일. 이번에는 그 침공대가 영광 백수면 일대를 엄습한다. 그곳은 영광 군당의 거점이다. 유격대장 박석준(막동이)은 침공대를 맞아 무장의 열세를 지세의 이점으로 극복하면서 잘 싸웠다.

이틀에 걸친 대치전에서 침입병 25명을 사살, 부상자 20여명, 생포자 1명이라는 전과를 올렸다. 훌륭히 막아낸 것이다.

그러나 희생도 컸다. 적잖은 전투대원들이 전사했고, 많은 비무장 성원들이 죽거나 잡혀 내려갔다. 바야흐로 조여드는 군경들의 대침공. 이 전투는 그것을 예고하고 있었다.

드디어 1951년 2월 19일 광주 주둔 제20연대 병력을 주축으로 한 군경 합동 침공대는 다시 영광 백수면 일대를 비롯하여 태청산·장암산 인접지대를 휩쓸면서 불갑산으로 침입해 들어왔다.

이튿날인 20일, 총 1,500명의 대부대로 부풀은 침공대는 7개 방향에서 불갑산을 포위하고 죄어들어왔다. 잔능선들에서 무안군 유격대와 함평군 유격대 전사들과 교전하던 침공군 주력은 용천사 뒷능선에서 불갑 지구 유격대와 맞붙었다.

박정현 사령관 휘하의 무장은 이것저것 합쳐서 겨우 40여정. 그들과 더불어 많은 비무장 성원들과 투쟁인민들까지 합세해서 참호를 파고 대치했다. 그러나 중과부적, 무장의 열세에

다 실탄마저 떨어져 돌팔매와 육박전까지 벌이면서 싸웠다.
　대전하는 지구 유격대가 좀처럼 고지를 내어주지 않자, 나중에는 비행기까지 내습하여 마구 기총사격을 퍼부었다. 요소에는 폭탄까지 던졌다. 많은 희생을 냈다. 그렇게 오후 3시경까지는 버티었으나, 더는 지켜내지 못하고 퇴각할 수밖에 없었다. 결국 나머지 대원들은 노은재 언저리에서 소조로 나뉘어 신광과 불갑 쪽으로 간신히 빠져나갔다.
　무장대가 물러난 용천사골과 산안골, 가쟁이골과 오두치 능선 들에서 비무장 성원들과 투쟁인민들에 대한 무차별 학살이 자행되었다. 아예 몰살시키려고 작정한 듯, 마을에 남아 있던 노인 부녀자들까지 선별 없이 마구 죽였다. 그 엉얼은 인근 송선·돌정이 등 여러 마을에 미치었다. 영광과 장성 삼서면 쪽에서 넘어온 피난민들이 더 혹독한 떼죽음을 당했는데, 특히 부녀자들에 대한 능욕·살해 현장은 차마 눈 뜨고 볼 수 없는 지경이었다.
　그날은 공교롭게도 정월 대보름. 교교한 달빛 아래 산야에 널브러진 시체들은 처참의 도를 더하였다. 온 산에 흰 빨래를 널어놓은 것 같았다고, 그 참상을 목격한 현지 주민 생존자들은 전한다. 전남 유격전 사상 최초로 기록되는 큰 희생이었다.
　그 밖에 침공 현장에서 잡힌 사람들을 끌고 가다가, 홀루개재 후미진 데에 이르러 아무런 선별 없이 무차별로 죽여 버렸다. 그 정확한 숫자는 여태까지 알려지지 않았다.
　일단 영광 경찰서나 불갑 지서에 끌려간 사람들도 살아남지는 못했다. 불갑 지서는 진작에 불타버렸기 때문에 국민학교 교장 관사에 겹겹 대울타리를 둘러 진지를 구축하고 있었다. 불갑산에서 잡힌 사람, 인근 금계리와 모악리에서 끌려온 사람 등, 약 200명 가까운 사람들을 지서 뜰 한데에 수용했다. 그러다가 25일, 이들을 끌어내어 쌍운리 운제 마을 맞은쪽 산기슭 속칭 '옴팍골'에서 모두 죽여 버렸다.

이날 간신히 살아난 14세 소년에 의해 실상이 전해졌는데, 희생된 인원이 정확히 얼마인지는 모른다고 한다. 세 살배기 어린이를 업은 여인이, 어린것만이라도 살려달라고 애원했지만 아무 소용이 없었단다. 모자가 그 자리에서 함께 살해되었다.[20)]

그 후 불갑 지구 재건을 위해 지구 유격대 참모장(오대산 빨찌산 출신)이 이끈 부대가 진입했다. 그러나 거점을 복구하지 못한 채 교전하다가 모두 참살당했다.

그래도 소수 인원들이 살아남아서 활동을 계속했는데, 3월 15일에 재차 침공을 받아 괴멸적 타격을 입는다.

함평 군당 성원들은 위원장 김용범 외 많은 전사자를 냈다. 영광군 유격대는 백수면 일대 산에서 군경 연합부대의 침공을 맞아 용감히 싸웠으나, 박석준 이하 대원 거의가 전사했다. 장성 군당 소속 일부 면당 성원들은 태청산 쪽으로 이동하여 노령 전구로 편입되었다. 그 과정에서 많은 전사자를 냈고 이탈자도 생겼다.

---

20) 이 군경 연합 대침공을 그들은 '대보름작전'이라 이름지었고, 총지휘를 맡았던 연대장 박기병 명의의 「전투상보」에는 "적 사살 1,005명"이라 적고 있다. 그러나 희생된 비무장 양민들까지 합치면 실지로 살해된 숫자는 2,000명을 헤아린다.

무안군 유격대는 소수 인원으로 침입병들을 저지하면서 잘 싸웠다. 그 과정에서 무안 군당 위원장 백병익이 중상을 입는다. 무안 잔여 성원들은 나병갑의 인솔 아래 나주 금성산을 거쳐 유치내산으로 이동했다. 그 도중에 백병익은 더 갈 수가 없어서 다시에 떨어졌는데, 후에 그가 머무르고 있던 비트가 발각 사살되었다.

이로써 불갑 전구는 단독으로 존립할 수 없게 되어, 소수 인원으로 된 분트만 남겨 놓고 유치 전구와 합쳐 그 산하에 들어갔다.

무등산

무등산 전구는 도청 소재지 광주를 넘보는 자리에 있다. 동시에 광주시당과 광주시 유격대의 거점이다.

광주시 유격대는 단독 혹은 광주 지구 유격대(540부대)와의 합동작전으로 끊임없이 군경들을 괴롭혔다. 밤이면 무등산 꼭대기와 능선들에서 봉화를 올려 기세를 돋우었고, 군경 주둔지를 기습하고 행정중심구역을 타격하는 등 그 공격적 유격활동은 저들의 안전을 크게 위협했다.

광주시 유격대는 어려운 과정을 거쳐 그 무장력을 키웠다. 처음에는 구식 소총 두 자루로 출발했다. 그러나 유격대장 정영국의 교묘 과감한 소조 침투전으로 어느덧 30정의 무기를 갖춘 정예부대로 성장했던 것이다.

이에 맞선 군경들은 광주의 치안을 확보하기 위해 마침내 집중공격으로 나왔다. 무등산은 산 덩치는 크지만 가지능선이 적고 골짝이 얕아서 유격 근거지로서는 부적당한 지세다. 그렇기 때문에 무등산 내 당 조직과 유격대 거점들은 일찍부터 군경들의 침공을 받았다. 그렇지만 그때마다 물리쳐 왔다. 물론 적지 않은 희생자를 냈지만, 전구는 튼튼히 유지하고 있었다.

그러던 중 1951년 2월 말경에 군경 연합으로 된 침공을 받았다. 광주시 유격대 전원이 대치해 싸웠으나 막아내지는 못했다. 희생자도 냈다. 그때 시당이 거점으로 쓰던 규봉암과 유격대원들이 머물던 석불암이 침공군에 의해 소각당했다.

그러나 광주시 유격대 전사들은 불탄 자리에 다시 트를 마련하고, 계속 거점으로 쓰면서 광주 시내로 침투해 들어갔다. 이 무렵의 광주시 유격대 소조 투쟁은 빛나는 전과를 올리고 있었다. 학생으로 입산한 대원들의 활약이 누부셨고, 영웅적인 투쟁으로 이름을 빛낸 전사들도 많이 배출했다.

그러는 한편 광주시당은 그 산하 조직을 몇 개로 나누어 주변 야산으로 진출했다. 그것은 이미 예견하였고, 또 그를 위해 준비해 놓고 있던 터이다. 화순 이서면과 동면, 담양군 남면 일대로 분산되어 내려갔다.

1951년 군경들의 춘기공세. 그것은 빨찌산 해방구를 부수려는 무자비한 침공으로 시작됐다. 그리하여 무등산과 백아산 사이의 해방구가 이때 침노당한다. 화순 동면에서 담양 대덕, 그리고 곡성 오산 석곡을 잇는 사각지대. 그 넓은 영역 안에 산재한 마을들이 이 무렵 연달아 소각된다.

그러나 투쟁인민들은 산중에 대피하면서도 그들에게 끌려가기를 거부했다. 빨찌산들은 불타버린 집터에 다시 이엉을 엮어

이고 천막을 쳐서 그들과 어울려 살며 싸웠다.

당양 군당 성원들의 일부, 화순 군당 동뻘럭 인원들, 광주 지구 소속 부대와 연락과 인원들, 곡성 군당 산하 조직원들, 도당 각 부서 및 연락부 분트 인원들, 총사 보위부대원들과 통신과 원들이 연락부절로 오가면서 일사불란한 활동을 계속하고 있었다.

2월 중순경. 드디어 도당 부서가 머무르던 용촌 마을이 소각당한다. 같은 날 인근 여러 마을들이 함께 불탔다. 그러나 용촌 주민들은 마람과 이엉을 두르고 얹어서 빨찌산들과 함께 사는 길을 택했다. 창녕 조씨 집성촌인 이 마을 주민들은 일심단결하여 성의껏 산사람들을 도왔다. 으레 그렇게 하는 것으로 여겼다.

그러나 재차 삼차 침입하여 불지르고 강제로 끌어가는 데는 그들도 어찌할 수가 없었다. 도당 각 부서는 그때부터 산트를 쓰기 시작한다.

총사가 머무는 갈갱이 마을도 3월 하순에는 끝내 소각당한다.

화학산 대혈전

군경들과의 이러한 대치는 유치 전구 화학산 대혈전으로 번진다.

"자기지역 자체해방"이라는 구호 아래 1951년 3월 22일에 감행된 순천 진입작전은 군경들로서는 전혀 예기치 못했던 바였고, 때마침 주전선이 남하하던 중이어서 그들의 간담을 서늘케 했다.

잇따른 4월 6일 이양 기습전은 그들의 수송 요충을 위협하는 것이었다. 순천 진입 전후에 계획되었던 군경들의 대규모 침공이 이양 전투로 촉발되었던 것이다.

이 무렵 유치 전구에는 주변 여러 당 조직 및 유격대들이 모여 있었다. 본거지인 장흥 조직은 물론이고, 유치 지구 산하 영암·강진·나주·해남 각 군 조직에다가 고흥·진도·완도·목포, 거기에 불갑 지구에서 이동해 온 무안 성원들까지 합친 인원들이 유치내산 이 골짝 저 골짜기에 박혀 있었다.

원래 장악하고 있던 해방구가 넓고 훌륭한 병참기지까지 만들어져 있어서 포용하고 있는 주민들만 해도 그 숫자가 많았다. 거기에 인근 여러 고을에서 찾아든 입산자 가족들과 투쟁 인민들까지 어울리다 보니 유치내산은 그야말로 성시나 다름없이 북적거렸다.

그러한 후방을 업고 무장부대의 활동도 활발했다. 총사 직속 부대인 제1연대·제15연대·민청연대 병력들이 자주 거기에 머물렀고, 지구 유격대와 몇 개 군 유격대들도 건재했다. 그러는 과정에서 인민들의 내왕도 있었고, 따라서 유치내산의 이러한 사정은 군경 측에도 새어 나갔을 터이다.

이런 상황 속에서 1951년 4월 24일을 맞는다. 그 전날에 이미 침공군의 움직임은 포착되었다. 침공대는 광주와 이양 등지에 상주하는 제8사단 휘하 병력과 주변 각 군의 경찰기동대로 편성되었다. 그들은 수 대의 비행기, 철도 편으로 이동해 온 직사포, 81밀리 박격포 등 중화기 지원을 받으면서 도암과 청풍 양쪽에서 밀고 올라왔다. 징집된 학도병들까지 총알받이로 앞세웠다.

 이날 전투에서 총사 직속연대와 지구 산하 무장대들은 고지를 장악하여 방어전을 펼쳤고, 비무장 성원들은 무장대를 의지하여 그 아래로 마구 몰려들었다. 피아간에 사상자가 늘어 갔고, 대치전은 처절한 양상을 띠었다. 그러나 압도하는 침공군의 무력 앞에 오후 4시경 그 방어선이 뚫리고 만다. 화학산 줄기의 요지인 각수바위 능선을 빼앗기면서 위기가 닥쳤다.

 무장대들은 간신히 빠져나갔으나, 이 골짝 저 골짝에 모여 있던 조직원들과 투쟁인민들은 침입병들의 포위망에 갇히고 수색에 걸려 큰 희생을 냈다. 침입병들은 그 포위망을 풀지 않고 다음 날까지 수색하였으므로 소재[牛峙]와 호암 마을 사이 계곡에서 가장 많은 희생자를 내었다. 특히 열두 모퉁이 병목과 개천산 발치들에서 미처 빠져나가지 못한 인원들이 무리죽임을 당했다. 그리하여 연 이틀에 걸친 침공 수색에서 무장 비무장 합쳐 2,000여 명을 헤아리는 인원들이 죽었다. 생포된 사람까지 합치면 그 피해 숫자는 실로 엄청나다.

 이날 전투에서 삿갓봉(화학산 정상) 일대에 포진했던 제1연대와 깃대봉을 지키던 제15연대 전사들이 잘 싸웠다. 만약 천태산과 개천산을 마주하고 다도와 도암 쪽에서 올라온 경찰기동대끼리의 한 시간여에 걸친 교전이 없었더라면, 그 사이를 비집은 제15연대 주력의 탈출은 어려웠을 것이다.

 군경 침입병들은 이렇듯 엄청난 학살을 저질러 놓고 들끓는 여론을 무마하기 위해 무장 빨찌산 사살 400명, 생포 300명이라고 축소 발표하기에 급급했다.

그리하여 이날은 전남 유격전 사상 불갑산 전투와 더불어 가장 처참한 피해를 입은 날로 기록된다.

왜 그런 상황을 맞게 되었는가? 대규모 침공이 예측되었는데도, 어찌하여 총사의 주력 연대들이 그 산에 그토록 집결하여 있었는가? 정규전을 방불케 한 그런 형태의 대치전이 유격전의 본령인가 아닌가? 또 그와 같은 대량 인명손실은 정말로 피할 수 없었던가?

이렇듯 두고두고 비판받을 거리를 제공한 것이 또한 이날의 화학산 전투였다.

이보다 앞서 3월 18일에는 남해여단(00부대) 병력이 집거하고 있던 마을들이 침공대의 기습을 받아 이청송 여단장, 조정철 정치위원 등 간부들이 제2전선을 펼쳐 보겠다던 뜻을 이루지 못한 채 전사하고 말았다.

인민군 남해여단은 전남 지역을 해방시킨 뒤 병력을 보충하여 새로운 사단을 꾸미기 위해 담양에 주둔하고 있었다. 후퇴명령에 따라 주력은 참모장 인솔하에 북상을 계속하고, 여단 직속 보위부대만 되돌아와서 유치내산으로 입산하여 강만 마을에 머무르고 있었다.

그날 침공대는 바람재와 각수바위 능선을 장악하고 수색망을 좁혀왔다. 남해여단 대원늘은 전투다운 전투도 해 보지 못한 채 지휘부 인력을 몽땅 잃었다. 위 두 장성 외에 남해여단에 합류하고 있던 고급간부 몇 사람, 총사에서 파견된 책임지도원 김병추 등이 전사했다.

이날의 군경 기습은 그 뒤 4월 24일에 벌어진 화학산 전투의 예고이기도 했다.

세균전

주전선에서 침략군이 세균전을 펼치고 있다는 보도는 널리 알려져 있었다. 다만 그들이 세균을 살포한 사실을 부인하고 있을 뿐이었다. 그러나 저희 후방에서야 감히 세균전을 전개하랴, 하는 그 설마는 여지없이 무너지고 말았다.

1950년이 저물 무렵부터 군 비행기가 빈번히 전구에 침입하여 까닭모를 저공선회를 거듭하고 있었다. 늘 하던 대로 폭탄이나 소이탄을 투하하는 것도 아니고, 또 방어진지에 기총소사를 퍼붓는 것도 아니면서 의아스런 비행을 되풀이하고 있었다. 대규모 침공을 앞두고 으레 하는 정찰비행이려니 여겼다.

그러더니 새해 접어들면서 괴질이 돌기 시작했다. 재산 인원과 투쟁인민들이 조밀했던 유치 전구에서 맨 먼저 발병했다. 오한이 들면서 갑자기 고열이 솟아 혼미해지며 기동을 못하고 쓰러진다.

시작하는 증세는 꼭 학질 비슷했다. 그런데 하루걸러나 이틀걸러가 아니고, 쓰러졌다 하면 대엿새 혹은 일주일 남짓 내리 고열에 시달린다. 입이 써서 못 먹고, 아파서 잠을 못 잔다. 구역질이 나고 사지가 뒤틀린다. 코피도 쏟는다.

그렇게 앓고 나면 다시는 안 앓는 게 아니다. 열이 내려서 이제 나았는가 싶으면, 아무 까닭도 없이 재차 발병한다. 한 직(탕)을 앓고 마는 것이 아니라 재탕 삼탕을 앓다가 마침내는 체력이 떨어져 죽기도 한다.

  그런데 가장 두려운 것은 기진맥진해서 아무 저항의식도 갖지 못하게 되는 일이다. 기력을 잃고 온전히 몸을 가누지조차 못한다. 머리 위에서 총탄이 터져도 심드렁히 여긴다. 수색대가 훑고 내려와도 뛰지 못한다. 이 증후가 가장 두려웠다.

  그래서 병 자체로 죽는 일보다, 침공대의 수색에 걸려 희생되는 일이 더 많았다. 무서운 열병이었다.

  처음에는 아무도, 그 병이 하늘에서 살포된 세균으로 인한 것이리라고는 짐작하지 못했다. 가지고 있는 항생제 따위를 써 보았으나 별로 좋아지지도 않았다. 의무일꾼들이 각자의 견해를 수렴하고 백방으로 손을 썼으나, 병 치료와 그 만연을 막아내지 못했다.

  벌써 각 전구마다 수백 명의 전사들이 앓고 있었고, 빨찌산을 따라서 입산하여 산간 계곡에서 움막을 짓고 사는 투쟁인민들 사이에서도 그 병이 마구 번지고 있었다.

  방도가 없는 듯이 보였다. 그런데 예상하지 않았던 데서 낭보가 날아왔다.

  2월 말, 아니면 3월 초나 되었을까. 한 연락원이 지리산에 갔다가 그곳에서 발병한 것이다. 지리산 지역 의무를 담당하고 있던 이영원이 그를 보게 되었다. 문진 과정에서, 이번이 두 탕째라는 말을 듣는 순간 그는 경악했다. 옷을 벗겨보았다. 이가 득실거렸다. 이영원은 이 병이 재귀열임을 단정했다. 그때까지 지리산에서는 발병한 예가 없었는데 말이다.

  이영원은 해방 직후에 서울 빈민병원에서 일한 적이 있다.

그때 빈민들이 몰려 사는 판자촌에서 이 병이 창궐했다. 그들 몸에서는 예외 없이 이가 끓고 있었다. 당시에는 미군 계통에서 흘러나온 약이 많아서 그들을 성공적으로 치료한 경험을 그는 가지고 있었다.

이영원은 사태의 심각성을 곧 알아차리고 소속 부서를 통해 도당 지도부 앞으로 긴급 보고서를 올렸다. 그것은 큰 충격으로 받아들여졌다.

그가 올린 보고서 내용을 요약하면 이렇다.

지금 번지고 있는 괴질은 재귀열이라는 전염병이다. 재귀열은 세균으로 1차감염되고, 환자 몸에서 발생한 이로써 다른 사람에게 2차로 옮는 열병이다. 4, 5일 내지 1주일쯤 고열로 앓다가, 며칠 휴식기를 두고 재차 발병한다. 이렇게 병이 다시 돌아온다고 해서 병명이 재귀열이다.

특효약은 마파상이라는 주사약이다. 그것을 증류수에 풀어서 혈관에 주사한다. 항생제도 조금은 듣지만, 병의 재귀(재발)를 막지는 못한다.

마파상 주사약은 매독을 퇴치하는 과정에서 연구된 것인데, 매독균과 재귀열균은 같은 계열의 나사균이다. 그러므로 현재로서는 유일한 치료약이라 할 수 있다.

약품이 귀할 때는 한 개를 두 사람에게 나누어 주사해도 효험을 볼 수 있다. 증류수가 없을 터이므로 깨끗한 물을 잘 끓여서 탈지면이나 가제로 걸러서 쓰면 된다.

재산 대원들의 내복을 삶거나 찜으로써 이를 철저히 없애야 한다. 이 일은 약품치료와 병행해야 하는데, 이동이 심한 연락원 부서부터 먼저 착수하는 것이 좋겠다.

휴식기 환자는 물을 충분이 마시게 하여 탈수를 막되, 폭식함으로써 소화기 장애를 일으키지 않도록 철저히 간호한다. 소화기 장애를 일으키면 병이 재귀할 계기를 주게 되기 때문이다. 그러나 충분한 영양은 섭취토록 해야 회복을 앞당길 수 있다.

이 보고서는 구례 군당 간부가 직접 가지고 왔다.
총사에서는 의무과장 박춘근이 사태의 긴급성을 알아차리고 곧 총사령관 앞으로 긴급대책을 세울 것을 건의한다. 도당 조직위원회는 긴급 결정으로 "방역을 위한 투쟁은 조국을 위한 투쟁이다"라는 구호 아래, 지금 번지고 있는 괴질의 실상을 알리고, 모든 힘을 기울여 재귀열 박멸 투쟁을 벌일 것을 전 재산 조직원들에게 호소했다.

① 모든 재산 인원들은 무장 빨찌산이건 투쟁인민이건 차별하지 말고, 입고 있는 옷을 철저히 삶거나 쪄서 이를 박멸할 것.
② 지하조직과 보급투쟁을 통해 마파상 등 치료약품을 우선 구매 입수토록 할 것.
③ 환자들을 격리하고 그들을 적의 침공으로부터 잘 지켜줄 것.
④ 환자들에게 약품을 우선적으로 공급하고, 재발에 대비한 최소한의 양을 비상용으로 확보하여 둘 것.

⑤ 타 전구로 이동할 때는 반드시 옷을 소독할 것.

빨찌산들에게는 그 생활조건 때문에 이가 끓게 마련이다. 그 약점을 침공군은 거꾸로 이용한 것이다.

그들 배후에 누가 있었겠는가? 그 병균을 누가 공급했겠는가? 미제 침략자들은 전국의 열세를 만회하기 위해 주전선에 세균무기를 투하했을 뿐만 아니라 빨찌산 거점에까지 재귀열 병균을 뿌렸던 것이다.

그 병으로 인해서 죽는 인원도 많았지만, 운신하지 못함으로써 군경들의 수색망에서 빠져나오지 못하고 살해당한 숫자가 더 많았다.

왜냐하면 설령 나왔다 하더라도 정상적인 활동을 하려면 긴 회복기간이 필요했다. 그만큼 모진 열병이었던 것이다. 빨찌산 전사들도 그렇게 당했거니와, 투쟁인민들도 수없이 많이 사살되었다. 침공대에게는 산에서 열병으로 신음하는 인민들 역시 '빨갱이'였던 것이다.

재귀열 치료약을 구하기 위한 특수작전을 펼친 결과, 총사 제15연대가 곡성군 석곡 면사무소에서 재귀열 특효약인 마파상 주사약을 대량으로 발견 노획하였다. 침공군 당국은 빨찌산 거점 산역에 재귀열 병균을 살포하면서 그 지역 주변 마을에도 으레 환자가 발생하리라는 예측 아래 그 약을 무료로 대량 배포했던 것이다.[21]

---

21) 유치 전구의 의무진들은 마파상을 짊어지고 다니면서도, 그것이 지금 번지고 있는 재귀열 특효약이라는 것을 미처 몰랐다고 한다.

재귀열 박멸 투쟁은 1951년 겨울 눈이 내릴 때까지 계속되었다. 그로써 입은 전력 손실은 전 전구에 걸쳐 실로 막대한 것이었다.

백아산 대치전

백아산은 비록 큰 산은 아니지만, 그 자리잡음의 특성으로 전남 유격전의 두뇌요, 심장부 구실을 한다. 군경들도 그것을 알고 있었다.

그리하여 화순과 곡성 경찰 및 연합 군경 세력들은 부단한 침공을 벌였다. 빨찌산 사상 희한하게도 항공기까지 동원하여 기총사격과 소이탄 투하, 폭탄 공격까지 감행했다. 치열한 대치전이 벌어졌다.

1951년 3월 하순의 어느 날. 이번에는 정규군 병력인 듯한 대규모 침공대가 백아산에 덤벼들었다. 때마침 제15연대 병력이 들어와 있었기 때문에 이들을 맞아 치열한 대치전을 벌였다. 15연대에는 중화기중대가 있다. 총사 보위부대와 합동한 전열은 막강해서, 침공군은 끝내 백아산 능선들을 다 점령하지는 못하고 그날은 넘겼다.

밤 안으로 전구 내 비무장들은 제15연대 일부 병력의 호위를 받으면서 모후산과 통명산 쪽으로 빠져나갔다.

정예부대만 남은 이튿날. 마지막 방어지점인 삼각고지를 두고 피아간의 전투가 오전 내내 계속되었다. 그 막강한 전력으로도 침공군은 더 닥아붙지 못했다.

오후에 접어들면서도 고지를 빼앗지 못하자, 침공군은 삼각고지에 대고 네이팜탄 공격을 퍼부었다. 비행기가 저공으로 날아와서 보위부대 대원들이 응사하고 있는 참호에 바로 투하했다. 그런 공격을 무려 네 차례나 반복했다. 그때마다 고지에서 응전하던 전사들은 모두 타죽었다.

　네이팜탄 공격 범위는 직경 30~50미터쯤 되는데, 그 안에 든 전사들은 2,000도에 달하는 고열 때문에 순식간에 까만 숯이 되어 버린다. 게다가 그 파편들이 사방으로 번져 넓은 범위에서 큰 화재를 일으킨다. 그것은 실로 가공할 대량살상무기였다.22)

　이렇듯 침공군은 정규전에서조차 사용이 금지된 대량살상무기를 빨찌산 거점 침공에 사용했던 것이다.

　그날 침공군은 삼각고지 이외의 주릉을 제압하고는 계곡을 내리 훑으면서 마구잡이 수색으로 들어갔다. 무차별 살육이 잇따랐다. 움직일 수가 없어 환자트에 처져 있던 부상자들, 재귀열로 인해 갱신을 못하던 환자들이 무리죽임을 당했다.

　그날 밤. 살아남은 전사들은 대치전에서 전사한 동료 대원들의 시신을 묻었다. 까맣게 탄 삼각고지 쪽 시신들은 누구인지 분간조차 할 수 없었다.

　이렇게 침공대 군경들은 그해 여름 내내 단독 혹은 연합으로 부단한 공격, 무자비한 살육을 일삼았다. 그때마다 보위부대를 기간으로 한 빨찌산 부대원들은 이들을 맞아 때로는 정면 대치전으로, 때로는 슬쩍 빠졌다가 허를 때리는 전법으로 그들과

---

22) 침공군은 이날 여기서만 네이팜탄을 사용했던 것이 아니다. 그해 겨울의 정규군 대침공전 때도 백운산 둥지에서 여러 차례 이 무기를 사용했다.

맞섰다.

 그러던 중 1951년 7월 2일에 기적 같은 일이 벌어졌다. 그날도 침공이 있었는데, 다른 때보다 동원병력이 훨씬 많았다. 곡성 쪽 침공대 병력은 차일봉을 향해 달려들었고, 화순 쪽에서는 독재 능선과 마당바위 쪽 주릉을 타고 밀려들었다.

 아침 9시경부터 전에 없이 치열한 능선 전투가 벌어졌다. 빨찌산 부대원들은 긴 방어선을 조금씩 내주면서도, 주요한 고지들인 매봉(곡성)에서 수산재, 문바위재에서 삼각고지에 이르는 능선들을 효과 있게 지켰다. 더 이상은 물러날 수가 없다.

 그러던 오전 10세 30분경. 6대의 제트기 편대가 날아와서, 보위부대 대원들이 지키고 있는 고지 참호에 대고 로켓탄 공격과 기총소사를 마구 퍼부어댔다. 매봉 진지에서, 적탄을 맞고 쓰러지는 전우의 죽음에 분격한 총사 보위중대원 하나(위종근, 장흥)가, 기총소사를 하면서 아슬아슬한 저공으로 내려오는 적 지휘기를 엠원소총으로 겨누어 쏘았다. 침착무비한 이 전사의 저격탄을 맞고, 적기는 고개를 드는 듯하더니 선회하다가 새목 하늘바위 아래에 내리꽂혔다.

 아군 고지에서는 함성이 터져 올랐다. 성원하던 비무장 대원들은 승전가를 부르면서 기세를 돋우었다. 이 광경을 본 나머지 적기들은 쫓기듯 사라졌고, 침공대 병력들도 이날은 더 이상 덤벼들지 못하고 퇴각했다.

 비행기는 다행이도 무른 땅에 처박혀서 폭발은 면했다. 인근에 있던 대원들이 재빨리 추락 지점에 달려갔다. 미군 병사 2명이 죽어 있었다. 거기서 기관포 6문과 그 실탄 5상자 등 많은 전투장비를 노획했다.

　기관포는 병기과에서 손을 보아 그 뒤 전투에서 요긴하게 썼다. 두고두고 입으로 전해지는 빨찌산 전설의 한 토막이다. 위종근은 그날의 전공으로 영웅 칭호를 받았다.

　앞에서도 언급한 바와 같이, 그 무렵 침공군은 우리가 상상조차 할 수 없는 세균전까지 감행해서 백아산 권역에서만 대원 100여 명이 재귀열에 걸려 운신을 못했고, 산에서 빨찌산들과 어울려 지내던 인근 부락민 700여 명도 그 병에 걸렸다. 이들은 침공대에게 모두 무차별 사살되었다.

　총사 직속연대들은 군경들의 허를 찔러 멀리 침투전도 감행했고, 침입병들의 집중을 분산시키기 위해 양동작전도 감행했다. 그들이 비운 산 골짜기를 침공대 수색병들이 맘대로 유린한 것이다.

　군경의 침공은 날로 잦아지고 규모도 커져서, 지휘부를 지키며 비무장 인원들을 보호하기 위한 대치전은 점점 더 치열해졌다.

　실로 유례를 찾기 어려운 대치전이었다. 그리고도 백아산을 지키려는 무장대원들의 전의를 꺾지 못하자, 이번에는 백아산 주릉에다가 대울타리를 두른 영구 토치카 구축을 시도하기에 이르렀다. 그러나 그 시도는 부대들원들의 결사적 저항에 부딪쳐 매번 좌절되곤 했다. 백아산을 내줄 수는 없는 일이었다.

　1951년 여름 내내, 토치카를 축조하려고 덤벼드는 군경들과 이를 허용하지 않으려는 보위부대와의 치열한 공방전이 계속되었다. 그 전투 과정에서 제1연대장 남태준이 중상을 입는다.

　그러자 이번에는 입산자 가족들을 방패막이로 내세우는 만행까지 감행하면서 석축 토치카를 기어이 쌓기에 이른다.

고정거점을 마련한 군경들은 무시로 골짜기를 수색하며 설쳤다. 그래서 총사령부는 한동산이나 모후산·통명산 쪽으로 잠시 나가 있기도 했다. 그러다가 그해 가을, 집중공격을 퍼부어 그들을 몰아내고 백아산의 사령성을 되찾았다.

1951년 여름의 백아산 대치전은 총사 참모장으로 전출되어 온 박정현이 지휘했고, 그의 능력 있는 통솔 아래 정연하게 진행되었다. 그의 작전과 지휘력은 전설적이라 할 만한 숱한 일화를 남겼다.

그러나 명 참모장 박정현은 그해 11월 한동산 진지에서 제1연대 간부들과 작전회의를 갖던 중 박격포 직격탄을 맞고 전사했다. 함께 있던 연대 참모장 김달룡, 문화부연대장 전홍찬 등 참모들도 전사함으로써 매우 아픈 상처를 입었다.

이렇듯 백아산은 치열한 전투를 치르며, 간단없이 덤벼드는 침공군의 거듭되는 수색전을 견디어 낸다. 그리하여 1951년 겨울의 대침공을 맞으면서도, 총사령부는 갈갱이 골짝에서 그 사령기를 내리지 않는다.

그 밖의 전구

이와 같은 침공과 대치 상황은 모후산 전구도 마찬가지였다. 군경들은 이 전구의 중요성을 잘 알고 있기 때문에, 학학사에 대한 집중공세 이전에도 경찰기동대들이 단독 또는 연합을 이루어 간단없이 침공해 들어왔다. 춘기공세가 시작되면서 그 악랄함은 더해 갔다.

1951년 3월 21일에는 낙안면과 외서면 일대에서 투쟁인민들에 대한 광범위한 학살이 자행되었다. 이때 보성 군당 산하 여러 면당 성원들이 큰 피해를 보았다.

그들의 침공은 계속돼서 3월 23일에는 망일봉 일대에 대한 포위 공격이 있었다. 이때 보성군 유격대와 5시간에 걸친 접전이 있었다.

망일봉은 문덕면과 외서면 경계에 자리한 산인데, 보성 군당 성원들과 주변 면당 일꾼들이 거점으로 쓰고 있었다. 이날 전투에서 무장 비무장 할 것 없이 큰 피해를 보았다. 모후산 전구 산하에서 있었던 가장 큰 손실 중의 하나로 기록된다.

그런 일이 있은 뒤에도 이 일대는 평온치 못했다. 빨찌산들은 거점을 둘러싼 주변 무장경찰대의 계속되는 공격을 맞아 어려운 싸움을 전개해야 했다.

3월 28일에는 조계산에 대한 대대적 침공이 있었다. 그때 조계산에는 순천 군당 성원들이 거점을 쓰고 있었다. 그리고 당일에는 모후산 지구 유격대 일부 대원들도 머물고 있었다.

새벽에 불시로 밀어닥친 경찰대를 맞아 치열한 싸움이 벌어졌다. 기습이나 다름이 없는, 전혀 예상치 못했던 공격을 받은 대원들은 침입병들을 맞아 용감히 싸웠다. 그러나 긴 한낮, 퇴로를 뚫지 못한 전사들은 많은 희생을 내었다.

이런 대치 과정에서 빨찌산 대열의 손실도 컸지만, 침공군도 적지 않은 손실을 입었다. 침공 대 대치의 치열한 싸움은 계속되었다.[23]

---

23) 1951년 4월 5일 조병옥은 최근 3월 20일에서 29일에 걸친 기간, 남조선

그 무렵 노령 전구는 담양 추월산과 용추봉을 잇는 가마골이 주거점이었다. 그리고 도 경계선 너머가 여분산의 순창 쌍치다. 또 장성 갈재에서 입암산을 거쳐 불바리기로 해서 꼭두재에 이르는 산역이 또한 활동 영역인데, 거기서는 내장산을 낀 전북 정읍과 맞닿아 있다.

이런 지형이 이점으로 작용하면 전남북을 넘나들면서 활동할 수 있는 좋은 무대를 제공받는 것이 된다. 반면에 그것이 역으로 작용하면 양쪽에서 공격을 받는 처지에 몰리게 된다. 노령 병단이 전북 유격대와 합동작전을 자주 갖는 것도 이런 지세가 그 활동무대이기 때문이다. 그런데 이 지역에 대한 침공대의 공격은 그 규모가 크다. 따라서 늘 강력한 무장력과 맞서게 된다.

이런 특색이 다른 전구와 구별되는 점이다. 그리하여 전구를 가장 잘 관리하면서도 성동격서 기습 유도의 전술적 변화를 다양하게 구사한 데가 또한 노령 전구였다. 지세의 이점과 책임 간부들의 적절한 지도, 노령 병단 용사들의 눈부신 활약이 크게 돋보인 여름이었다.

1951년 8월 15일 해방 6주년을 기념하여 총사 산하 전 유격대 대회가 새목에서 열렸다. 그 회장에서 그동안 가장 잘 싸운 유격대에게 우승기가 수여되었는데, 그 영예를 노령 병단이 차지했다. 골짜기를 진동하는 가운데 노령 지구 유격대 사령관 김병억은 전 유격대원들이 보내는 만세와 축복을 받았다.

전체에서 거둔 침공 전과를 발표한 바 있다. 그에 따르면 사살 총 숫자가 3,263명인데, 그 가운데 전라남도가 1,325명을 차지한다. 전체의 40퍼센트를 넘는 숫자다.

1951년 봄·여름 기간에 걸친 유격대의 공격전은 주로 전남 중심부인 백아산을 사령 기지로 하여 전개되었다. 따라서 그 주된 전과도, 또 그에 따른 대내 유생역량의 피해도 그곳 야산지대 전구들에서 많이 발생했다. 그것은 주전선의 남하를 보다 적극적으로 도우려는 빨찌산 지도부의 유격전략이 옳게 펼쳐진 결과요, 군경들의 침공이 그 지방에 집중된 이유이기도 하다.

정규군 사단급인 서남지구 전투사령부, 연대급인 지리산지구 전투경찰사령부, 각 도 직속인 연대 또는 대대급 무장경찰들, 백아산을 주공격 목표로 하는 경찰대대 등 병력들이 단독 또는 연합으로 끊임없이 전구를 유린하며 덤벼들었다.

그런 상황 아래서 백운산 전구와 지리산 전구도 군경들의 침공을 받았다. 백운산 전구의 경우, 1951년 2월에 광양에 주둔하고 있던 제9연대 병력의 침공을 받았다. 그러나 그 범위가 그다지 넓지 않았고 빨찌산 쪽 희생도 경미했다. 그래서 지리산과 백운산 두 전구는 큰 산답게 유격 근거지로서 온존할 수 있었다.

그러나 주전선의 움직임에 따른 국내외 정세는 변하고 있었다. 전선은 일진일퇴를 거듭하였고, 전쟁은 장기화될 조짐을 보였다. 게다가 계절은 겨울로 접어들고 있었다. 그에 대한 대비책을 세워야 했다.

11. 파송작전

1951년 6월 23일 쏘련의 유엔 대사 말리크가 제안한 것이 실

마리가 되어 7월 10일부터 개성에서 정전협정에 관한 토의가 시작되었다. 이와 같은 정세의 변동은 머지않아서 전선에 배치되어 있는 정규군의 후방 이동과 빨찌산에 대한 대대적 침공이 개시되리라는 예측을 낳게 했다.

전구 중심의 대치전은 비무장 내지 비활동 성원들을 보호하려는 전술 측면이 짙었다. 그러다가 방어진지가 무너지면 대량 희생을 낳곤 했다. 이제 그런 전술로는 당면한 상황에 대처할 수 없게 되었다.

이러한 대내 대외 정세를 분석 검토하면서 도당 조직위원회는 몇 가지 중요한 결정들을 채택했다.

① 부대들을 기동성 있게 움직일 수 있도록 경량화할 것.
② 기동성이 약한 노약자·환자·여성 들을 큰 산으로 이동시킴으로써 그들의 생명을 보전케 할 것.
③ 닥쳐올 겨울 침공에 대비해서 식량과 피복류를 확보할 것.
④ 비무장 성원들을 최대한 무장시킬 것.
⑤ 각 조직원들은 개인 또는 부서 단위로 지하 비트를 구축할 것.

이상의 것들은 현단계에서 서둘러야 할 초미의 문제들이었다. 그 가운데서도 동원 인원이 가장 많았던 것이 지리산을 주된 대상지로 한 파송작전이었다.

이 작전은 녹음이 짙어지는 시기를 기다려서 바로 착수했다. 그러기 위해 각 지구 산하 조직들에서 이동시켜야 할 인원들을 조사했다. 우선 하부조직을 갖지 못하고 타지역에서 더부살이를 하는 조직 성원들이 먼저 대상에 올랐다. 그러면서 그들을 통솔할 수 있고, 또 나중에 피해 지역을 재건하게 될 경우에 그 핵심이 될 인원도 선발에 넣도록 했다. 이러한 배려는 파송되는 대열의 장악을 위해서도 필요한 조치였다.

해당자가 유치 지구에 가장 많았다. 거기서부터 파송이 시작되었다. 좀 나이가 많은 사람, 병약한 여성 들을 먼저 보냈다.

구례 군당에는 이들을 수용할 준비를 시켰고, 곡성 군당에는 이들을 중계하여 무사히 지리산으로 이동시킬 수 있게끔 식량과 루트를 확보하라는 특별지시를 내렸다.

그리고 이렇게 파송되는 인원이 많고 또 각지에서 모여오는 만큼 그 재편성과 대열 지도, 침공에 대비한 대책 등을 세울 중심인물이 필요했다. 그 일을 위해 목포시당 성원들을 장악하고 있던 오신택을 파견하여 그 책임을 맡겼다.

이렇게 해서 파송된 인원들로 지리산 부대가 조직된다. 부대장 오신택, 정치지도원 정태묵(목포 출신).

지리산 파송작전은 가을에 접어들면서 본격화했는데, 각 지구에서 선발된 인원들로 제각각 이동조를 짜서 차례로 진행시켰다. 그리하여 약 2,000명 가까운 인원이 지리산 문수골과 피아골로 이동해서 새 편제 아래 들어갔다. 그러나 이동 도중에 매복이나 수색에 걸려 적잖은 인원이 희생되거나 탈락했다.

또 현지를 늦게 출발함으로써 이미 시작된 대침공에 맞닥뜨려 그 계획이 좌절되거나 희생자를 낸 일도 더러 생겼다.

이런 일이 있었다. 목적지를 앞에 두고서도 그 지역에서 진행 중인 심한 수색전 때문에 들어가지 못한 경우다. 이들은 휴대하고 온 비상식량이 떨어져 며칠을 굶으면서, 들어와도 좋다는 허락이 오기만을 기다렸다. 그러나 연락은 오지 않고, 계속되는 추위와 배고픔 때문에 견디다 못해 그 태반이 중도에서 탈락하고 말았다.

　백운산을 앞두고 갓꼬리봉 언저리에서 200여 명의 파송대열이 겪은 일이다. 이들 가운데 극소수가 간난을 이겨내고 간신히 백운산 지도부와 선이 닿아 합류했다. 폐촌이 된 마을 방앗간을 찾아서 얼어붙은 겻가루를 핥으면서 견디었다고 한다.

　그런데 지리산이 크다고는 하지만, 갑자기 붙은 인원을 장악하기란 쉬운 일이 아니었다. 더구나 지리에 어두운 비무장 여성과 노약자들이 많았으니 그들에 대한 조치가 난제였다.

　그 문제 해결의 일환으로 오신택 부대장 아래에 100여 명으로 되는 여성중대(중대장 노정현, 정치지도원 최홍례)를 창설했고, 따로 교사·예술인들로써 문화공작대를 만들어 대열 결속을 도모했다.

　일부 일찍 간 사람들은 남부군 쪽으로 차출되어 갔다. 이양래 등 전남 간부일꾼들의 주선도 있었고, 또 남부군 사령부의 초모에 응해 자진하여 가기도 했다.

　환자는 일단 의무과(과장 이영원—나중에 신영학, 간호장 윤예덕)로 보내었는데, 거기서 회복되는 대로 부대에 복귀시키기도 하고 후방일꾼으로 전속시켜 활동할 수 있게 했다.

　그리고 이 시기부터 파송작전은 단순히 재산 역량을 큰 산으로 솎아 보내는 정도의 수평적 이동에만 국한되지 않았다. 큰 산으로 갈 수도 없고, 그렇다고 야산에 그대로 머무를 수도 없는 또 한 조직 역량이 있었던 것이다. 그것은 앞에서 말한 하산작전과 관련된 지하 침투, 즉 조직 역량의 일부를 지하로 내려보내는 일이다. 그리하여 재산 인원 중 선택된 일부 인원이 이 무렵부터 지하로 내려가거나 하산하게 된다. 이 수직적 이동은 파송작전이 갖는 또 다른 한 측면이다.

한편 백운산에도 일부 예정된 인원들이 파송되어 갔다. 도당 선전부 신문사 성원들을 비롯하여 도당부의 일부 부서는 이미 4월 초에 백운산으로 옮아왔다. 이는 실질적으로 파송작전의 한 모델이라고 볼 수 있다. 침공대의 계속되는 공세로 일을 할 수 없는 상황이었고, 또 성원들을 일부 분산시킨다는 뜻도 있었다. 그리고 장차 도당 지도부가 옮겨갈지도 모를 때를 위해 사전 대비를 한다는 계획도 들어 있었다.

그 대열을 선동기 선전부장이 책임지고 이끌었다. 그런데 이동 도중 조계산에서 추적대의 기습을 받아 선동기 부장과 선전부 지도원 양승혁 등 몇 명이 전사했다. 도당부로서 입은 최초의 큰 피해였다.

도당간부학교

박영발 위원장은 8월에 백아산을 떠나, 지리산에서 열린 6개 도당위원장회의[24]에 참석했다가 돌아오는 길에 백운산으로 옮아왔다. 이로써 도당 각 부서는 백운산에서 그 맡은 바 일들을

---

[24] 이 6개도당위원장회의에 관해서는 제6장 '제5지구당 전말'에서 소상히 다루었다.

추진하게 되었다. 그에 맞추어 제기된 것이 도당간부학교 개설이었다.

간부들의 파송작전 일환으로, 그때까지 각 전구에 흩어져서 일하던 유능한 교사들이 지리산과 백운산으로 모여들게 되었다. 그에 앞서 백운산 지구 당학교는 많은 졸업생을 배출한 경험과 훌륭한 교사들을 이미 축적 확보하고 있었다. 그리고 백운산에 먼저 와 있던 도당 각 부서 일꾼들은 88계곡[25] 널찍한 데다가 학교 교사로 쓸 귀틀집까지 만들어 놓았었다.

간부학교에 대한 계획안이 구체화되어서 교장에 도당 위원장 박영발, 강사에 김석우(함흥 의과대학 교무부장, 정치경제학 전공), 구봉회(원산 교원대학 상급교원, 역사학 전공) 등이 나섰고, 이들을 보좌할 만한 인원들도 준비되었다.

각 지구에서 핵심 일꾼과 유망한 전사들이 추천되어 왔다. 제1회 수강생으로는 선전간부반에 남자 20명, 여자 약간 명, 조직간부반에 10여 명이 입교했다. 두 반 학급 구성이 다른 것은 아니고, 추천 과정에서 각각 따로 선발되었을 뿐이다. 다만 실무 교육에서 약간 다른 교과가 예정되어 있기는 했다.

그리하여 11월 중순경부터 수업을 시작했다. 그 운영은 도당부가 주관했고, 구체적 교과 진행은 선전부와 조직부가 맡아서 했다. 각 부서 책임자급이 강사로 나가기도 했다.

그러니 제1차대침공이 전초전으로 죄어듦 군경들의 잦은 침입 때문에 교과를 제대로 집행하지는 못했다. 교과 내용은 각

---

[25] 현지 사람들이 '참나무골'이라 일컬어오던 골짜기를 빨찌산들은 이렇게 불렀다.

지구에서 운영한 당학교를 마친 수준을 기준 삼았다. 대체로 『해방후조선』의 보다 높은 단계, 정치경제학 기초, 쏘련 볼셰비키 당사, 변증법적 유물론, 레닌의 제국주의론, 유격전술 등을 다루었다.

이보다 조금 앞서 지리산 문수골에는 도당간부학교 분교가 개설되었다. 그 일은 박영발 위원장이 지리산에 들렀을 때 결정된 것이다.

분교 교장으로는 박일섭(박정현의 부친), 책임강사에 박원봉(흥남 공업대학 상급교원, 노문학 전공), 강사로는 신원우(김일성대학 서기장, 국문학 전공), 김인서(중앙당학교 졸업자), 김석훈(중앙당학교 졸업자), 정대철(인민군 출신, 군사학 담당)들이 나섰다.

개교는 오히려 본교보다 조금 빨라서 1951년 10월부터 했고, 학기 기한은 15일이었다. 제1기생으로는 각 단위 조직의 간부들 90명이 수강했다. 제2기생 70명, 제3기생 40명을 배출하고는 침공군의 동기공세(제1차대침공)로 인해 중단되었다.

지리산 파송작전과 병행해서 지리산에 의료일꾼을 길러낼 학교를 개설하려는 계획이 추진되었다(김재정, 이금선, 이복순). 파송되어 오는 인원들 가운데서 중학 과정을 이수한 대원들을 선발해서 수준이 높으면서도 실용적인 의료와 간호 실무를 가르치려는 목적에서였다. 그 일은 꼭 필요했고 또 입교 해당자는 많이 있었다.

구례 군당 지도부에서는 식량을 댈 일이 어렵다면서 난색을 드러냈다. 하지만 계획은 추진되었다. 선발된 인원으로 1951년 11월 말경에 일단 개강은 했다. 그러나 이들도 도당간부학교 분교 학생들과 더불어 제1차대침공의 태풍 속에 휘말리고 만다.

이제 각 전구마다 전투 능력을 가진 전사들이 남았다. 이렇게 해서 야산지대 각 전구에 머무른 조직 인원 총수는 대략 2,200명을 헤아렸다.[26]

이렇게 함으로써 전투부대들은 보다 기동성 있게 움직이게 되었고, 적정에 따라 소부대 또는 소조로 나뉘어 활동할 수 있을 만큼 민첩해졌다.

비무장 성원들도 최대한 무장함으로써 자체의 힘으로 방어와 공격 활동을 할 수 있게 되었다. 하지만 휴대할 실탄은 충분치 못해서 일부 총기는 폐기시키고 말았다.

도당부로서도 겨울 침공을 앞두고 자체 역량의 보전을 도모하며, 분산 약화되어 있는 인원들을 묶어서 활동력과 전투성을 높일 필요가 생겼다. 그래서 창설된 것이 정공대다. 본디 말은 '정치공작대'인데 줄여서 그렇게 불렀다. 하부 조직에 지도사업차 내려갈 때는 각자 흩어져서 하고, 일단 돌아오면 이 정공대에 소속되어 교양을 받으면서 유격활동을 한다는 것이 창설 취지다.

모체가 된 것은 여수군 유격대였다. 이들은 더부살이를 하면서도 용감히 잘 싸워 8명으로 되는 자체 무장대를 남겨놓고 있

---

26) 이 숫자는 지리산과 백운산에 있는 부대원과 조직 성원들을 제외한 것이다. 그리고 침공군의 사전 추계와도 거의 일치한다. 그러나 어디까지나 정확한 것은 아니고, 또 증언하는 사람에 따라서 그 추산 근거가 조금씩 다르다.

었다. 도당 지도부는 이들을 핵으로 해서 우선 돌아와 있는 각 부서 지도원들, 환자트에서 회복기에 접어든 부대원들로써 정공대를 출발시켰다. 부대장은 여수군 유격대장이던 조동만.

여기에 또 백운산 주변에 소조로 흩어졌던 인원들이 보태어지고, 침공이 시작되면서는 도당간부학교 학생들과 민청학원 학생들까지 가담하여 백 명 가까운 짱짱한 부대가 되었다.

가장 어려운 일은 월동용 식량과 피복류의 확보였다. 하지만 얼마간 보유하고 있는 식량을 분산시켜 비장하는 소극적 방법 밖에는 대처할 길이 없었다. 특히 신발이 문제였다.

야산지대 일꾼 및 인원이 적은 단위조직 성원들은 자체보존을 위해 지하비트도 일부 구축해 놓았다.

이 비트 조성은 무장부대에게도 해당되어, 분산투쟁에 대비하기 위해 소조 단위의 비트를 축조토록 했다. 특히 상병자들을 위한 피신처로서의 환자트에는 세심한 배려를 기울였다.

파송기간의 투쟁

앞에서 서술한 바와 같이, 1951년 여름 전 기간은 무장유격투쟁이 가장 치열했던 시기이기도 하다. 한편으로 선발된 인원들을 이동시키면서, 또 한편으로는 군경들의 침공 기도를 분쇄 지연시키기 위한 투쟁을 맹렬히 진행시켰다.

10월과 11월 두 달 동안만 하더라도, 우선 3회에 걸쳐 적 수송열차를 기습 폭파하는 큰 전투를 치렀다. 그뿐만 아니라 10월 한 달 동안에 군 트럭 13대를 격파했고, 광주·화순 등지에서 경찰 주둔소 14개소를 습격하여 침공대의 전력에 큰 손상을 입혔다.

지리산에 파송된 즉시 대열을 정비한 오신택 부대는, 때마침 침공 준비를 위해 집결 중이던 무장경찰 203부대 주둔소를 습격하여 7정의 무기를 노획했다. 그럼으로써 파송 대오가 단순한 천덕꾸러기 피난의 무리가 아님을 스스로 다지고 또 증명해 보였다.

그리고 11월 3일부터 8일에 걸치는 동안 전남북 경찰 연합부대 3천여 명의 침공을 맞아, 현지 노령 병단은 침입병 70여 명을 살상하고 무기 12정을 노획했다.

또 11월 19일부터 27일까지 군경 1,500명이 동원된 말봉산·화학산 침공을 맞아, 제1연대와 제15연대 용사들은 침입병 40여 명을 살상하고 무기 6정을 노획 격퇴시켰다.

이와 같은 작전들은 물론 빨찌산 본연의 임무를 수행하는 것이었지만, 가까이는 침공을 준비하고 있는 침공군의 대열을 교란 약화시키기 위해 펼친 작전들이었다.

그 과정에서 거둔 성과들이 적지 않았던 반면에, 빨찌산 대오에도 예상치 못했던 손실이 있었다. 그것은 침입병들에 의한 기습이나 침투전에서 당한 피해였다. 그것들이 11월 중에 집중적으로 발생했다는 데에 사태의 심각성이 있었다.

1951년 11월 9일 밤 9시에 제9연대(암호화되어 부대명 미상), 동 11월 12일 밤 9시경에는 706부내(암호화되어 부대명 미상)가 습격을 받아 손실을 입었다.[27]

---

27) 총사 작전명령 등에서는 부대명을 숫자로 된 암호로 사용하였고, 또 그것을 자주 바꾸었다.

1951년 11월 18일 새벽 5시. 이날에는 제15연대 병력이 말봉산 알아리재 아래 계곡에서 경찰대의 습격을 받아 큰 피해를 입었다. 이동해 오면서 양동작전을 펼친 것이 경찰대의 추적에 걸려 선제공격을 받은 것이다. 이날 피습에서 지휘관 및 대원 여럿이 전사했다. 경각성을 잃음으로써 당한 어처구니없는 피해였다.

1951년 11월 23일에는 모후산 지구 유격대가 습격을 받아 큰 희생을 냈다. 모후산 부대원들은 적정에 따라 조계산과 모후산을 오가면서 작전하고 대피하는데, 그럴 때 동복천과 보성강을 넘나들어야 한다. 그 과정에서 자주 공격을 받아 손실을 입곤 한다.

총사 지도부는 피해를 본 부대들에 대한 인원 보충 등 당면한 조치들을 즉각 취했다. 겨울이 다가오고 있었기 때문이다.

이런 정황 아래서 군경들의 대규모 침공은 닥쳐오고 있었다. 그러자 그들 대열 안에서도 동요가 일기 시작했다. 빨찌산들이 결사적으로 항전하리라는 예측이 그들로 하여금 두려움을 갖게 만든 것이다. 이런 위기의식이 그들 속에서 탈영자를 속출하게 만들었다.

새어나온 정보에 의하면, 전남 도내에서만 매일 10여 명의 경찰이 임지를 벗어나 도주하고 있다는 것이다. 백아산 전투경찰대에서만 11월 24일에 28명, 25일에 15명, 27일에 3명의 무장경찰대 대원들이 탈주했다.

이와 같은 상황은 닥쳐올 겨울 침공이 매우 엄중하고 가열할 것임을 점치는 것이기도 했다.

이렇듯 팽팽한 대치 속에서, 전남 도당 산하 전 빨찌산들은 굳센 결의와 정비된 대오로써 그 준엄했던 1951~1952년의 대침공을 맞아 사투를 벌이게 된다.

12. 제1차대침공

예상은 했으나 피할 수는 없는 재앙이 닥쳤다.

1951년 11월 25일. 백선엽(당시 제1군단장)을 사령관으로 하는 백 야전전투사령부가 전주에 설치된다. 그리고 정부는 즉각 비상계엄령을 선포하여 그 작전을 뒷받쳐준다.

작전 목적은 영호남 일대에 웅거하고 있는 빨찌산들을 절멸시키는 일이다. 작전 범위는 지리산·덕유산·노령 일대·백운산 일원, 전남의 경우는 백아산·모후산·조계산·화학산 등지가 포함된다.

이때 백 야전전투사령부 산하에 들어간 병력은 다음과 같다.

수도사단 : 사단장 송요찬 준장
제8사단 : 사단장 최영희 준장
서남지구 전투사령부 : 사령관 김용배 준장
치안국 전방사령부 : 사령관 최치환 경무관
태백산지구 전투경찰사령부 : 사령관 이성우 경무관
지리산지구 전투경찰사령부 : 사령관 신상묵 경무관
백아산 경찰대 : 대장 김동진 경감
전남 전투경찰대 : 대장 주재선 경감

전남 행정경찰대 : 대장 민병찬 경감
제1102 야전공병대 : 박정제 중령
제225 자동차수송대 : 김 홍 소령
제35 야전통신중대 : 한철동 대위 등이다.

이를 풀어보면 정규군 3개 사단, 전투경찰 4개 연대, 전투경찰 7개 대대, 3개의 지원부대 등 도합 5만 명이 넘는 대병력이다.
이 연합병력들은 이번 침공을 '공비 토벌작전'이라 이름지었다. 그리고 그 작전은 기동타격대와 저지부대, 그리고 거점수비대로 나뉘어 실시되었다. 여기서 저지부대란 빨찌산의 이동로를 차단 봉쇄함으로써 기동타격대의 활동을 돕는 무장력을 일컫는다. 주로 정규군 병력들은 기동타격대로, 경비부대와 예비부대 및 경찰부대는 저지부대와 거점수비대로 배정됐다.
작전 개시일은 12월 2일. 백 야전전투사령부는 지휘소를 전주에 두었고, 작전 중 전방지휘소는 남원에 두었다. 그리고 수도사단은 순천을 거쳐 구례, 제8사단은 남원, 서남지구 전투사령부는 남원에 각각 지휘소를 설치하고 본격적인 작전으로 들어갔다.
침공대는 그 작전을 4기로 나누어 실행했는데, 그 구분은 아래와 같다.

제1기 작전 : 1951년 12월 2일~12월 14일
제2기 작전 : 1951년 12월 16일~1952년 1월 4일
제3기 작전 : 1952년 1월 4일~1월 31일

제4기 작전 : 1952년 2월 4일~3월 14일

이렇게 구분하는 이유는 동원 병력의 작전상 이동 또는 교체를 위한 것인데, 실전에서는 이대로 지켜지지 않는 경우가 잦았다. 하지만 중간에 며칠씩 쉬는 기간이 있었고, 그 시기가 작전 구역에 따라 일정치 않았다.

침공대의 제1기 주공격 목표는 지리산이었다. 수도사단은 산청·하동·구례·광양 등지에 집결하였다. 그리고 휘하에 든 서남지구 전투사령부(서전사)와 경찰대 병력을 거느리고 지리산 남쪽을 공격 목표로 삼았다. 한편 제8사단 병력은 휘하에 든 서전사 병력을 아우르면서 지리산 북쪽으로 진출하였다.

이러한 대규모 병력의 움직임은 지하선에서 올라오는 정보를 통해 그 대략은 파악하고 있었다.

12월에 들면서 지리산 능선마다 훤히 불이 밝혀진 것이 멀리서도 관찰되었다. 침공군이 능선 요지를 장악하고 불을 놓았기 때문이다. 12월 2일 새벽을 기해 지리산 지역에 대한 침공전이 개시된 것이다. 전남 전지역에도 이미 침공군 대세력이 물밀듯이 밀어닥치고 있었다.

숫자로나 장비로나 압도적으로 우세한 침공대. 그들은 병력의 우세를 믿고 무자비하게 수색전을 펼쳤다. 절대적으로 열세인 빨찌산들은 생존을 건 결사적 투쟁으로 이들과 맞섰다.

여느 때의 군경 공세는, 아침에 침공해 들어왔다가 밤이면 빠져나가는 것이 상례였다. 혹 어쩌다 고지나 능선에 머무른다 해도 고작 2, 3일이면 물러났다.

그러나 이때의 침공전 양상은 달랐다. 주요 능선을 장악하면 아예 거기다가 벙커를 구축하고 주둔하는 전법을 썼다. 촘촘히 전선을 늘여놓고 좌표가 기록된 세밀지도와 무전교신기를 들고 빗으로 훑듯이 오르내리면서 수색전을 폈다.

이들의 포위망 안에 갇힌 상황에서, 소수 병력으로 그들과 대치해서 싸운다는 것은 지극히 어려운 일이었다. 방어적이 될 수밖에 없는데, 일단 그들에게 꼬리를 잡히면 빠져나가기 힘들었다. 간신히 한 능선을 뚫고 넘으면, 거기 맞은 능선에도 침입병들이 있었다. 한 계곡을 빠져 나가면, 그 너머 계곡에도 침입병들이 있었다.

물러설 데가 없는 빨찌산들을 혹한과 적설이 괴롭혔다. 연락 루트는 막히고 휴대한 식량은 바닥이 났다. 비장해 둔 식량을 두고도 찾아다가 먹을 수 없었다. 전사자는 물론이요, 부상자·동상자가 속출했다. 치료를 받을 길이 막막했다.

총에 맞아 죽고, 굶어서 죽고, 얼어서 죽었다. 그것은 참으로 비참한 싸움이었고, 일방적으로 당하기만 하는 싸움이었다.

이런 어려움을 맞아 도당 위원장 박영발은 1952년 1월 7일, 산하 당원들과 부대원들에게 이렇게 호소한다.

무장을 가진 동무는 가지지 않은 동무를 보호하며, 무장을 가지지 않은 동무는 무장을 가진 동무를 원호합시다 …… 고상한 동지애는 결속을 강화합니다. …… 상급 동무는 하급 동무를 자기 혈육같이 사랑하고, 하급 동무는 상급 동무를 자기 목숨같이 보위합시다.

유례가 없는 간난 속에서도 진사들은 꿋꿋한 뜻을 굽히지 않고 용감히 잘 버티었다. 그러면서 기회가 포착되고 침공군의 약한 고리가 발견되면 그 즉시 타격을 가했다.

소수 인원으로 분산하여 때리고 숨는 전법으로 침공군을 괴롭히기도 했고, 침입병들이 예상하지 못하는 지점으로 빠져나가 잠복하면서 역량의 보전을 위해 지혜를 발휘하기도 했다.

가령 유치내산의 경우, 민청연대는 한월수의 지휘 아래 침공군과의 대치에서 공격과 대피를 적절히 배합하여 전구 안에서 잘 싸웠다. 침공군 5017부대와의 유도 매복전(1952년 1월 6일), 침공군 중대지휘부에 대한 기습전(1952년 1월 6일), 침공군 수색대와의 조우에서 이들을 격퇴한 대치전(1952년 1월 19일) 등은 이 공세 기간에 있었던 전투들이다.

한편 야지로 빠진 광주연대(제15연대)는 황영주의 지휘 아래 말봉산과 화학산을 오가면서, 침공군에게 노출될 위험이 있을 때도 기회만 있으면 양동작전을 마다하지 않았다. 갓다리[笠橋] 언저리에서 벌인 군용트럭 매복전(1952년 1월 10일), 기동경찰대 습격전(1952년 1월 12일) 등은 그 전과의 크고 작음에 관계없이 뜻있는 전투였다.

또 제1연대는 한병윤의 과단성 있는 지휘로 부대를 양분하여 항일유격전 일화를 방불케 하는 기적들을 창출했다. 조계산 일대에서 침공군이 낸 족적을 밟고 놀아나니면서도 벌교 기동경찰대를 습격했고(1952년 1월 23일), 다른 소조는 침공군 앞머리를 때려 도주케 한 다음 그들을 추격하면서 다른 산으로 건너뛰기도 했다(1952년 1월 24일).

광주 지구 유격대와 백운산 지구 유격대(양순기)도 대피와 공격을 아우르면서 저돌을 피하고, 승기가 보이면 날쌔게 때리면서 빠지는 작전으로 피해를 최소한으로 줄였다.

백운산 정공대는 창설되면서 바로 공세를 맞았다. 그러나 선발된 정예답게, 대부대의 침공 틈바구니에서 교묘히 그 허점을 찌르면서 번개 같은 타격을 가했다. 1952년 1월 중순경. 침공군 수색대 병력이 백운산 주릉 삼각고지에 도착해서 막 짐을 푸는 순간을 포착 기습했다. 노획한 무기도 무기려니와, 이때 1만여 발의 엠원소총 실탄을 빼앗아서 침공을 이겨내는 싸움에 크게 보태었다.

침공군 가운데도 양심 있는 병사들은 있어서 실탄을 가마니째 두고 가기도 하고, 격려의 쪽지를 남겨 놓기도 했다. 침공 과정에서 벌이는 그들의 야수성에 격분하다가도, 이런 일과 마주칠 때 한 가닥 위로를 받곤 했다.

시군 단위 조직들도 소수 인원으로 분산해서 침입병들의 집중되는 타격에서 벗어났다. 또 교묘한 위장술을 써서 침입병들의 수색을 모면하기도 했다.

지세에 밝아서, 흔적을 내지 않고 침입병들의 뒤로 돌아 잠복에 성공한 소조들이 살아남았다.

비트를 파고 잠입한 야산지대 소수도 살아남았다.

지리산

그러나 비무장 성원들이 집중되어 있었던 지리산은 달랐다. 산의 큼이 빨찌산들에게 이로울 것이라 믿고 파송했는데, 결과적으로는 피해가 너무 컸다. 산이 큰 만큼, 그래서 재산 성원들이 집중되어 있었던 만큼, 그에 따른 침공군의 무력 배치도 대규모였기 때문이다.

침공군은 그 주력인 수도사단과 제8사단 병력을 집중적으로 투입해서, 4단계로 나누어 파상적으로 공격해 들어왔다. 수색전은 작전기간 내내 계속되었다.

지리에 어둡고 비활동적인 성원들. 그들을 위한 배려로 유능한 간부들을 배치했건만, 책임일꾼들은 소기했던 지도 업무를 제대로 수행해 내지 못했던 것이다.

도당간부학교 분교 교장 박일섭은 침공군 수색대에 포위되어 탈출로가 막히자, 그 자리에서 자결했다. 그는 광주학생독립운동 당시부터 영향력을 끼쳤고, 해방 후에는 나주 국민학교 교장, 군당 위원장 등 요직을 두루 거쳤다. 가산 전부와 두 아들까지 조국에 바친 훌륭한 아버지이기도 하다.

이 공세 중간에, 지리산 성원들이 겪는 실태를 보고받은 도당 지도부는 응급조치를 했다. 공세 도중이지만, 유몽윤을 지리산으로 보내어 비활동 인원들의 지도 업무를 보강케 했다. 그는 성실히 맡은 바 책임을 수행했다. 그러던 중 침입병들의 집중수색을 뚫다가 전사하고 만다.

그 뒤를 이어 윤기남을 또 파견한다. 그러나 워낙 심한 공세였고 식량도 충분치 못했다. 그래서 지리산에서는 적잖은 인원이 전사했고, 병약자와 비무장 여성 대원들이 많이 생포되었다. 쫓기던 끝에 동굴에 피신해서 굶어죽을 각오로 버티다가, 동지들에 의해 기적적으로 구출되는 경우도 있었다.

백운산

빨찌산 전 근거지가 온통 쑥밭이 되었는데, 도당부가 있는 백운산도 예외는 아니었다.

침공 개시일부터 백운산에 대한 집중공격이 벌어졌다. 12월과 1월 중순에 걸쳐 서전사와 경찰 연합 병력들이 거듭 내침했다. 그러다가 1월 24일에는 수도사단 주력인 기갑연대 · 제1연대 · 제26연대 병력이 침입해 들어왔다. 사단 지휘소를 순천에 옮기고, 산하 부대들을 광양 · 하동 · 화개 · 구례 · 서면(순천) 등지로 전개하고 포위망을 좁혀왔다.

침공군은 백운산에 도당부가 있다는 것을 알고 있었으므로, 다른 어느 지역에 대한 그것보다 강도 높은 공격을 감행했다. 항공기까지 동원하여 백운산 능선과 계곡을 무차별로 폭격하고 기총소사를 퍼부었다. 소이탄을 투하하여 불도 질러 보았으나, 쌓인 눈 때문에 큰 효과를 거두지는 못했다.

그렇게 되자 이번에는 네이팜탄을 투하하면서 대량살상을 일삼았다. 원체 고열을 내는 것이라, 웬만한 적설은 문제가 되지 않았다. 지도부 거점이 있는 언저리 능선과 계곡에 여러 차례에 걸쳐 투하했다.

이 기간의 침공에서 김인철 도당 부위원장과 이강진 선전부 부부장(전 전남인민보 주필)이 백운산에서 전사했다.

같은 무렵 도 인민위원회 위원장 김백동도 이동하는 도중에 적과 조우하여 접전 끝에 전사했다. 김백동은 6 · 25 이전에 도당 위원장도 지낸 바 있는 지도급 인사 중 한 사람이다.

도당 선전부 지도원 정재산(완도 출신)은 이끌고 다니던 동지들을 피신시키기 위해 수색대를 막아섰다가 포로로 잡혔는데, 동지들의 안전을 확인한 뒤 짐짓 뛰쳐나가 적탄을 받고 절명했다.

침공군은 간부 전사자들의 목을 잘라서 전시해 놓고, 생포된 옛 대원들을 끌어다가 일일이 확인시키는 끔찍함도 보였다.

백아산·모후산·화학산 등지의 침공도 계속 있었다. 그러다가 12월 30일에 제8사단이 선봉에 서서 대규모 침공을 가해 왔다. 수도사단 병력에 의한 조계산 침공은 2월 3일과 7일 사이에 집중적으로 있었다.

그리하여 야산지대에서도 많은 대원들이 전사하거나 생포되었다. 포로로 잡힌 전사들은 광주 포로수용소에 갇혔다가, 단심제 군법회의에서 중형을 언도받고 형무소로 수감되었다. 수용소나 형무소에서 겪은 그들의 생활도 비참한 것이었다.

침공군이 아무 생각 없이 함부로 내뱉는 그 '토벌'이라는 말. 그 말이 함축하고 있는 뜻 그대로인 역천 패륜적 행위. 거기서는 인도적 고려나 동포적 교감 따위는 찾아볼 수 없었다. 특히 전사한 빨찌산 전사들의 시신에 대한 성적 모독은 상식으로는 도저히 이해할 수 없는 양상이었다. 특히 살았거나 죽었거나 간에, 여성대원들에 대한 비인간적 유린은 글로 옮길 수조차 없을 만큼 악마적인 것이었다.

1951년 11월 말에서 1952년 3월에 걸친 이 대규모 침공전을 약칭 '제1차대침공'이라고 부르는데, 첫 번째로 겪는 정규군 대공세라는 뜻이다(백 야전사는 1952년 3월 15일에 해산. 비상계

엄령은 4월 7일에 해제).28)

　그 과정에서 재산 대열이 어떻게 피해를 입었는지, 정확히 그 숫자가 얼마인지, 또 포로가 되어 군사재판에서 중형을 받고 사라진 전사들의 최후가 어떠했는지, 유감스럽게도 현 시점에서는 그것들을 소상히 밝힐 만한 자료를 갖고 있지 못하다.
　이 침공 이후 전남 유격대의 공격적 역량은 크게 감소되었다. 제1차대침공에서 살아남은 인원은, 지리산을 포함한 전남 지역 통틀어서 1,200명 정도로 추산되었다.29)

13. 대침공 이후

　제1차대침공이 지나간 뒤에 남은 성원들을 지역별로 추스러 보았다. 총사령부 부서원과 그 직속연대 등 합쳐서 약 350여 명. 도당부 각 부서원 약 70명, 그 산하 직속 정공대원과 의무과원 등 합쳐서 약 200명 정도.
　각 지구와 시군당부 가운데 가장 많이 남은 데가 광양 군당의 70여 명, 곡성 군당의 70여 명. 그 밖에 60명, 40명, 20명 정도씩 남은 데가 있었고, 어떤 군 조직은 전멸한 데도 있었다. 인원을 세는 일조차 몸이 떨리는 엄청난 손실을 입은 것이

---

28) 이하 본고에서는 '제1차대침공'이라는 말을 계속 그런 뜻으로 쓰겠다. 그리고 이 낱말은 전남 지역에서 활동한 빨찌산들이 '적병들의 제1차대공세'라는 뜻으로 늘 써 왔던 용어이기도 하다. 그리고 그것이 순차적으로 벌어지기 때문에 '제1차'라는 말이 앞에 붙게 된다.
29) 이 숫자도 정확하지는 않다. 증언하는 사람에 따라 다소 증감되기도 하지만, 수집된 자료와 증언들을 종합하면 대략 이런 숫자가 나온다.

다.30)

노령 지구는 지구책 김채윤이 생포되었다가 후방과장과 함께 갇혀 있던 광주 포로수용소를 탈출했다. 소수 간부들이 공세를 이겨냈고, 그들이 흩어진 성원들을 규합하고 있었다.

유치 지구는 이방휴 이하 소수 인원이 지하 비트를 쓰면서 어려움을 극복했다. 그리고 산하 단위조직에도 적잖은 인원이 공세를 이겨내고 지도선을 찾아 모여들고 있었다.

모후산 지구는 아주 피해가 컸다. 조중환 이하 극소수가 살아남기는 했으나, 많은 지구 유격대원들을 잃었다. 다만 조계산 지역 내에서는 침공군의 허를 찔러 대피를 효과적으로 함으로써 피해를 최소한으로 줄일 수 있었다. 그러나 하부 말단 조직들의 잔존 인원은 얼른 파악되지 못했다.

그래도 큰 산이라, 백운산과 지리산에는 적지 않은 인원이 분산된 채 살아남아서 각자 선을 찾아 모여들었다. 그래서 공세가 끝나자 바로 백운산에 '전남연대'를 창설하여 놓고 흩어진 인원들을 한데 모으는 일을 추진시켰다. 이때 침공을 이겨낸 정공대 잔존인원이 연대 창설의 주축이 되었다.

정공대장 조동만은 부대를 탄탄히 키워놓고, 1952년 1월 27일 백운산 내곽 88능선 전투에서 다리 관통상을 입었다. 그는 김정태 외 몇 동지의 보호를 받으면서 비트에 은신하고 있었는데, 바로 수색대에 발각되어 교전 끝에 전사했다.

공세가 끝나면서 모여든 인원이 상당수 되었다. 더러는 지도일꾼을 잃고 상부 접선을 위해 헤매다가 모여든 인원도 있었

---

30) 여기에 열거한 숫자는 일부 지역에 국한된 증언에 근거한 것이다.

다. 그래서 연대 편성은 적절한 때에 이루어졌다.

　전남연대 초대 연대장에는 유상기(뒤에 김정태, 중국 홍군 출신), 정치지도원에는 사지에서 탈출하여 온 김채윤, 참모장에는 이봉삼이 각각 임명되었다.

　총사 직속연대는 그동안의 피해 등으로 침공 이전의 기동력을 상실했다. 그러나 재기할 수 있는 역량은 남아 있었다.

　도당 조직위원회는 재빨리 수습책을 강구했다. 도당부는 간부일꾼들을 피해 현지에 내보내서 수습에 나섰고, 총사령부도 화급히 수습 책임자를 산하 부대들에 파견하였다. 그리하여 잔존 인원들을 조정 재편성하면서 그 지방 당단체들과 부대들을 규합하는 일에 매달렸다.

　제1연대는 남태준이 부상당해 물러난 뒤로 한병윤이 맡고 있었는데, 이번 침공 때 야산으로 잘 빠져 다녀서 큰 피해는 입지 않았다. 수습 책임자-오금일, 박공재.

　제15연대에는 부상에서 회복한 남태준이 총사 부참모장으로서 나가 있었는데, 그 아래에 부연대장 심형찬이 있었다. 전열은 많이 손상되었다. 가장 가슴 아린 일은, 이 기간에 항미소년 돌격대원들이 당한 피해였다. 수습 책임자-김대윤, 김칠남.

　민청연대도 유치 전구 안에서 잘 견디었으나 피해가 심했다. 수습 책임자-한월수, 김유태.

　총사 직속연대 외에, 각 지구 중심으로 전개되었던 주요 전구의 조직 정비도 아울러 진행되었다.

　백운·지리 전구 수습 책임자-유상기, 이종환.

노령 전구 수습 책임자 - 김종채, 양수남.

유치 전구 수습 책임자 - 한월수, 김용문.

광주·백아 전구 수습 책임자 - 노창환, 김광우.

모후산 전구 수습 책임자 - 김용길, 김장수.

그리고 침공 기간에 끊긴 연락·통신망을 수습하여 다시 잇고 루트도 재정비했다.

노령 전구 수습 책임자 - 양수남.

유치·모후 전구 수습 책임자 - 김용곤.

침공 기간에 부상하거나 병에 걸린 대원들을 챙기기 위한 비트·의류·약품 등을 재점검했다. 수습 책임자 - 박춘근.

보급사업 수습 책임자 - 조관옥.

지도체계의 개편

이렇듯 공세를 겪고 난 뒤의 피아간 역량대비는 크게 변했다. 도당 조직위원회는 이 변한 정황에 맞추어 몇 가지 대책들을 강구하고 그것을 결정으로 채택했다. 그 가운데 하나가 도당 지도부를 동부 지도부와 서부 지도부로 나누는 일이었다.

이제까지 도당부는 단일지도체계로 운영되어 왔다. 그런데 이제 그 지도부가 전남 지역의 동쪽에 치우쳐 있으므로, 산하 당단체의 사업이나 유격투쟁의 전략 전술을 때에 맞추어 일사불란하게 지도할 수 없게 되었다. 더욱이 날로 군경들의 경계망이 조밀해지다 보니, 동부와 서부 사이를 내왕하는 일조차 쉽지 않게 되었다.

실지로 지난 침공 기간에 도당 지도부는 백운산에 있으면서 서부나 남부의 사정을 제때에 파악하지 못했고, 따라서 적절한 조치를 그때그때 내려주지 못했다. 그런 경험에 근거해서 지도부의 지도력을 보다 서남부 가까운 데로 이동시킬 필요가 생긴 것이다.

또 서부(백아산)의 사정은 일정한 데 거점을 계속 유지할 수 있는 환경이 못되었다. 여기서 자연히 도당부 지도 기능을 사업 부문 별로 분장할 필요성이 생기게 되었다.

그리하여 동부 지도부는 박 위원장을 중심으로 운영되며, 그 아래에 각 부 부장을 둔다. 그리고 산하에 구례·광양·순천·여수 등 군당들을 두어 그 당사업과 유격활동 전반을 관장한다. 부위원장 박갑출이 당분간 백운산에 머물면서 박 위원장을 보필하고, 직속 부대인 전남연대와 보위중대를 보살핀다.

이에 따라 염형기·유운형·강경구 등 부부장들을 부장으로 승진시켰고, 그들에게 일정 부문 사업에 관해서는 독자적 재량권을 주었다. 그리고 동부 지도부에서 무전 수신으로 보도를 청취 배포하며, 무전수로 계속 일해 온 남호일을 보도과장으로 임명했다.

또한 동부 지도부에서 신문·교재·결정서·지시문 등 일체의 유인물을 작성 배포한다. 그 일의 중요성에 비추어 정관호를 선전부 부부장 겸 전남로동신문 주필로 임명하여 그 책임을 맡겼다. 그리고 양해정을 출판과장으로 임명했다.

서부 지도부는 김선우 유격대 총사령관(제7지대장)으로 하여금 당무 지도까지 겸하게 하고, 박춘석을 조직부 부부장으로 기용하여 김 사령관을 보좌케 했다.

그리고 서부 지도부는, 동부 지도부에서 담당하는 이외의 서남 지방 하부조직 모두를 장악 지도토록 했다. 그리고 총사 부사령관 오금일의 책임을 더 넓혀서 창발성 있는 무장투쟁을 조직 전개토록 했다.

이상이 도당 지도체계가 동서로 분립되어야 하는 필요성과 그 실행 경과이다. 그러나 도당 조직위원회 운영과 그 결정 채택은 박 위원장의 독자적 책임임은 더 말할 것도 없다. 그리고 장차 지하 특수사업이 본격적으로 진행되면서 서남부 조직체계에도 변동이 생기게 되는데, 그 핵심에 김용우와 이방효 등이 있게 된다.

모후산 지구가 피해를 많이 입었다. 조계산에서 살아남은 사람들은 그 본디 소속 여하를 불문하고 통합조직으로 재편되었다. 모후산 지구를 맡고 있던 조중환은 유치 지구책으로 전출되었다.

봉두산 분트

서부와 동부 사이의 연계를 확보하기 위해 봉두산에 조직부 분트를 개설했다. 정운창을 조직부 부부장으로 기용하여 그에게 그 운영 책임을 맡겼고, 부책으로는 김오동(구례 출신)을 임명하였다. 그리고 그 분트에는 15명 정도의 인원을 상주시켰다.

봉두산은 6·25 이전부터 중요한 거점인 동시에 동부와 서부를 잇는 교량 구실을 해 왔다. 산세 자체가 좋기도 하지만, 거기서 뻗은 능선길들이 동서남북으로 통하는 루트 구실을 하기 때문이다. 비유로 말하자면 오각형 별의 중심점에 놓였다 할 수 있다.

거기를 기점으로 하여 북으로는 문척 오산으로 해서 구례 지리산으로 통하고, 동으로는 황전 갓꼬리봉으로 해서 백운산으로 갈 수 있다. 남으로는 삼산과 닭재를 거쳐 조계산으로 뚫리고, 서로는 통명산이나 천황봉을 넘어 백아산으로 이어진다. 이들 주요 간선 루트 외에, 그 사이사이를 꿰고 뚫는 많은 지선 루트가 있다.

그런데 제1차대침공까지를 겪으면서 그동안 써 왔던 루트가 모두 노출 파괴되었다. 봉두산 분트에는 이 파괴된 루트를 보완하는 일과 더불어, 이제까지 쓰지 않은 새로운 루트를 개척하는 임무가 주어졌다. 그것은 동부와 서부를 잇는 일의 중요성이 가중되면서 그 중간지점으로서의 구실을 수행하기 위해서였다.

그와 동시에 분트에는 봉두산을 지하로 침투하는 전진기지로 만들려는 목적도 아울러 부여했다. 봉두산 분트가 연락부 분트가 아니라 조직부 분트로 개설된 이유가 거기에 있다.

그리하여 봉두산을 확보하는 일은 아주 중요한 당면과제가 되었다.

지리산 전투지구당

본디 지리산에는 지구를 두지 않았다. 지구란 그 창설 동기가 도당부와 각 시군 당부를 연계짓는 일이었는데, 지리산에는 구례 군당 하나뿐이었기 때문에 구태여 중간에 지구를 둘 필요가 없었던 것이다.

그런데 제1차대침공을 겪고 난 지금 지리산이 갖는 위상이 달라졌다. 우선 파송작전을 통해 많은 재산 성원들이 이동해 갔고, 그럼으로써 구례 군당에게만 그들의 관리를 맡길 수 없게 되었다.

또 하나는 이웃 도당이나 제4지대와의 관계 설정 등 구례 군당이라는 자격만으로는 처리하기 어려운 일들이 자꾸만 생긴다. 즉 지리산에 근거를 둔 조직의 활동 격이 높아진 것이다.

거기다가 이제까지 총후방 구실만 해 오던 지리산이, 앞으로는 유격투쟁의 주무대가 되리라는 전망이 서고 보면, 지리산에 정식 당부를 가진 지구당을 개설할 필요성이 높아진다. 그럼으로써 좀 더 확대된 지구당, 즉 '전투지구당'의 창설이 요구되었던 것이다.

그런 복합된 목적을 수행하기 위해 1952년 4월 지리산에 전투지구당을 개설했다. 지구당 위원장에 박찬봉이 새로 임명되어 부임했고, 부위원장 윤기남, 부대장 최복삼, 조직부장 박대수, 선전부장 박원봉 들로써 그 기구가 짜여졌다. 박남진(선전부)과 김영승(호위)도 그 산하에서 일하게 되었다.

전투지구당 선전부에서는 『구례인민보』를 발행했고, 산하에 지리산부대를 창설하여 최복삼이 그 지휘를 맡는 등 활발한 활농을 진개했다.

이 지리산 전투지구당은 1952년 10월 제5지구당이 개설되어 박찬봉이 그쪽으로 전출될 때까지 그 임무를 수행한다.

오신택은 도당으로 소환되어 연락부장으로 나갔다. 그 직분을 약 2개월 맡은 뒤 봉두산 분트로 나가고, 연락부장은 김희

주로 교체되었다(1952년 5월경).

그 뒤 윤기남도 소환되어 연락부 강사로 와 있었다. 이 두 사람의 소환은 제1차대침공 때 소임을 다하지 못한 책임을 물은 것이라는 증언이 있다.

그리고 1952년 5월에는 각 지구에 정식으로 당부를 둠으로써 지구의 독자적 기능을 높였다. 그럼과 동시에 지대 산하 각 직속연대 내 당조직 운영도 한층 강화했다. 이는 연락체계가 자주 파괴되는 상황에서 그들 독자적 결정으로 사업과 작전을 수행할 수 있게 하기 위한 조치였다.

또 도당 군사부를 더 강화했다. 군사부장은 부위원장이 겸임하고 부부장은 지대장과 지대 정치위원이 겸임케 했다. 그리고 군사부 산하에 유격군사지도원을 두어 도당 결정 지시 및 군사부장 지시를 받아 사업을 수행케 했다.

잇따른 조치

도당 조직위원회는 이렇게 조직들을 수습하면서 내외 정세에 따른 당조직 운영 방법을 차례로 심도 있게 토의 개선해 갔다. 그러면서 군경들의 계속되는 침공에 대비하고 자체 역량의 보전을 도모하기 위해 전략을 수정할 필요를 절감했다.

한편 식량 보급을 위한 투쟁 과정에서 민심이 이반되고 있다는 비판도 받아들여서 엄중한 자기비판을 한다. 사실 보급투쟁 과정에서 겪는 양면성은 유격투쟁 전기간을 통해 가장 극복하기 어려운 문제였다.

도당 조직위원회는 중대한 결정들을 잇따라 내린다.

① 무장 부대들을 소수 정예화시켜 기동성 있게 자유로이 움직이도록 하면서 역량 보존에 최대한 힘쓴다.
② 피해를 입어서 독자적으로 운영할 수 없게 된 잔존 당단체나 소부대들은 현지 실정에 맞게 합치도록 한다.
③ 모든 간부들은 자체 무장을 활용하여 전투에 대비하며, 연락병이나 보위병 들을 줄여서 전투부대를 편성케 한다.
④ 모든 조직 역량을 집중하여 도시와 항만으로 진출케 한다.

도당 조직위원회의 이러한 결정들을 집행하기 위해 책임간부들에게는 보다 창의적인 활동이 요구되었다.

침공군의 집중공세로 인적 손실을 많이 입은 일부 군·면 당 조직은 상하 체계의 분간에 상관없이, 남은 인원들을 합쳐서 통합조직을 만들었다. 그리고 그 소속도 도식에 얽매이지 말고, 인근 상부조직이나 부대들과 연계를 지으면서 자유롭게 활동하도록 했다. 남은 성원들을 온존케 하려는 도당 지도부 조치의 일환이다.[31]

보급투쟁은 근거지 주변 일정 마을을 자주 대상으로 삼지 말고, 좀 더 떨어진 곳으로 침투해서 하도록 권고했다. 산간 주변 인민들의 과중한 부담을 조금이나마 덜어 보려는 고육지책이기는 했다. 그럼에 따르는 대내 손실이 커지는 것을 감수하면서 말이다.

군경들은 빨찌산이 진입하는 목마다 질러서 매복전을 폈고, 또 요소요소 귀로를 차단해서 부대원들에게 손실을 입히곤 했

---

31) 이 조직체들은 뒤에 정식으로 소지구당이라는 이름 아래 활동하게 된다.

다. 식량 보급은 계속 빨찌산들의 소모적 투쟁일 수밖에 없었다.

그리고 이때부터 본격적인 지하 침투 사업을 벌인다. 그 조직적 뒷받침으로서 남부주재당부를 유치 지구에 개설하고 이 방휴로 하여금 그 책임을 수행케 한다. 이 주재당부는 영암·화순 지역을 상대로 공작을 벌이게 되는데, 아직은 재산트를 근거로 하는 것이었다.

그 일이 차츰 구체화되면서 나주·함평·영광 지역을 담당할 서부주재당부가 분립해 나가게 된다. 김용우(위원장)와 임복현(부위원장 및 여맹 사업)이 그 책임을 맡고, 이제 민간트를 사용하는 단계로 들어서게 된다.

이들은 재산 조직들의 지도 활동과는 별도의 기반을 가지고 공작에 들어간다. 그 활동에 기대를 걸면서, 장차 그 선들을 타고 재산 간부들이 진출하게 될 터이다.

좀 뒤져서 윤기남이 목포·강진·해남 지역의 지하당 사업을 맡고 하산하게 되며, 박춘석은 보성·고흥 지구를 맡아 그 책임자로 일하게 된다. 그리고 정운창은 이미 곡성·구례 쪽에 구축한 토대 위에서 단독으로 공작을 벌인다.

그러는 한편 조직적 뒷받침을 위해 도당 산하에 별도로 제2조직부를 두었다. 이 부서의 담당은 특수공작에 들어갈 인원을 교양시키는 일이었고, 또 장차 그 임무에 종사할 사람을 대기시키는 임무도 맡고 있었다.

이 부서에서는 김영재(부장)·박만춘(지도원) 같은 선배 일꾼들이 일하고 있었다. 그리고 지하선과의 연락 및 그 지도를 위해 고철이 위원장 직속으로 일하고 있었고, 뒤에 김용규가 가담해서 함께 일했다.

14. 소강기의 투쟁

1952년 가을에서 1953년 봄에 걸쳐 예상되었던 이른바 '정규군 대공세'는 없이 넘어갔다. 그래서 모든 재산 조직들은 성원의 온존을 도모하면서 소강상태를 유지한다.

이 기간의 무장투쟁은 소조로 분산하여 정확한 정보에 의해 감행하는 기습 매복전이 주가 되었다. 순천 유격대에 의한 괴목역 습격(1952년 4월 6일), 항미소년돌격대 소조원들이 올린 보성수력발전소 기습(1952년 여름) 성과 등이 그 좋은 예이다.

1952년 3월 하순경. 백아산 빨찌산을 다 잡았다고 허풍을 떨던 경찰대가, 바로 그 백아산에 침입했다가 여럿 죽음을 내고 패퇴했다. 마침 제1연대 병력이 모후산 적정을 피해 들어왔는데, 경찰병들이 갈갱이로 침입했다가 매복망에 걸려들어 집중공격을 받은 것이다.

대규모 공략전 같은 대량동원 작전은 유보될 수밖에 없었다. 그렇기는 하지만, 작전의 중요성이 그 제약을 벗어나게 만드는 경우도 물론 있었다. 꼭두재 전투로 대열이 크게 손상을 입었지만, 노령 병단 잔여 용사들은 호남선 사거리-신흥 간에서 운행 중인 수송열차를 습격해 커다란 반향을 일으켰다(1952년 6월 24일).

그러는 한편 식량 보급투쟁 때 군경의 기동력을 제압하고 대원들을 안전하게 유도하는 임무도 중시되었다. 이즈음은 무장대의 선도나 엄호 없이 식량이나 필수품을 구할 수는 없는 상황이었다. 이렇게 되니, 무장부대는 그 본연의 전투행위보다 보급투쟁 호위에 급급하는 형편이었다. 그 과정에서 시나브로 대열은 설피어갈 수밖에 없었다.

제1차대침공 이후에도 군경들의 거점 유린은 중단되지 않았다. 남원에 상주하는 상설 침공군 남부지구 경비사령부와 지리산지구 전투경찰대 병력들은 각 군 경찰서 무장경찰대들을 거느리고 수시로 침공해 들어왔다.[32]

1952년 여름에는 정규군 제1사단(사단장 박임항)이 2개월여에 걸쳐 호남 일대를 쓸었다. 특히 지리산 일원에 대해 집중적인 침공을 감행했다. 지리산 빨찌산들은 많은 희생을 냈다.

이렇게 저렇게, 압도적 병력 우세로 침입해 들어오는 침공대 앞에서 대열은 조금씩 날로 감쇠되어 갔다.

해악분자들

대(對) 빨찌산 작전을 전담하는 정규군 부대와 여러 이름을 가진 무장경찰대들이 침공 세력의 주축을 이루고 있음은 두말할 것도 없다. 그런데 그들 못지않게, 아니 더 악질적으로 빨찌산 대열에 손해를 끼치는 해악분자들이 있다. 통칭 '보아라 부대'로 불리는 사찰유격대 패거리들이다.

변절자와 자수 투항자들로 조직된 이들은, 진작에 익힌 산생

---

[32] 지리산지구 전투경찰대는 1953년 4월 8일 제정된 법률로써 서남지구 전투경찰대로 개편 강화되었다.

활의 경험을 거꾸로 이용했다. 밤이건 낮이건, 갠 날이건 비오는 날이건 상관없이, 빨찌산 거점 깊숙이 잠입해 들어와서는 기습을 감행했다. 연락원이나 무장대원들이 잘 다니는 목을 지켰다가 사정없이 덮쳐서는 결정적 손실을 입혔다. 그러면서 전사자들의 귀를 자르거나 코를 베어서 성과를 과시했다.

'희망부대'니 '승리부대'니 하는 이름, 심지어는 '강철부대' 따위 희떠운 이름을 얹은 무장 패거리들이 각 군의 무장경찰대 안에 조직되어 있었다. 정규군 침공대 편제 안에도 이 사찰유격대 조직이 있어서, 침공작전 때는 언제나 그들을 앞잡이로 내세워 침입해 들어왔다.

이들은 전과를 올림으로써 그들 자신의 '전과'를 씻고자 독립적으로도 작전을 감행한다. 지리에 익숙하고 빨찌산들의 생활과 진퇴를 잘 아는지라, 이들의 기습과 매복은 피해를 몰고 온다. 거기다가 그렇게 하는 것이 마치 큰 공적이나 되는 줄로 아는지, 그 행위 자체가 아주 패악스러웠다.

대원들이 작전을 나가면, 돌아오는 길목을 먼저 차지해서 기습을 감행하는 것도 이들이 앞잡이로 나선 경찰부대들이었다. 빨찌산 전사자의 시신에 모욕을 가하는 행위는, 그들이 지난날 존엄한 빨찌산 대열에서 한솥밥을 먹었을까 의심나게 했다. 정말로 가증스러운 존재였다.

그 실례 몇 가지만 들겠다.

1952년 4월 6일 밤 2시. 웃새목에 있던 김선우 총사령관의 거처가 기습을 당했다. 김 사령관은 용케 빠져나왔으나, 부속실의 기요원 노방근과 정경패, 보위병 등이 현장에서 살해됐다.

이들 보아라 부대의 소행이었다.

감히 한밤중에 빨찌산 거점 속으로 잠입해서 기습을 건다는 것은, 본시 빨찌산 대열에 속해 있던 자들이 아니고는 해낼 수 없는 일이다. 본래 직속연대 간부로 있던 자가 변절해서 끌고 들어온 것이다.

이날 야습에서 위 3명 외에 총사 통신과장 김장수, 제15연대 부연대장 최완식, 동 참모장 박종철, 동 소대장 정동수, 총사 보위부대원 등 19명이 전사했다. 그리고 보위부대 중대장 강금구, 총사 후방부장 김용길 등이 생포 또는 투항했다.

전남 빨찌산 모두가 놀랐다. 김 사령관이 전사했다는 군경들의 선전에 애국적 인민들도 놀랐다.

이 밖에 이해 여름에 있었던 직속연대 숙영지에 대한 기습에는 보아라 부대가 그 앞장을 섰다. 1952년 2월 16일 담양 대덕면 입석리에서 있었던 매복전, 2월 17일의 조계산 침입 등은 이들이 저지른 조그만 예일 뿐이다.

평화옹호투쟁

이러한 피해를 입고 희생을 내면서도 이 기간을 '소강상태'라고 표현하는 까닭은 그 무시무시한 제1차대침공 기간에 견주기 때문이다. 그리고 이 기간에 뜻있는 일들을 많이 했다.

1952년 여름의 짙은 녹음기를 이용해서 당 중앙으로 보내는 연락대를 편성 북상시켰다. 이른바 북송대의 파견이다. 그동안 가까스로 조선중앙통신은 수신할 수 있었지만, 어떤 형태로든 송신은 못했다. 따라서 당 중앙의 체계 있는 지시도 받지 못하는 상황이었다. 선을 대는 일은 절실한 소망이었다.

 그래서 권상술을 인솔책임자로 한 이 북송대에 기대를 걸었다. 8명으로 출발한 이들은 이웃 도 조직선을 타면서 적진을 뚫고 올라갔다. 숱한 어려움을 겪었고 희생도 속출했다. 겨우 3명이 남아서 전방 주전선 언저리까지 도달했다. 그러나 그 이상은 더 가지 못하고 체포되고 말았다. 연락대로써 해 보려던 접선 시도는 실패했다.

 그해 초가을에 박영발 위원장은 제5지구당 창당을 위해 지리산에 다녀왔다. 그 회의에서는 여러 이견들이 있었으나 결국 제5지구당은 창설되었고, 거기서 채택된 결정에 따라 박영발 위원장은 제5지구당 부위원장(상임) 직책도 겸하게 되었다.

 그 경과야 어찌 됐든, 이 창설회의에서는 도당 산하에 소지구당을 둔다는 쪽으로 결정을 보았다. 그리하여 이때부터 '소지구당'이라는 조직체 단위가 정식으로 출범하게 된다.

 그리하여 전남 도당 산하에 몇 개의 소지구당들이 창설되었다. 그것은 앞에서도 언급한 그 '통합조직'들을 기초로 한 것이다. 불갑산 소지구당, 조계산 소지구당, 두봉산 소지구당, 다압 소지구당 등이 이 무렵 전후해서 그 이름을 내걸게 된다.

 이 시기 국제적 연대성을 돋보이게 한 운동 중의 하나가 평화옹호투쟁이다. 그 운동은 이렇게 시작되었다.

 1951년 2월 21~22일 동베를린에서 열린 세계평화이사회(의장 졸리오 퀴리)는 쏘련·미국·중국·영국·프랑스 등 5대 열강 간의 평화조약 체결을 촉구하는 호소문(베를린 어필)을 채택하고, 전세계 평화옹호 인민들이 이 서명운동에 동참할 것을 호소했다.

 그 열정의 물결은 중국 인민들이 거국적으로 펼치는 항미원조운동의 파고와 더불어 빨찌산 대열에까지 힘차게 밀려왔다. 조선중앙통신은 전세계 평화옹호 인민 대열의 들끓는 호응을 연일 보도하고 있었다.

 전남 도당은 이러한 국제적 호소에 호응하면서, 그 어필을 조선 전선에서의 정전협정 체결을 촉진하는 호소문 투쟁과 결부시켰다. 그리하여 이 시기 무장투쟁을 인민들에게 그 호소문의 취지를 알리고 서명을 받는 투쟁과 결부시켰다.

 도당 선전부는 조그만 전단에다가 그 운동의 내용을 간추린 구호와 더불어 애국적 인민들이 서명할 수 있는 난을 만들었다. 이 전단은 산하 당조직에는 물론이고 총사를 통해 전 무장부대에 배포되었다. 먼저 재산 인원들의 서명부터 받았다. 그리고 투쟁에 나갈 때마다 그것으로 직접 서명을 받도록 했다.

 비록 남조선 일각에서 펼치는 투쟁일망정 이 호소문 서명운동을 통해 남조선 유격투쟁이 국제적 성원과 동참을 얻고 있다는 것을 널리 교양 침투시켰다. 그리하여 이 기간에 도내에서만 30만 명의 서명을 받아냈다.

 이와 같은 운동은 설사 빨찌산에게 얼핏 불리할 듯한 것이라 할지라도, 정치적 의의가 강조되는 당 중앙 방침이었으므로, 모든 무장부대와 선동대들은 그것을 받들어 이 투쟁을 성실하게 수행했던 것이다.

백운산의 사기

이 무렵 남태준이 백운산으로 와서 그의 이름을 얹은 '남태준 부대'를 맡게 된다. 이 부대는 백운산 지구 유격대(참모장 조갑수)의 후신이며, 따라서 남태준은 백운산 지구 유격대 사령관이 되었다. 그리고 부대 당부를 새로 개설해서 정귀석이 당부 위원장이 되면서 부대 정치위원을 겸하게 된다. 이로써 남태준 부대는 정식 당부를 가진 부대가 되었다. 동 부대 정치위원은 김교정(전사), 한만길(후에 광양 군당 위원장으로 전출)로 이어졌다.

한편 지리산에서 제7연대 잔여 병력을 맡고 있던 심형찬은 그 성원 일부를 데리고 백운산으로 건너온다. 그리고 조갑수가 전사한 뒤를 이어 남태준 부대 부사령관이 된다.

남태준과 심형찬은 오래 함께 투쟁한 사이여서 서로 호흡이 잘 맞았다. 그래서 백운산 지구에서 침체되었던 투쟁의 불꽃을 다시 일게 함으로써 군경들로 하여금 두려워하는 존재가 되게 하였다.

1953년 1월에 백운산에 와 있던 박갑출 부위원장의 발의로, 간부들의 호위 겸 연락을 맡고 있던 소년 빨찌산들을 규합하여 '88소년근위중대'를 창설했다. 중대장 우병철(14연대 출신 구빨찌), 정치지도원 김용호.

이들 소년병들은 빨찌산 거섬 깊이 침투해 있던 군경들의 전초기지를 기습하는 등 빨찌산 대열의 별 같은 존재로서 빛을 발하였다.

이 무렵의 일로 특기할 것은 군경들이 매설한 지뢰에 의한 피해다. 1952년 여름부터 그들은 빨찌산이 다니는 루트와 저들의 주둔지 주변에 지뢰를 묻기 시작했다. 그것이 1953년 여름에는 아주 심해져서 연락원들과 정찰병들의 희생이 속출했다. 그 살상력이 엄청나게 강해서, 일단 걸려들면 즉사하거나 회복될 수 없는 중상을 입혔다. 1953년 여름 한 달 동안에 남태준 부대에서만 지뢰 사고 때문에 22명의 희생자를 냈다.

이 무렵에 도당부는 각 부서 지도원들로 하여금 하급 당단체 연락까지를 직접 맡도록 했다. 그래서 연락원의 길잡이 없이도, 자신이 직접 개척한 루트를 관리하면서 지도사업을 나다녔다. 그리고 그냥 연락원이라 부르던 것도 연락부 지도원이라 부르게 되었다.

한편 독립적으로 활동하던 전남연대는 변화한 상황에 따라 '전남부대'로 이름을 바꾸어 도당 직속부대가 된다. 부대장 이봉삼(그가 전사한 후에 남태준 부대에서 임종윤이 파견되어 옴), 정치지도원 양순기, 참모장 최복삼.

이 부대에는 전남 빨찌산의 영웅 박춘근이 부정치지도원으로 함께 있었고, 염형기 부위원장이 대원들과 생활을 같이 하면서 그들을 지도했다. 그리고 정공대의 경우처럼, 도당 지도원들이 백운산으로 돌아와서는 전남부대 대원으로 근무했다. 도당부가 보위와 식량 조달을 자체로써 해결하려는 목적도 아울러 가지고 있었다.

전남부대는 3개 중대로 편성되었는데, 그 제1중대로 소년근위중대가 편입되었다. 그때의 중대장은 우병철(부상 후에 권영용), 정치지도원 김현기, 강사 김석우. 그리고 제2중대는 도당 지도원들, 제3중대는 후방일꾼들로 짜였다.

이들 제1중대 소년병들은 1953년 여름 기간에 대담무쌍한 소조 활동으로 적중 깊숙이 침투해서 요충을 찌르는 기습 성과들을 올렸다.

1953년 7월경. 권영용 중대장 이하 신평식·김영승·김재복·조정섭 들은 섬진강을 건너 하동까지 침투해서 경찰 파출소 1개소를 박살내고 엠원소총 8정을 노획해서 돌아왔다.

1953년 8월 22~23일. 이봉삼 부대장 진두지휘 아래 섬진강 하구를 배로 건너 남해 쪽 포구로 진출, 아슬아슬하게 해안 마을을 기습하여 진귀한 물자와 의약품을 챙겨 왔다. 귀로에 이봉삼이 전사(익사)했다.

이 제1중대 소년병들은 제2차대침공의 어려운 기간에도 그 발랄함과 용맹성을 잃지 않고 끝까지 잘 싸웠다.

15. 닥치는 위기

거듭 밝히거니와, 앞에서 '소강기'라고 이름 붙인 시기가 결코 '편안했던 시기'라는 뜻은 절대로 아니다. 다만 빨찌산 무장대열이 공격적 힘을 잃었기 때문에 제1차대침공의 이전 시기처럼 적극적 작전을 펼칠 수 없었을 뿐이다. 오히려 피아간의 양보할 수 없는 싸움은 더욱더 치열했다. 그러는 과정에서 재산 조직 역량은 나날이, 어쩔 수 없이 감퇴되어 갔다.

빨찌산을 가장 어렵게 하는 것은, 역시 전부터 이어져 내려오는 식량문제였다. 식량을 얻기 위한 투쟁 과정에서 빨찌산은 강한 장애에 부딪쳤고, 그것을 뚫기 위한 싸움 때문에 재산 인원은 점점 줄어들 수밖에 없었다. 매번 희생을 치르다시피 하기 때문이다.

식량보급 대상지는 자꾸만 멀어졌다. 거점에서 가까운 마을들은 너무나 피폐했으므로, 들어가서 식량이나 생활용품을 얻어올 수가 없었다. 게다가 경찰들은 토치카 장벽을 구축해 놓고 빨찌산의 진입을 강력히 저지했다.

식량을 구하자니 위험을 무릅써야 했고, 달이 거듭될수록 희생은 자꾸만 늘어났다. 이 시기의 대내 사상자 대부분은 그런 보급투쟁 과정에서 발생했다.

그리하여 제1차대침공 이후 무장대들이 피해를 입는 유형을 추려보면 다음과 같다.

첫째로, 군경들의 저지선을 뚫고 들어가다가 공격을 받는 경우다. 가장 일반적이고 또 제일 많이 겪게 되는 사례다.

둘째로, 행군 도중 또는 기지로 돌아오다가 군경들의 매복에 걸리는 경우다. 경찰들은 빨찌산이 다니는 길목을 알고 있으므로 공격하기 좋은 길목을 지켰다가 공격해 온다. 불리한 지점에서 당하게 되므로 피해의 강도가 높은 사례에 든다.

셋째로, 트가 조발되거나 경비가 허술해서 기습을 받는 경우다. 군경들은 멀리서 산사람들이 때는 불의 연기나 밤의 불빛 따위를 보아 두었다가, 경비가 느슨한 틈에 공격해 온다. 불시에 당하기 때문에 맞붙어 싸울 여유가 없다. 큰 희생을 치르게 되는 사례다.[33]

---

[33] 빨찌산들은 발각되거나 탄로나는 경우에 '조발된다'고 말한다. 내곽·외

넷째로, 대내에서 이탈한 자가 되돌아서 끌고 오는 경우다. 이럴 때는 한밤중에도 덤벼든다. 집중된 공격 목표를 가지고 덤빌 때가 가장 무섭다. 사찰유격대가 앞장서서 기어드는 것도 이런 사례에 속한다.

대체로 이런 유형들인데, 서로 복합되는 경우도 있다. 지난 대침공 이후 큰 피해를 입은 사건들을 대충 날짜 순으로 열거한다.

1952년 2월 15일 밤 12시경

화순 북면 이천리 부근에서 광주 지구 유격대(540부대) 병력이 기습을 받았다. 한밤중의 피습으로 인해 50여 명의 대원들이 희생됐다.

1952년 2월 16일 밤 3시경

'희망부대'라고 자칭하는 사찰유격대의 기습을 받고 담양 뻘럭 성원들이 많이 희생됐다.

1952년 2월 17일 오전 7시경

조계산 부대가 경찰기동대 습격을 받아 피해를 입었다.

1952년 3월 8일

노령 병단 잔여 병력들이 전남북 합동 경찰대와 꼭두재에서

곽을 '나각'·'외각'이라고 말하는 것과 더불어, 어법에 맞고 아니 맞고를 떠나 늘 쓰는 터이다.

접전을 벌였다. 꼭두재는 장성 백양사에서 순창 덕흥 마을로 넘어가는 목이며 전남 유격대와 전북 유격대가 서로 넘나들며 작전을 펼치는 곳이다. 이날 전투에서 노령 병단은 많은 손실을 입었다.

1952년 3월 15일

제15연대 병력이 두봉산 형제봉 아래 계곡에서 무장경찰대의 침공을 받았다. 그 전날인 14일 밤 11시경. 동 연대 병력(무장 40, 비무장 50)은 이양면 품평리 일대에 출동하여 보급 및 선동 투쟁을 벌였다. 작전을 마치고 지석강을 건너 말봉산으로 이동했는데, 뒤를 밟은 경찰대의 습격을 받았다.

전투 태세를 갖추지 않은 상태에서 두 시간 넘게 싸움이 이어졌다. 이 불리한 전투에서 제15연대 창설 이래 가장 큰 피해를 입었다. 60여 명이 희생되고, 중화기 등 소중한 무기들을 많이 빼앗겼다.

수색전은 다음 날까지도 이어졌다. 이 전투에서 간부 지휘관 여럿이 전사 또는 생포되었다. 그중 몇이 후에 사찰유격대 지휘관으로 변신해서 빨찌산 대열에 커다란 피해를 끼쳤다. 뼈아픈 상처를 입은 치욕스런 피습으로 기록된다.

1952년 3월 19일

민청연대가 큰 타격을 입었다. 이날 아침 민청연대 병력은 장흥 유치면 보림사 서쪽 수캐봉 고지로 오르려다가, 전혀 예상치 못하게 침공군 872부대(속칭 백골부대)와 맞닥뜨렸다. 이

군 부대는 그때 유치내산 일대를 돌면서 수색전을 펼치던 중이었다. 미국인 고문관까지 끼어 있는 강력한 독립 무장세력이다.

민청연대는 전날 부산면 쪽으로 깊이 뚫고 들어가 경찰 거점을 부수고 보급투쟁을 했었다. 그 후미를 쫓고 있던 추격병들에게 부대의 소재가 탄로난 모양이다.

이때 민청연대는 한월수가 이끌고 다녔는데, 대피차 이동하다가 이날 여기서 큰 타격을 입었다. 90여 명의 대원을 잃었고, 기관총 2정 등 중심무기도 빼앗겼다. 한월수는 이날 전투에서 생포되었다. 민청연대가 창설된 이래 가장 큰 피해를 입은 날이다.

민청연대의 잔여 대원들은 부상자들을 이끌고 말봉산으로 간신히 건너갔다. 그 이동을 추적하던 군경들은 4월 13일, 말봉산 일대에 침입해 들어왔다. 이를 포착한 제1연대 병사들이 그 기도를 분쇄하기 위해 말머리재와 두봉산 능선에 산개하여 그들을 맞아 싸웠다.

말머리재 능선과 먹실 골짜기에서 전투가 벌어졌다. 이날 싸움에서 제1대대장 국창환이 말머리재에서 전사하고, 부상중인 몸으로 제2대대를 이끌고 전투를 지휘하던 연대장 한병윤도 중촌 삼거리 부근에서 중상을 입었다. 이 전투에서 10여 명의 대원이 전사했다.

본대는 용반촌 길목을 막아선 군경들을 몰리치면서 어둠을 기하여 화학산 쪽으로 빠졌다.

그러나 4월 15일 화순 도곡면 천태산 아래서 추적해 온 군경들의 습격을 받았다. 여기서 퇴로를 차단당한 제1연대 일부 병사들은 가동 저수지 속으로 뛰어들어 처참한 죽음을 맞았다. 이날 여기서 대원 8명이 전사하고, 부연대장 김용하가 그들에게 생포되었다.

1952년 4월 16일
 담양 대덕면 수양산에서 제15연대 병사들이 습격을 받아 많은 희생을 냈다.

1952년 9월경
 조계산 선암사 뒷고지에서 제15연대 병사들이 습격을 받았다. 새벽에 밥을 지어가지고 닭재 방향으로 이동하려던 참에, 보초병이 추격대가 접근해 오는 것을 발견치 못해 기습을 허용한 것이다.
 대전할 준비가 안 된 상태에서 당하는 기습은 본디 피해가 큰 법이다. 목사동면 방향으로 움직이려던 계획도 좌절되고 피해만 입었다. 15연대가 당한 치욕적 사건의 하나다.

1952년 가을
 모후산 지구 유격대가 괴멸적 타격을 입게 된다. 동 부대는 모후산을 출발하여 조계산 기슭 곡천 부락에서 보급사업을 마치고, 경찰병들의 추적을 피해 강건너 후곡 쪽 거점으로 되돌아오는 도중에 당한 일이다.
 곡천에서 보성강 흐름을 끼고 내려가면, 한실 마을과의 사이에 조그만 보가 만들어져 있었다. 강 건너 물방앗간에 물을 대기 위해 막은 것인데, 그 보가 당시로서는 도강할 수 있는 유일한 길이었다.

대열이 무사히 건너 도롱 마을을 끼고 돌았다. 그 순간, 도롱 뒷산과 마을 주변에 경찰병들이 매복하고 있다가 기습을 가해 온 것이다. 교전할 틈도 없었다. 일부 대원들이 용수 부락 쪽으로 빠지려 했으나, 거기에도 경찰병들이 길을 막고 있었다.

이날 모후산 지구 유격대가 재기불능의 큰 타격을 입었다. 제1연대에서 전출되어 간 지구 유격대 부사령관 양권태가 전사했다. 그 밖에도 중견 지휘관들과 대원들이 많이 희생됐다.

· 1953년 3월 7일에서 4월 1일에 걸치는 기간

백아산 지역에 대한 파상적 침공이 있었다. 그리하여 많은 대원들이 희생됐다.

1953년 3월 14~16일간

백운산 전구에 대한 대규모 침공이 있었다. 서남지구 전투사령부 휘하 정규군 병력, 더욱 강력한 무장력으로 개편 증강된 지리산지구 전투경찰대, 각 군 무장경찰대 등이 연합해서 펼친 작전이었다. 지리산 주변 다른 지역에 대한 침공과 연계를 이루면서 펼쳐진 것인데, 백운산 열두내골이 주공격 목표가 되었다.

남태준 부대, 도당 직속 전남부대, 순천 및 광양 유격대 들이 공격을 받았다. 모두 해서 대원 40여 명을 잃는 등 이 기간에 백운산 일대에서 적지 않은 희생을 내었다.

1953년 3월 21일
장흥 안량면 사자산 기슭에 비트를 구축하여 놓고 활동하던 안량면당 조직이 탄로나서 면당 위원장 노동식 등이 사살되었다. 그와 연계되어 화학산에 트를 잡고 있던 장흥 군당 거점이 습격을 받아 김주식(도당 지도원) 등 2명이 현장에서 사살되고, 나머지 성원 여러 명이 생포되었다.

1953년 3월 26일
백아산 지역에서 활동하던 곡성 군당 지도원 김만두가 비트 탄로로 사살됐다.

1953년 5월 8일
지리산 부대 일부가 습격을 받아 10여 명의 죽음을 냈고, 무기 1정도 빼앗겼다.

1953년 5월 14일
백아산 지역에서 백아산 소지구당 성원들이 다수 생포되었다. 비장해 두었던 무기 여러 점도 빼앗겼다.

1953년 8월 중순경
지리산으로 건너가던 지도원 그룹이 섬진강 불은 물을 건너다가 고철 등이 익사했다. 고철은 도당 위원장 직속으로 지하사업을 지도하고 있었다.

1953년 가을 무렵

항미소년돌격대 잔여 성원들이 조계산 접치재 언저리에서 침공대의 습격을 받고 전원이 전사했다.[34]

알려진 것만도 대충 이 정도다. 이 밖에 보고되지 않았거나 못한 피해가 더 있을 것으로 안다. 인원이 남아 있는 한 보충하면서 빈 자리를 메워갔지만, 대열이 줄어드는 것을 막아낼 길은 없었다.

전남 빨찌산은 총체적 위기를 맞고 있었다.

다시 침공을 앞두고

1953년 봄에 수신한 중앙통신을 통해 박헌영·이승엽 등 반당적 종파분자들에 대한 당 중앙의 결정과 그 투쟁 지침을 알게 된다.

무전기 사정으로 완전한 전문은 받지 못했지만, 그 이전에 있었던 당 중앙위원회 제5차 전원회의에서 한 김일성 동지의 보고 「당의 조직적 사상적 강화는 우리 승리의 기초」(1952년 12월 15일)를 통해 종파분자들의 해당 행위에 대해서는 알고 있었던 터였고, 민간 보도자료들도 참고하여 그 전모는 알 수 있었다.

도당 조직위원회는 즉시 회의를 소집히어 당 중앙의 그 일련의 결정들을 수락 지지하는 결정을 채택한다. 그에 따라 중견

---

[34] 이들이 당한 정확한 날짜는 모른다. 다만 그날 이후 소년돌격대 모습은 볼 수 없었다.

일꾼 이상의 간부들에게는 엄중한 자기비판서와 함께 당 중앙에 대한 충성 서약서를 제출케 한다. 당 중앙 결정에 따른 결의 표명의 일환으로서다.

신문과 유인물 등을 통해 종파적 행위가 얼마나 해당적인가에 대해 특별강좌도 마련했다. 부대 정치부를 통해 일선 부대원들에 대한 사상교육도 더 강화했다.

이렇게 제때에 당 중앙의 결정을 지지하고 그 정당함을 알리는 행사들이 이어졌다. 그런 때문이기도 했지만, 전남 빨찌산 전 대원들은 그 사건으로 해서 동요되거나 전의를 상실하는 일은 없었다.

다만 지도간부들 사이에서는 그 사건으로 말미암아 받는 충격이 컸던 것으로 짐작된다.[35]

1952년 11월에 김선우는 오금일에게 백아산 거점을 인계하고 백운산으로 왔다. 그리고 1953년 5월 중순경에 박영발은 제5지구당 부위원장 직책을 수행하기 위해 지리산으로 옮아가고, 김선우가 전남 도당 위원장직을 이어받았다.

김선우가 도당 위원장이 되면서 서부에 있던 오금일이 총사령관 직무를 승계했다. 그럼으로써 서부에서 활동하는 모든 잔여 부대원들은 그의 휘하에 들어갔다. 잔여 부대라고는 하지만, 실질적으로 능동적 작전에 동원될 수 있는 인원은 소수에 불과했다.

그리고 박갑출이 김선우가 맡고 있던 당무관계 업무를 승계했다. 그럼으로써 서부 지도부 산하 당단체들에 대한 운영과

---

35) 이승엽과 그 일당들에 대한 최고재판소 판결은 1953년 8월 3~6일에 있었다.

지도를 책임지게 된 것이다. 전남 도당은 오랫동안 그가 이 직책을 맡을 수 있도록 간부는 간부대로, 일반 당원은 당원들대로 그에 대한 지지와 존경을 보냈던 터이다.

이러한 지도부 개편과 때를 같이하여, 과거의 직책에 구애됨이 없이 정귀석·김용우·이방휴·염형기·유운형 들을 도당 부위원장으로 임명하였다. 그럼으로써 설사 고립된 정황에 처하더라도 단독 결정으로 조직 및 제반 활동을 할 수 있게끔 권한을 주었다.

이와 같은 조치는 어떤 합의를 통해 의견들을 수렴할 수 없는 환경에 이르더라도 결정의 집행에 차질을 빚지 않도록 하기 위한 사전 포석이었다. 그래야 할 만큼 재산 조직들은 엄중한 시기에 직면하고 있었다.

이 무렵의 전라남도 서남 지역 상황은 아주 어려웠다. 남태준이 떠난 뒤 제15연대 지휘는 김병극이 이어받았다. 그러나 그 뒤 군경들의 침공과 지휘간부들의 이탈 등 사고로 그 숫자가 격감했다. 나머지 성원들은 오금일 휘하로 들어가 제1연대 병력과 통합했다. 이제 '광주 연대'로서의 명성은 과거의 것이 되었다.

오금일은 제1연대와 제15연대 잔여 병력을 통합해 직접 이끌면서 그들과 더불어 있는 힘을 다해 싸웠다.

제7연대는 구례 산동작전에서 연대상 조용식을 잃는 등 큰 손실을 입었다. 그 뒤 일단 추스르기는 했지만, 대원들이 시나브로 줄어들면서 전처럼 떨쳐 일어나지는 못하였다. 그런 가운데 일부 대원들은 심형찬이 데리고 백운산 남태준 부대로 갔고, 나머지는 구례 부대(727부대)로 편입되었다. 이로써 제7연대는 그 사명을 다했다.

　민청연대의 나머지 대원들은 유치 지구에 남아서 한병윤이 이끌고 다녔다. 그러나 거듭되는 침공과 여러 전투에서 입은 손실 때문에 그 전투력이 매우 떨어져 있었다.

　이러한 사정들로 해서 1953년 겨울에 접어들면서는 무장부대 대원 수가 더 격감했다.

　박갑출이 승계한 서부 지도부 산하 당조직들의 사정도 어렵기는 마찬가지였다. 조직이라고는 하지만, 각 단위 당단체 성원들은 불과 수명에 지나지 않는 데가 많았다. 이런 사정 때문에 당조직 간의 긴밀한 연락을 확보하는 일부터가 어려운 형편이었다. 그러므로 성원들을 묶어세워서 피해가 생기지 않도록 다잡는 일이 중요한 업무가 되었다.

　그에게는 또 한 가지 중요한 일이 맡겨져 있었다. 그것은 지하에 구축한 당조직들과의 연계 문제였다. 그런데 그것이 어떻게 진행되었는지, 그 구체적 양상은 알아낼 길이 없다.

　한편 지하 침투사업은 더 본격적으로 진행되어 유운형·장삼례 들이 이미 구축한 지하선을 타고 잠복해 들어갔다.

　그 밖에도 내려갈 수 있는 인원은 본인의 의사를 존중하면서 소리 없이 되도록 많이 내려보냈다.

　그리고도 산에 남은 인원 가운데서 기동성이 떨어지는 상병자와 노약자 들은, 제1차대침공을 앞두고 그랬던 것처럼, 이번에도 예상되는 군경들의 대침공을 앞두고 지리산으로 파송되었다. 그러나 그 숫자는 많지 않았다.

빨찌산들에게 있어서 마지막 시련기가 닥치리라는 것을 도당 지도부는 알고 있었고, 그래서 가능한 모든 조치들을 취한 셈이다.

한편 잔존 인원들은 닥쳐올 겨울을 위해 식량 확보 등 만반의 준비를 게을리 하지 않았다.

이 무렵의 전남 도당 산하 재산 인원은 약 400명 내지 450명으로 추산된다.36)

16. 제2차대침공

1953년 7월 27일 정전협정이 체결되었다. 빨찌산들은 대국적 견지에서 그 협정 체결을 반기면서도, 전선 병력의 후방 이동이 용이함으로써 몰아닥칠 정규군 대침공의 위협을 감지했다. 어제까지도 그 체결을 촉구하는 서명운동을 펼쳤는데, 오늘은 그 운동의 성과가 자신들에 대한 핍박으로 돌아올 처지에 직면한 것이다.

그날은 예상한 대로 왔다. 이미 가을에 접어들면서 침공의 조짐은 도처에서 그 발톱을 드러냈다. 빨찌산 거점으로 짐작되는 지점이면, 거기가 능선이건 골짜기건 가리지 않고 비행기로 기총소사를 하며 폭탄을 퍼부어댔다. 그도 부족해서 소이탄을 마구 떨어트려 온 산지를 불바다로 만들었다. 빨찌산들로 하여

---

36) 추산 근거에서 '재산'인지 '지하'인지 분명치 않은 데가 있다. 또 지리산 성원들은 소속이 확실치 않은 대목이 있다. 그렇더라도 물론 정확히 조사된 인원수는 아니다.

금 붙접을 못 하게 하고 공포심을 불러일으키려는 전술이었다.
 백운산의 예만 들겠다. 1953년 초가을의 일이다. 비행기 다섯 대가 편대를 짓고 와서 주릉 800고지 언저리에 맹폭을 퍼붓고 소이탄을 투하했다. 불길은 며칠을 타며 번졌다. 본격적 침공에 접어들어서는 네이팜탄까지 투하하며 무차별 몰살작전을 폈다.
 이번에도 계엄령이 선포되고, 박병권을 사령관으로 하는 박전투사령부가 남원에 설치되었다. 작전 목적은 제1차대침공 때와 마찬가지, 영호남 일대 빨찌산들을 절멸시키는 일이다.
 박 전투사령부 휘하에 든 병력은 대략 아래와 같다.

제5사단(사단장 : 박병권 겸임. 후에 한신 승계)
 －그 산하에 제27연대(연대장 : 최영규), 제35연대(연대장 : 박창원), 제36연대(연대장 : 김동혁)

남부지구 경비사령부(사령관 : 유해준)
 －그 산하에 1개 연대, 2개 대대

서남지구 전투경찰대 사령부(신상묵)
 －그 산하에 4개 연대 등

 이들을 합쳐 총병력 2만 5,000명이 이번 침공에 동원되었다.
 이 제2차대침공을 맞을 당시 전남 도당은 다음과 같은 체계와 인원들을 유지하고 있었다.

백운산 지역

도당 지도부(동부 지도부)는 소수의 인원들로 짜여져 있었다. 김선우 위원장 아래 호위(조병탁 외), 기요과(이청), 조직부(염형기 외), 선전부 및 전남로동신문사(정관호·양인승 외), 연락부(김희주 외), 의무과(이영원 외) 들이 있었다.[37]

직속부대로서 전남부대(부대장 이봉삼, 그가 전사한 후에 임종윤, 참모장 최복삼)가 도당부 트 주변에 있었다.

도당 산하에 남태준 부대(사령관 남태준, 정치위원 박원봉, 제1대대장 김응복, 제2대대장 배찬백).

순천 군당(이명재), 광양 군당(한만길), 광양군 유격대(김용복), 주변 면당들의 통합체 다압 소지구당(김이수).

특수공작조(유상기, 김학수).

서남부 지역

서부 지도부(박갑출 외)는 서남부 전체를 총괄하는 지도체다. 그러면서 모후산 당부(○○○), 조계산 당부(이상률), 조계산 부대(이영호), 보성 군당(박춘석), 두봉산 소지구당(양회창) 등을 직접 관할하였다.

백아산 지휘부(오금일)는 직속 무장대로서 제1연대와 제15연대 잔여 인원, 백아산 소지구당(김지수), 광주시당부(박대수), 곽용철 소부대(부대장 곽용철) 등을 총괄하고 있었다.[38]

---

[37] 병기과는 1953년 가을 침공 때 최달만이 전사하고, 애써 다시 만들어 놓았던 시설들이 파괴되었다.
[38] 봉두산 조직부 븐트는 곡성 군당 조직과 더불어 백아산 소지구당 조직으로 점차 통합된 듯하다.

남부 지역에 유치산 당부(조중환), 불갑산 소지구당(진희근)이 있었고, 노령 소지구당(○○○)은 따로 분립되어 있었다.

지하당부로서 남부주재당부(이방휴), 서부주재당부(김용우)가 독립적으로 운영되고 있었다. 그 조직과 도당부와의 연계 방식은 박갑출 부위원장을 통한 것 같은데, 소상한 것은 알 수 없다.39)

지리산 지역

지리산 당부(정귀석)와 그 산하에 토지면·마산면·광의면 조직들. 구례 군당(강경구), 구례 727부대(장을수).

조국출판사

조국출판사는 조직체계상 전남 도당부 산하 기관은 아니지만 긴밀한 연결을 가지고 있었다. 박영발 아래 기요(이주현), 무전(남호일)을 맡은 일꾼들이 있었다. 그리고 995부대(김태규)가 가까이에 있었다.

이상이 대체로 훑은 공세 전의 전남 도당 조직세이다.

1953년 12월 11일에 침공(제2차대침공)은 개시되었다. 그리고 그 작전은 3기로 나누어 실행되었다. 그 기별 구분은 아래와 같다.

제1기 작전 : 1953년 12월 11일~1954년 2월 10일

---

39) 그 명칭을 '남부지구 주재당부', '서부지구 주재당부'라고 부르기노 했다.

제2기 작전 : 1954년 2월 11일~3월 31일
제3기 작전 : 1954년 4월 1일~5월 25일

이렇게 구분하는 이유는 병력의 작전상 이동이나 교체를 위한 것인데, 그 때문에 중간에 며칠씩 쉬는 날도 있었다. 그것은 작전 부대와 지역에 따라 일정치 않았다. 그 진행의 총체적 양상은 제1차대침공 때와 비슷했다.

예상했던 대로 침공군 제5사단 주력은 지리산과 덕유산 일대에 밀고 들어왔다. 노고단과 반야봉 주변 전남 세력도 집중적 공격을 받았다.

백운산에 대해서는 맨 먼저 남부지구 경비사령부(남경사) 병력이 앞서서 밀고 들어왔다. 1953년 12월 19일에서 1954년 1월 사이에 이들은 주로 미사치·형제봉 언저리에서 수색전을 펼쳤다.

이어서 2월 11일부터는 제5사단 주력이 달려들었다. 광양과 구례에 지휘소를 둔 침공군은 백운산 전역을 포위하고 고리봉(주봉) 일대, 따리봉 남북쪽 능선과 계곡들을 훑었다. 도실봉 일대와 그 너머 열두내골도 예외는 아니었다. 이들의 집중수색은 2월 말까지 계속되었다.

며칠을 쉬고 난 이들은 그 주력 그대로 재침입했다. 백운산 가장 깊숙한 곳인 한재와 옥룡골 막바지까지 완전히 수중에 넣고, 백운산 빨찌산들을 처참하게 죽음으로 몰아붙였다.

그들은 이제 빨찌산의 행동 루트와 잠복 지점까지 꿰뚫어 알고 있었고, 누구누구가 어디에 있어 무엇을 맡고 있다는 것까지 완전 장악하고 있었다. 도표를 만들어 갖고 다녔다. 게다가 '보아라 부대'까지 앞세워 빨찌산만이 다니는 오솔길까지 누비고 훑었다.

침공군의 대량투입에 맞선 빨찌산 무장부대들은 소수로 분산하여, 침공군의 주둔처 뒤를 돌아 야지로 흩어졌다. 그러다가도 허를 찔러 기습전도 감행했다. 그러나 꼬리를 물고 뒤쫓고, 목을 지켜 저격하는 침입병들 앞에서 한 사람 한 사람 사라져 갔다.

식량 보급의 어려움이 따랐다. 한 톨의 통보리를 얻으려 내려갔다가 잠복대에 걸려 사살되거나 잡혀 갔다.

그리하여 조직 상호간의 연락이 차단당했다. 신문도 발행할 수 없을 만큼 상황은 악화되었고, 어느 부대, 어느 조직이, 어디서, 어떻게 싸우고 있는지를 전혀 알 수 없게 되었다.

침입병들은 고지마다 주둔하고, 심지어는 골짜기까지 장악해서 빨찌산의 행동반경은 극도로 좁아졌다. 수색대는 내리 쓸고 올리 훑으면서 산죽 그늘까지 여축없이 뒤졌고, 바윗돌 하나하나를 젖히면서 비트를 찾아다녔다.

깊이 쌓인 눈과 혹한이 산사람들을 괴롭혔다. 동상 총상 환자들은 상처를 다스릴 길이 없게 되었다. 자폭하고, 잡혀서 사살되고, 더러는 사로잡혀서 산을 내려갔다.

한편 조계산·모후산 지역은 서남지구 전투경찰대 병력들이 주축이 되어 침공해 들어왔다.

조계산의 경우는 송광면 옥령(주암)에 지휘소를 두고 서쪽과 남동쪽에서 진입 포위하고 장기 수색전을 펼쳤다.

모후산의 경우는 남면 벽송리에 지휘소를 설치하고 3개 대대 병력이 산을 완전 포위했다. 지방 경찰들은 어느 조직의 누구누구가 어디쯤에 있다는 것까지 알고 샅샅이 뒤졌다.
　화학산도 더는 빨찌산들이 붐비는 해방기지가 아니었다. 전라남도 빨찌산 거점들은 모조리 유린당했다. 지리산도, 백운산도, 백아산도, 당하고 있는 사정은 마찬가지였다. 말봉산이나 유치내산 등은 더 어려웠다.
　큰 산에서는 자연동굴이 더러 이용되었고, 작은 산에서는 미리 준비해 놓은 지하 비트가 쓰였다. 그러나 그것들도 이제 목전에 닥친 위기를 막지는 못했다.

　지리산
　박영발은, 1953년 9월 6일 회의 결정으로 제5지구당이 해체된 뒤[40] 조국출판사를 맡아가지고 따로 떨어져 나와 있었다. 그해 10월경에 그의 주위에는 직속 부서원 10여 명과 정귀석이 이끄는 약 15명의 인원이 있었다.
　그는 공세가 시작되자 직속 부서원들과 함께 지리산 반야봉 아래 자연동굴을 이용한 비트에 있었다. 그는 건강을 잃은 몸이어서 이주현(기요 업무, 목포) 등이 밖에서 호위 겸 연락을 맡고 있었고, 제5지구당 해체로 말미암아 전남으로 귀속된 995부대(부대장 김태규)가 외부 연락과 식량 보급을 책임지고 있었다.

---

40) 제5지구당의 결성과 그 해체 과정은 이 글 끝에 따로 항목을 두어 기술하였다.

그렇게 버티면서 가혹한 공세를 견디어내고 있던 중, 1954년 2월 21일 일신의 안전만을 도모하려던 변절자가 쏜 불의의 총격을 받고 박영발은 그 자리에서 절명했다. 그때 보도과장 남호일도 사살되었다.

함께 있던 이정례(기요원)는 어둠 속에서 재빠른 반격으로 저격자를 꺼꾸러뜨리고, 그로부터 3일 뒤에야 바깥 부서원의 구출을 받았다.

이리하여 전쟁수행 시기와 후퇴 이후의 어려운 때에 전남 도당을 이끌었던 박영발은 그 활동의 막을 닫았다. 당 중앙과의 정상적인 연락을 갖지 못한 상황에서 그가 보인 지도 작풍은 산하 전 당원과 빨찌산들의 한결같은 존경을 받았다.

그의 죽음보다 조금 앞선 날짜에(1954년 2월 19일로 추산) 역전의 노당원이며 도당 부위원장을 맡아 지리산 당부를 이끌던 정귀석도 전사했다. 그날을 전후하여 그와 행동을 같이하던 손영심 등 나머지 인원들도 뿔뿔이 흩어져 쫓기다가 전사하거나 생포되었다.

그즈음 구례 군당 산하 면당 조직들도 성원들이 전사 또는 생포됨으로써 다 파괴되었다.

조국출판사의 나머지 성원들은 적진을 뚫고 보급투쟁을 하다가 이주현·이정례 등은 전사하고 박남진·조용마·김성렬·박순애(간호원, 여수) 등은 악전고투하면서 그 대침공을 이겨냈다.

이들 가운데 일부는 1954년 5월, 공세가 끝난 뒤에야 비상선에서 강경구(구례 군당 위원장)와 접선 합류하게 된다.[41]

지리산 727부대는 부대장 장을수가 데리고 집단 투항했다. 이로써 구례군 산하 무장세력은 소멸되었다.

서남부 지역

김선우가 떠나고 난 뒤 후임 전남 유격대 총사령관으로서, 또 백아산 지휘부 책임자로서, 어려운 때 어려운 지역에서 묵묵히 잘 싸우던 노병 오금일은 끝내 그의 주거점 말봉산에서 전사했다(1953년 가을 무렵).[42]

그가 전사한 때를 전후하여 그가 이끌고 다녔던 통합 무장부대원들도 전멸했다.

소수 인원으로 백아산 주변에서 활동하던 곽용철, 곡성 군당과 봉두산 분트 잔여 인원을 총괄하던 김지수도 전후하여 전사했다. 그들이 거느린 대원들도 죽거나 생포되었다.

광주시당부를 책임지고 있던 박대수는 모후산에 근거해 있었는데, 백아산에 들렀다가 돌아가는 도중 곡성군 석곡면 운용리에서 피격, 중상을 입고 바지게에 실려 가다가 절벽에서 몸을 던져 자살했다. 굴곡이 심했던 그의 최후는 장렬했다.

유치산 당부 책임자 조중환은 용암산에서 중상을 입고 포로가 되었다가, 수색병들에게 저항하는 바람에 그 자리에서 타살당했다. 그는 같이 있다가 부상한 호위병을 낙엽으로 위장하여

---

41) 조덕호(용마의 사촌형)는 비트의 참사 조금 전에 보급투쟁에 나갔다가 전사했다. 박영발의 시신은 4월경에 침공군에 발각되어 그들 손에 넘겨졌다.
42) 통명산 검사골에서 전사했다는 증언도 따로 있다. 그의 죽음에 대해 정확한 증언이나 기록은 찾아내지 못했다.

숨겨줌으로써 살아남을 수 있게 했다고 전한다. 조중환은 구빨찌의 한 사람으로서 그 지도력을 높이 평가받은 일꾼이었다.

지도부와 멀리 떨어져 외로움과 가혹한 환경을 무릅쓰고 살아남았던 불갑산 소지구당 성원들. 이들은 1953년 7월 18일에 함평읍에 진입해서 경찰 보초막을 습격하는 용감성을 발휘했다. 그중 1명이 추격대에 사살되었는데 잔여 인원의 뒷소식은 모른다.

서부 지도부 산하 조계산 지역 성원들은 미리 준비해 둔 야지 비트를 이용하면서 14명의 잔존 인원들이 2개 조로 나뉘어 위기를 효과적으로 넘기고 있었다. 그러다가 공세 막바지에 접어든 1954년 3월, 서순정·박용호가 이끌던 비트와 이상률·한홍구가 이끌던 비트가 전후해서 노출되어, 신운하는 교전 도중에 전사하고 나머지 성원들은 생포되었다. 후에 재판을 거쳐 각각 형을 받았는데, 거기서 이영호(부대장, 주암면 출신)는 사형을 받았다.

보성 군당은 박춘석이 생포됨으로써 그가 거느렸던 지하사업 망도 모두 파괴되었다.

두봉산 소지구당은 양회창이 투항함으로써 파괴되었다. 잔여 성원 중 이동기 등은 생포되었다.

모후산 당부도 완전히 파괴되었다.

다만 박갑출 위원장과 그 직속 성원들은, 산하 연결 조직들을 잘 관리하면서 건재했다. 하지만 그들에게 집중되고 있는 수색망을 피하면서 활동한다는 것은 매우 어려운 일이었다.

전 노령 지구책이며 수용소 탈출 후에는 백운산에서 싸우던 김채윤은 여수로 내려가 활동 거점을 마련했다. 그러다가 변절자의 배신으로 비트가 탄로나 경찰대에 포위되었다. 하지만 이번에도 권총을 쏘고 수류탄을 터뜨리면서 탈출하는 데까지는 성공했다.

그러나 백운산을 향해 오던 도중, 기진맥진해서 해룡면 한 마을에 들어갔다가 잠복대에 걸려 사살되었다.

노령 소지구당은 장성 불바리기 언저리까지 밀려가 있었다. 공세 전까지 지도원들이 오가면서 그 건재가 확인되었다. 그러나 소수 남은 성원들이 대침공을 어떻게 겪었는지, 또 산하 장성·영광 쪽 상황이 어떠했는지는 알 길이 없다.

지리산 성원들의 의무를 맡아 왔던 이형련은 임무를 띠고 백운산으로 건너오다가 지리산 발치 한수내골에서 총격을 받았다. 일단 도강은 했으나, 그 총상으로 인해 파상풍이 병발해서 치료도 거부한 채 스스로 목숨을 끊었다.

백운산 일원

백운산에서도 결정적 피해가 따랐다.

부위원장 염형기는 1953년 가을 지도사업을 나갔다가 돌아오는 도중 도실봉 아래서 동행하던 변절자의 총격을 받고 중상을 입었다. 그 치유를 위해 비트에서 윤예덕의 간호를 받고 있었는데, 침공 기간에 비트가 수색대에 발각되어 자결했다. 그들의 뒷바라지를 하고 있던 이영원도, 그 직후 비트가 발각되어 중상을 입고 생포되었다. 1954년 2월 23일의 일이다.

염형기는 함경남도 단천 출신으로 합법 때 도당 조직부 부부장으로 부임했는데, 원칙에 충실하고 업무에 치밀했던 전형적 조직간부였다.

전남부대의 나머지 대원들도 이 침공의 마지막 기간에 괴멸적 타격을 입는다. 1954년 2월 20일, 보급투쟁에 나갔다 돌아오는 길을 차단당한 채 옥룡골에서 수색망에 갇혔다. 그 포위를 뚫는 과정에서 대원들이 큰 피해를 입었다. 양순기·구춘길·조사선·오선근·정영희 등이 현장에서 전사하고, 김영승·나승하·신평식·박복실·박정순 등이 생포되었다.

그날 수색망에서 간신히 벗어난 나머지 대원들도 뿔뿔이 흩어져 쫓기던 끝에, 3월 5일의 집중추적에서 박채옥·이윤수 등이 전사하고 오덕윤·조관익·양해영·최수분 등 여럿이 생포되었다.

이 결전 과정에서 간부·대원 할 것 없이 전원이 처절한 최후를 맞았다. 부대장 임종윤은 중상을 입고 낙엽 속에 은신하고 있다가, 수색대가 지른 불에 중화상을 입고 비트에 있다가 사살되었다. 참모장 최복삼은 중상을 입고 생포되어 이동외과병원에서 죽다. 제1중대장 권영용은 생포된 뒤 두 번에 걸친 재판 끝에 사형 선고를 받았다. 김영승은 중상을 입었는데, 그 역시 두 번 재판으로 무기형을 받았다.

이로써 빨찌산의 꽃 소년·소녀 제1중대 대원들과 지도원 그룹인 제2중대 대원들, 그리고 그들을 받쳐주었던 제3중대 대원들의 모습은 영영 볼 수 없게 되었다.

이보다 앞서 공세 초기인 1953년 가을에 병기과장 최달만이 전사한다. 나머지 과원들은 공세 기간에 전남부대 또는 다른 부서원들과 어울렸다. 그러나 심한 수색으로 인해 흩어져 쫓기다가, 이듬해에 걸쳐 모두 전사 또는 생포된다. 이로써 공헌이 많았던 병기과 업무도 종결되었다.

광양 방면에서 지하사업을 하던 책임지도원 유상기는 군경들의 집중수색을 피해 김선우 위원장을 모시고 폐광굴에서 대피하고 있었다. 그런데 그 굴을 아는 자의 통보로 발각되고 말았다.

그는 뛰쳐나오면서 맹사격으로 김선우 위원장을 탈출시키고 그 자리에서 적탄에 쓰러졌다. 이때 위원장의 호위병 조병탁(진도 출신)도 응사하면서 나오다가 함께 전사했다. 두 사람 다 장렬한 최후였다. 1954년 2월 30일경의 일이다.

한편 진상과 다압 두 면에 근거를 두고, 그 어렵던 때를 이겨내던 광양 군당 산하 성원들도 이 무렵에 큰 타격을 입는다. 그리하여 3월 2일에는 한만길 광양 군당 위원장을 비롯하여 김용복 유격대장, 구재운 부위원장, 조상천 유격대 참모장 등이 전사한다.

그날 이후로도 피해가 잇달아 고덕애 군 여맹 위원장, 김학수 특수공작 책임자, 유형오 소부대장, 김응호·손정복 대원 등 잔여 성원들이 생포되었다. 이로써 광양 군당 재산 인원들의 명맥은 끊겼다.

백운산 지역 면낭들의 잔여 인원들로 짜여진 다압 소지구당도 이 무렵 결정적 타격을 입는다. 1954년 3월에 김이수 위원장이 사살되고, 며칠 뒤 안승렬 등 나머지 성원들은 생포되었다.

비슷한 시기를 전후해서 도실봉 너머에 있던 순천 군당이 수색에 걸린다. 거기서 책임자 이명재가 생포되었고, 나머지 성원들도 사살되거나 생포되었다. 이로써 순천 군당의 명맥도 끊겼다.

남태준 부대는 침공군의 집중공세에 대비해서 1953년 11월에 부대를 둘로 나누었다. 제1대대(대대장 김응복) 30여 명은 남태준·심형찬·김병극 등이 이끌었고, 제2대대 20여 명은 비무장 중심으로 배찬백·박원봉(장치위원으로 1953년 8월에 부임)이 이끌었다.

공세가 심해지자 부대는 다시 소조 단위로 나뉘어 대피하게 되었는데, 심형찬은 1954년 2월 수색대의 포위망에 갇혀 싸우다가 전사했다.

그는 함경남도 갑산 출신으로 부친은 중국 팔로군 대대장이었다. 본인도 열네 살에 홍군에 입대하여 포병부대에 속해 있었다. 그 후 인민군 제6사단에 편입되어 군관이 되었다. 입산한 때가 스물한 살. 온후한 성격이면서 통솔력이 뛰어난 지휘관이었다.

한편 역전의 영웅 남태준은 부대원들을 잃고 쫓기다가 침공군에게 생포되어(1954년 3월 8일로 추정) 군사재판에서 사형 언도를 받고, 그해 12월 24일 대구에서 처형되었다.

그는 14연대 봉기군 병사로 전남에 남아 빼어난 지휘관으로서 훌륭히 싸웠다. 전투 지휘 중 적탄에 한 팔을 다쳐 '외팔이 부대장'으로서 군경들에게 더 잘 알려졌고, 그가 포효하면 군경들은 전의를 잃고 허둥댔다. 전남 유격전사에서 찬연히 빛나는 큰 별이다.

또 한 사람의 영웅 박춘근. 그는 한 팔을 잃고도 총사 의무과장으로서 그 많은 부상자·환자들을 손수 돌보았고, 나머지 한 팔마저 잃고도 의무 일선에서 물러나지 않았다. 부유한 집안 출신이면서 그 선을 뛰어넘어 심신 모두를 조국과 인민에게 바친 보배 중의 보배였다.

재판에서 무기형을 받고 이중으로 고된 징역살이를 끝까지 마쳤다고 전한다. 그 불굴의 당성은 길이 새겨 우러를 만하다.

이 무렵 연락부도 붕괴된다. 도당부 산하 연락 포스트를 관리하던 박유배가 1954년 3월 7일에 생포되고, 뒤따라 연락부원 문기봉(여수)·배만성 등이 잡힌다. 이로써 상하행선 연락선들이 다 파괴된다.

괴멸

박영발이 사고를 당했다는 긴급보고가 올라온 뒤로는 지리산과의 연락도 끊겼다.

1954년 4월 4일에는 연락부장 김희주와 후방부원 박홍배가 생포되었다.

김선우 위원장은 폐광굴에서의 위기를 모면한 뒤 기요과 및 선전부 소수 인원과 함께 서골에 있었다. 지상트는 진작에 쓸 수가 없게 되었고, 바위 너덜강 사이 자연동굴에서 대피하고 있었다.

그러다가 정관호·양인승·김경룡·조정섭 등 네 사람을 정보수집 겸 식량 보급차 간전 쪽으로 내보내고, 이튿날은 88골짜기 양지 사면에 마련된 지하 비트에서 하루 잠복했다. 그 뒷날 새벽녘에 호위병 박문상과 기요원 전덕례 셋이서 백운산 주릉 부근을 이동하다가 침공군 잠복병의 저격을 받고 그 자리에서 절명했다. 1954년 4월 5일의 일이다.

모든 빨찌산들로부터 전폭적인 신뢰와 존경을 받았고, 갈갱이 주민과 투쟁인민들로부터도 '우리 사령관'이란 애칭으로 사랑을 받았던 전남 유격대 총사령관은 이렇게 그 투쟁의 막을 내렸다.

간전으로 내려갔던 소조는 잠복대의 피습으로 양인승이 중상을 입고 동굴에서 고립되었다. 김 위원장과의 비상선은 계속 닿지 않았다.

남은 도당부 인원 가운데 오랫동안 신문 필경을 맡아 헌신적으로 일하던 선전부 지도원 김범주는 서골에서 전사했고, 면당에 내려가 있던 편집원 문계성은 총상을 입고 생포되었다. 그 밖의 인원들은 서로 연결이 끊긴 채 쫓기다가, 며칠 사이를 두고 전사 또는 생포되었다. 4월 8일 전후의 일이다.

김선우 위원장이 전사함으로써 도당 동부 지도부를 정점으로 하는 지도체제는 허물어졌다.

남태준 부대 정치위원 박원봉은 본대와 따로 떨어져, 부대당부 기요과장 윤정혁을 데리고 김선우 위원장과 맺은 선을 연결하려고 수차 시도했다. 그러나 위원장은 이미 전사한 뒤여서 그의 노력은 허사가 됐다. 그는 4월 9일에 생포되었다.

그보다 앞서, 그와 함께 행동했던 제2대대장 배찬백은 1954년 3월 31일 화개로 내려가 침공군 주둔처를 기습했다. 작전은 성공하여 일단 귀대했으나, 그 후 수색대에 쫓기다가 생포되었

다. 그는 재판에서 중형을 받았는데 그 후 종적은 묘연하다.[43]

 확인되지는 않았지만, 이들 외에 백운산 지역에서 전사한 것으로 되어 있는 사람들을 여기 적어두기로 한다.

 순천 부대장 김기종(1954년 2월 14일), 남태준 부대 중대장 최영만(2월 13일), 전남부대 대원 김종한(3월 2일).

 그 밖에도 사로잡힌 많은 빨찌산들이 현장에서 즉결되거나 남원으로 이송되어 갔다.

 침공이 끝나 군경들이 철수한 1954년 5월 말경. 구례 군당 위원장 강경구는 지리산에서 살아남은 대원들을 규합하여 백운산으로 건너왔다. 그는 백운산에 머무르면서 각 전구에서 선을 대려고 찾아드는 인원들을 하나둘씩 규합했다. 모두 40명가량 되었다.

 이들은 '상승부대'라 자칭하고 지도부 선을 연결하려고 애썼지만, 그것이 되지 않자 서부로 이동했다.

 백아산·모후산을 거쳐 유치내산까지 내려가 저항하면서, 지하에 잠복한 서부 지도부와의 접선을 시도했다. 그러나 그 기도도 실패하고, 군경에게 꼬리를 물려 퇴각 중 보성 문덕 언저리에서 습격을 받고 전멸했다.[44]

 정말 장하고, 실로 애통하고, 그래서 전남 유격전 사상 길이 기억될 빛나는 최후였다.

---

43) 이 화개 적군 주둔처 기습이 전남 유격대 전사상 조직적으로 감행한 선제공격의 마지막이 된다.
44) 그들 중 한 사람이 중상을 입고 포로가 되어 형무소에 들어왔는데, 그를 통하여 이 사실이 알려지게 되었다.

이들 가운데에는 오랫동안 박영발 위원장을 가까이 모시던 소년 구빨찌 '용마'도 들어 있었다. (용마의 누나도 역시 구빨찌로 침공 기간에 백운산 도당부에 와 있었는데, 한창 어렵던 때에 보급투쟁을 나갔다가 적탄에 쓰러졌다.)

이것이 1954년 여름에 있었던 일이다. 이로써 조직적 역량으로서의 재산 빨찌산은 괴멸했다.

그러나 분산된 채 살아남은 극소수 인원이 1955년 초까지 지하 비트에서 숨어 지냈다.

17. 지하로 내려간 사람들

공작을 위해 산을 내려가는 것을 재산 조직에서는 '지하로 내려간다' 또는 '지하로 들어간다'고 표현했다. 그것은 어법과는 상관없이 써 온 말이다.

당의 방침에 따라 적지 않은 조직 일꾼들이 지하로 들어갔거나, 혹은 열린 사회로 기술자수를 하고 나갔다. 그들의 운명은 재산 세력의 그것과 조금씩 선후가 바뀌고, 또 전반에 걸친 소상한 것은 알 길이 없다. 게다가 증언자의 진술도 한결같지 않아서 가닥을 잡기가 쉽지 않았다.

하지만 후일에 깁거나 고칠 계제가 있기를 바라면서 그 대강만 여기에 간추려 놓는다.

도당 부위원장 이방휴는 남부주재당부를 맡아가지고 유치내산 비트에서 일하였다. 그러다가 공작의 필요상 연락책 한 사람을 기술자수시켰다. 그런데 그가 변심해서 바로 비트로 경찰들을 끌고 와서, 접전 끝에 주재당부 성원들이 큰 손실을 입었다. 소속 인원 26명 가운데 태반이 이때 전사했다. 1953년 1월 경의 일이다. 이방휴도 이날 전사한 것으로 짐작되지만 정확한 것은 밝혀진 바 없다.

이방휴는 화순 도곡면 출신으로 6·25 이전에 이미 유치 대지구당책을 맡았을 정도로 뛰어난 지도력을 가진 당일꾼이다. 후퇴 직후에는 도당 책임지도원으로 일하면서 어려운 국면에는 늘 그가 앞장서 있었다.

나주 금천면 출신인 부위원장 김용우는 서부주재당부 책임자로서 그 조직 역량을 잘 발휘하여 탄탄한 기반을 다져가고 있었다. 그는 민트를 거점으로 삼을 수 있었고, 그 성과를 밟고 적지 않은 일꾼들이 그의 선을 타고 지하로 내려갈 수 있었다.

그러던 중 그와 함께 부책으로 내려갔던 임복현이 1953년 1월에 체포되었다. 주재당부로서는 큰 타격이었다.

그 뒤 김용우는 1953년 10월에, 변심한 연락책의 제보로 체포되었다. 그는 재판 끝에 극형 언도를 받았다. 대법원 상고는 기각되어 1956년 10월 19일 사형이 집행되었다.

그의 선과 연결되었던 유운형·최장렬도 체포되어 각각 무기징역형을 받았다.

민청연대 잔여 인원을 이끌고 잘 싸우던 한병윤은 말봉산에서 부상한 뒤 김용우를 노와 지히 공작을 하다가 1953년 말에 전사했다.

초대 전남 총사 문화부 사령관을 지내면서 빨찌산 대열의 결속 강화를 위해 노력하던 이남래. 그는 도 인민위원회 부위원장 등을 거쳐 지도간부로 일하다가, 제1차대침공으로 타격을 입은 경남 도당 재건을 위해 부위원장으로 전출되었다(1952년). 그러다가 전남으로 되돌아와서 지하로 들어갔는데, 변절자의 제보로 그 비트가 탄로나 현장에서 자결했다.

이남래의 사촌동생으로 전남 당 조직의 중견 간부로서 일하던 이담래(나주 출신)는 입산 후 도당 간부부장도 지냈다. 지리산 전구에서 일하다가 이방휴의 뒤를 이어 남부주재당부를 맡았다. 그러던 중 동강면 비트가 발각되어 그 자리에서 사살되었다.

변장학(나주 영산포 출신)은 민청 일꾼인데, 입산 후에는 유치 지구에서 일했다. 1953년 봄에 지하로 내려갔는데, 변절자의 고발로 비트가 노출되어 쫓기다가 나주 개머리들[津浦]에서 사살되었다. 이때 도 민청 지도원으로 있던 김규환(나주 왕곡면 출신)도 함께 사살되었다.

6·25 이전에 도당 위원장을 지낸 적이 있고, 합법 때는 시 인민위원회 위원장을 지낸 역전의 노당원 김영재(순천 출신). 그는 후퇴 때 무등산에 입산했다가 지리산 당부에서 책임지도원으로 있었고, 한때는 이현상 부대에도 가 있었다. 거기서 제1차대침공을 겪은 뒤 백운산으로 옮겨와서는 도당 제2조직부를 맡았다. 그는 지하로 잠입해 부산에 정착했는데, 옛 부하의 고발로 체포되었다.

합법 때 도 인민위원회 부위원장을 지낸 유성계. 그는 일제 때 고시 합격자로 곡성·여수 군수를 거쳐 목포 부윤 직에 있으면서 남로당 프락치로 활동했던 사람이다. 9·28후퇴 때 일단 입산했다가 바로 지하로 내려갔으나, 광주 시내에서 발각 사살되었다.

역시 합법 때 도 인민위원회 부위원장을 지낸 유상기. 그도 유성계처럼 지하로 몸을 숨겼으나, 본시 폐병 중환자여서 가족들이 서둘러 자수시켰다. 그러나 얼마 못 가서 절명하고 말았다.

황병택은 영암으로 들어가기 위해 공작을 벌였으나, 은거하고 있던 비트가 발각되어 총격을 받고 중상을 입었다. 그는 이송 도중 여운재 언저리에서 절명했다.

윤기남은 좀 늦게 하산했는데, 공작 도중에 체포되어 중형을 언도받았다. 정운창도 합법을 가장하고 활동 중 체포되어 무기형을 받았다. 김용규는 지하로 잠복하기 위해 하산하다가 매복에 걸려 부상 생포되었다. 그 뒤 재판에서 중형을 언도받았다.

노령 지구 유격대 사령관 김병억은 제1차대침공을 겪고 살아남았다. 그 뒤 계속 노령 병단을 이끌다가 지하로 잠복해 들어간 것으로 짐작된다. 1952년 여름에 백운산 도당부에 다녀가기도 했다. 그는 1954년 7월 광산군 임곡서 비트가 발각되어 자결했다는 증언이 있다.

한편 남태준 부대 참모장 김병극은 본대를 다 잃고 대원 몇 사람과 함께 구례 문척의 모 절간에 은신하고 있었다. 그러던 중 수지승의 통보로 군경에 포위되고 말았다. 그들은 일제히 응사하면서 튀었는데, 대원 3명은 그 자리에서 전사하고 몇은 부상을 입고 포로로 잡혔다. 김병극도 부상은 입었으나 탈주에는 성공했다.

그는 백운산 변두리에서 선이 끊긴 채 헤매고 다니던 대원 2명을 다시 규합, 보급투쟁을 하면서 서부로 이동했다. 그러다가 그 두 사람마저 잃고 홀로 떠돌다가, 천신만고 끝에 박갑출 부위원장과 접선이 되었다. 실로 기적 같은 상봉이었다.

그때 박갑출 부위원장은 장삼례·이하춘(지도원)·박소향 등과 함께 야산 비트에 있었는데, 중상을 입은 김병극을 아울러서 다섯 명이 버티고 있었다. 그러다가 수색 나온 경찰들에게 비트가 노출되어 접전하다가, 박갑출은 거기서 자결했다(화순 동면 경치리). 1955년 3월 3일의 일이다.[45]

박갑출은 화순 탄광부 출신으로 일찍부터 중용되어 책임간부로서의 요직을 두루 맡아 충실하게 일했다. 그리고 그때도 지하선을 관리하면서 귀중한 맥들을 살려가고 있었다.

마지막 그와 함께 있던 박소향과 이하춘도 그 자리에서 전사하고, 따로 선을 유지하고 있던 장삼례와 김병극은 생포되어 각각 무기형을 받았다.

박갑출 부위원장이 전사함으로써 전남 도당의 조직적 지도체계는 다 무너지고 말았다. 9·28후퇴 이후 일관되게 전개했던 당 조직활동과 무장유격투쟁은 여기서 명분상 종언을 고한다.

활동 시기는 뒤에까지 미치지만, 여기에 정태묵의 행적을 첨가한다. 그는 지리산 오신택 부대에서 정치지도원으로 있다가 1952년 여름 남부주재당부를 거쳐 김복진과 함께 연고지 목포로 잠입, 합법을 가장하고 공작하다가 탄로되어 광주 형무소에

---

45) 이 사실은 1955년 6월 김병극이 부상을 치료한 뒤 광주 형무소에 수감됨으로써 알려지게 되었다.

서 7년형을 살았다.

그는 출소한 뒤 다시 활동을 재개, 공작선을 마련하여 이북으로 내왕하면서 통일 기반 조성을 위해 최영도·박신규 등 동지들을 규합 활동하다가 체포되어 사형 언도를 받았다(임자도 사건). 그는 7·4남북공동성명(1972년 7월 4일)이 발표된 3일 후에 서대문 형무소에서 처형되었다.

이로써 전남 도당 산하의 지하조직 역량은 다 부서지고 말았다.

제4장 분석과 반성

　이렇게 해서 조국해방전쟁 전후 시기에 걸친 전남 도당의 활동은 처절한 종말을 고하고 말았다. 그 괴멸의 원인을 찾아본다.
　첫째로, 강력한 무장력으로 덤벼든 미제 침략군을 맞서 싸워야 했다는 점이다. 빨찌산과 직접 대결한 것은 군경들이지만, 그들을 엄호하고 부추긴 세력은 미군이다. 여기에 힘의 대비에서 열세를 면치 못했던 주된 원인이 있다. 특히 주전선이 고착되고 정전협정이 체결됨으로써 전선에서 대치하고 있던 무장력이 후방으로 돌려졌다는 데에 결정적 패인이 있다.
　둘째로, 우리나라의 지세와 기후가 갖는 제한성이다. 세로 긴 반도인 데다가 그 허리가 잘려서 남북의 이동이 불가능했고, 사계절이 분명해서 가을 낙엽기와 겨울 적설기에 걸쳐서는 빨찌산의 유생역량을 보전할 길이 없었다. 그런 상황에서는 단 하루의 휴식조차 가질 수 없었기 때문이다. 대전할 여력을 잃고 쫓기고 쫓기다가 힘을 소진하고 말았다.
　셋째로, 일정한 후방을 갖지 못했기 때문에 겹겹으로 된 군경들의 포위망 속에서 완전히 고립되었다. 빨찌산은 전술에 따라 진격과 퇴각을 맘대로 할 수 있어야 된다. 적의 허한 고리를 과감하게 공격하여 무찌르고, 적이 밀고 들어올 때는 썰물처럼 물러나서 종적을 감추어야 된다. 그런데 퇴각할 자리를 갖지 못하면 힘을 축적할 수 없다. 그 구실을 하는 것이 후방인데, 전남 빨찌산은 유격전에서 가장 중요한 그 기지를 갖지 못했다.

　이 세 가지가 가장 큰 패인인데, 이것들은 굳이 꼽자면 대외적인 요인들이라 할 수 있다. 이런 장애들을 감내하며 투쟁하는 과정에서 당조직과 빨찌산 대열 자체가 극복하지 못할 몇 가지 결함을 안고 있었다.

　우선 가장 엄지로 꼽아야 할 것은 당 중앙과의 정상적인 연락을 확보하지 못한 점이다. 그랬기 때문에 대열이 처한 사정을 제때에 정확히 보고하지 못했고, 따라서 체계적인 지도를 받을 수 없었다. 전남 도당은 이를 극복하기 위해 온갖 방도를 다 강구해 보았지만 끝내 성공하지는 못했다. 역량이 다 파괴된 시점에서 가장 아쉬움으로 남는 대목이다.

　그 다음은 인민과의 유대를 더 튼튼히 가지지 못한 일이다. 후퇴 시기에 일부 당 조직들에서 극좌적 오류를 범함으로써 해방 시기에 구축하였던 신뢰와 지지를 잃은 것, 유격투쟁을 진행하는 과정에서 일부 일꾼들이 범한 모험주의적 작풍으로 말미암아 동조자들의 선의를 살려내지 못한 것 등을 꼽을 수 있다.

　그리고 가장 극복하기 어려웠던 것은 인민들에게 해를 끼치면서까지 식량을 구해 와야 되었다는 구속이다. 그래서 재산 조직은 그 행위를 '보급투쟁'이라 부르면서 생존을 위해 알면서 강행할 수밖에 없었다. 군경들이 초토 고사 작전을 강요한 상황에서, 빨찌산들의 식량을 얻기 위한 싸움은 실로 목숨을 건 투쟁일 수밖에 없었다.

하나 더 첨가할 것은, 정세 전망을 낙관했기 때문에 너무 많은 비무장 인원들을 포용하고 있었다는 점이다. 그들 가운데에는 의식적으로 전쟁 수행에 가담한 사람도 있었지만, 빨찌산들과 생사를 같이하겠다는 투쟁인민들, 입산자 가족들, 해방구의 토착주민과 심지어 피난민들까지 실로 다양한 동기를 가진 많은 인원들이 해방구에 몰려들었다.

그런 인원들이 군경의 침공을 받으면서 선별 없이 마구 살해되어 집단적 희생을 내게 했던 것이다. 그 실례의 대표적인 것이 불갑산과 화학산, 그리고 백아산 주변에서 벌어졌던 대량학살이다.

전남 도당 산하 당원들과 빨찌산 대중들이 걸었던 길을 돌아보면서, 비록 어설프나마 이렇게 분석하며 반성해 본다. 다시는 반복되는 일이 없겠지만, 그냥 넘길 수는 더더욱 없는 처절했던 시기의 일들이다.

제5장 비망록

이상의 글들에서 기술되지는 않았지만, 전남 투쟁사에서 꼭 기억해 두어야 할 사건이나 인물들에 관해 여기 순서 없이 그 몇 가지 전말들을 적어 둔다.

1. 사건

언젠가는 그 진상이 밝혀져야 할 사건들. 이제는 그 엄청난 비법 비리에 대해 우리 모두 한 입으로 말해야 된다.

목포형무소 집단탈옥

1949년 9월 14일. 한창 탄압이 심하던 때 일어난 사건이다. 행형 당국의 가혹한 처우에 반기를 들고 재소자 전원이 탈옥에 가담했는데, 그들 가운데서 353명은 도로 잡혔다.

군경들은 이들을 트럭에 싣고 목포 시내 가가호호를 돌면서 '인육배급'을 한답시고, 문간에서 1명씩 살해해서 마당에 팽개쳤다. 잔인무도한 보복살해의 끔찍한 예이다.

물론 희생자들은 다 좌익수들이었고, 그들을 지지하거나 숨겨준 시민들에 대한 앙갚음으로 이 끔찍한 비인도적 만행을 저질렀다. 희생자 대부분은 제주도 출신들이었다.[46]

---

46) 이 사건은 제갈독수와 더불어 좌익 탄압의 선봉장이었던 박종록 등이 고의로 꾸민 것이라는 증언이 있다. 즉 하수인들로 하여금 죄수를 가장해

광주형무소 집단학살

1950년 7월. 6·25 당시 인민군이 남진해 옴에 따라 군경들은 그 설자리를 잃어가고 있었다. 이때 감행된 것이 형무소 좌익수들에 대한 무차별 학살이었다. 기결수뿐만 아니라 아직 형이 확정되지도 않은 미결수까지도 마구잡이로 트럭에 싣고 나가 집단으로 살해 암매장했다.

이렇게 죽임을 당한 숫자는 지금에 이르도록 정확히 알려지지 않고 있다. 미결수로 있다가 용케도 차례가 미치지 않아서 살아남은 사람들의 입을 통하여 전해질 뿐이다.

보도연맹원들에 대한 무법살해

위 광주 형무소 집단 학살 사건과 같은 시기에, 각 시군 경찰서들에서는 보도연맹원들을 집단으로 끌고나가 살해했다. 법은 깡그리 무시되었고, 절차도 예고도 없이, 단지 보도연맹에 가입했다는 이유만으로 결박을 지어 산골짜기에 싣고 가서 죽여버렸다. 해안지대에서는 배에 싣고 나가 죽여서 바다에 던졌다. 방법을 가리지 않았다.

이 무시무시한 학살극은 군 헌병들이 그 앞장을 섰다. 그리고 미군들이 개입하고 부추겼다.

지금에 이르도록 살해된 근거나 정확한 숫자는 알려져 있지 않다. 차츰 그 무법성과 잔인성이 백일하에 드러나고 있을 정도다.

감옥에 들어가서 거사하게끔 선동함으로써 빚이졌나는 것이다.

광주형무소 가사 집단몰살

1952년 2·3월경. 이때 광주 형무소 감방 안에는 수갑을 찬 사형수들로 꽉 차다시피했고, 유기수들은 수용할 데가 없어 마당에다 천막 가사를 꾸며서 집단으로 가두었다. 200에서 300명 가량되었는데 그 전부가 좌익수들이었다.

부식도 없이 맨 안남미 밥만 급식되었고, 배가 고파도 구역질이 나서 먹을 수가 없었다. 맨땅 덕석 깔개에 틀 칸막이로 구획되어 위생시설은 엉망이었다. 이름 모를 괴질이 번져 매일 생목숨이 죽어 나갔다.

견디다 못한 가사 수용자들이 인간적 대우를 요구하면서 항의했다. 그런데 형무소 당국은 한 마디 해명도 없이 네 귀퉁이 망대에서 기총소사를 퍼부어 그들 전원을 한 사람도 남기지 않고 다 죽여버렸다.

이 사실은 입에서 입으로 전달되어, 그 사건 뒤에 광주 형무소에서 징역을 산 사람들에게 내리 전해졌다.

2. 인물

앞에서 빨찌산 대열의 간부나 중견 일꾼들에 대해서 알려진 대로는 언급하였다. 그러나 보다 많은 보통 전사들, 아주 잘 싸운 일반 대원들에 대해서도 우리 모두 그 삶과 행적을 기억해 두어야 할 것이다. 그리고 빛과 영예를 길이 그들에게 돌려야 될 줄 안다.

소옥단

전남 빨찌산 역사에서 영웅 칭호를 받은 사람은 11명으로 알려져 있는데, 그중 하나가 여성 무장대원 소옥단이다.

그녀는 진도 태생인데, 광주 제사공장에서 일했다는 것 외에는 그 성장에 대해 잘 모른다. 입산해서는 제1연대 소속 병사로서 남자 대원 못지않게 날쌔고 용감했고, 그래서 거듭되는 전투에서 그 용맹성을 떨쳤다. 순천 진입전, 이양 토치카 격파전 때도 그 선봉에서 싸웠다.

그런 뛰어난 무장 활동이 인정되어서 전남 유격대 총사령관으로부터 영웅 칭호를 받았다.

1952년 4월까지 함께 싸웠다는 증언 말고는 그녀에 대해 더 소상히는 모른다. 1953년 장흥 지구에서 전사했다고 전한다.

지영배

그 출신도 경력도 잘 모른다. 1952년 여름이던가. 그는 화순 전구에서 싸우다가 중상을 입고 침공군에게 잡혔는데, 변절자가 되어 살아남기를 거부하고 꿋꿋이 대들었다.

침공군 병사들은 피범벅이 된 그를 당산나무에 매달고 살점을 도려내면서 고통을 가했다. 뼈가 드러나도록 고문은 계속됐다. 그러나 전사답게 최후를 맞겠다는 높은 당성을 끝까지 견지하면서 항복을 거부하고 죽음을 택했다.

이 소식을 통신원 편을 통해 알게 된 정관호가 「당원의 죽음 – 지영배 동무의 최후를 노래함」이란 시를 써서 '석태'라는 필명으로 『전남로동신문』에 실었다. 도내 빨찌산들이 그 글을 읽고 외면서, 저마다 지영배 동무처럼 싸우리라 맹세하며 그에 대한 흠모와 추앙의 염을 깊이 새겼다.

김완근

화순 신기리 출신. 광주 지구 유격대(대장 이태식) 중대장으로 김팔·조기술 등과 더불어 광주 시내를 종횡무진으로 누빈 편의투쟁의 용사다.

1951년 12월 백아산 전투 때 부상, 환자트에서 치료 중 수색병들에게 생포되었다. 화순 경찰에서는 그를 회유하여 빨찌산 역공에 이용하려 했지만 그 유혹을 단호히 거절했다. 경찰들은 그를 재판 없이 직결 처단했고, 그도 부족해서 그 시신을 경찰서 정문 앞에 15일 간이나 내걸었다.

그는 제1연대와 540부대(광주 지구 유격대) 합동으로 펼친 광주 서석국민학교 기습 때 그 선봉을 맡아 혁혁한 전공을 세웠다.

김완근은 전 빨찌산의 사표로 추앙되어 총사령관으로부터 영웅 칭호를 받았다.

최병호

출신도 성장도 잘 모르지만, 그의 별명 '휘파람 동무'라면 모르는 사람이 없었다. 공부를 별로 못했고 또 그것을 굳이 탐하지도 않아서, 구빨찌이면서 재산 기간 내내 연락 사업만 했다 (도당 조직부 지도원이기는 했지만).

루트 파악은 그의 천성인 듯, 아무리 어려운 목도 뚫어내는 능력이 인정되어 중요한 연락이나 간부들의 이동 때는 그가 앞장서 주기를 바랄 정도였다. 1951년 4월 이동 중인 도당부 성원들이 조계산에서 포위됐을 때도 그의 기지와 인도로 큰 피해를 모면했다.

그는 「개구리 타령」, 「담배 타령」의 명수인데, 노래로도 휘파람으로도 그것을 썩 잘 불렀다. 특히 여성 성기를 빗대어 부르는 잡가는 단연 장기 중의 장기여서, 오락회 때는 그것을 기어이 불리고 말겠다는 남성들과, 그것을 못 부르게 가로막는 여성들 틈바구니에서 그의 인기는 절정에 달했다.

언제, 어디서, 어떻게 전사했는지 알 길이 없다. 그저 천진스럽기만 한 대범한 기질, 그러면서 불의를 조금도 용납하지 않는 높은 당성. 평범을 내세우지 않는 그 평범이 실로 위대한 비범이었다.

송기수

광양 출신 구빨찌. 광양 군당에서 일했는데, 날렵하고 지리에 밝아서 백운산 주변에서 벌어지는 전투에서는 항상 선봉장 구실을 했다. 뒤에 광양 유격대 부부대장으로서 수많은 전투를 겪었고, 온 백운산 지구 조직 성원들의 귀감이 되었다. 영웅 칭호를 받았다. 제2차대침공 때 전사.

조국현

영광 출신. 총사 제1연대 창설 대원의 한 사람. 전남 유격투쟁의 불을 지핀 가랭이재 전투 때부터 참가했고, 남태준 휘하에서 소대장·중대장을 거치면서 순천 진입전, 이양 토치카 격파전 등 주요 전투에 모두 참가해서 혁혁한 전공을 세웠다. 영웅 칭호를 받았다. 전사.

정화근

화순 북면 출신. 어린 소년으로 입산, 간부들의 호위병으로 성장해서 부대 핵심 대원이 되었다. 총사 제15연대 항미소년돌격대 대장으로 많은 전투에서 맹활약했다. 특히 겸백 지서 공략전에서 소조를 이끌고 선봉에 섬으로써 수훈을 세웠다. 1952년 여름에는 보성 득량면 삼정리까지 깊이 진입하여 수력발전소를 기습 성공함으로써 또 하나의 빨찌산 전설을 엮었다. 이렇듯 혁혁한 전공을 세움으로써 영웅 칭호를 받았다. 전사.

김용식

화순 동면 출신. 탄광 노동자 가정에서 태어나 소년으로 입산하여 총사 보위부대 연락병으로 출발, 그 날쌤과 용맹스러움으로 일찍 이름을 떨쳤다. 총사 제15연대 항미소년돌격대가 조직되면서 그 대원이 되어 항상 선봉을 내주지 않았다. 특히 경전선 예재 터널 열차 습격전에서 혁혁한 전공을 세움으로써 영웅 칭호를 받았다. 전사.

홍용식

광주 양동 출신. 노동자 집안에서 태어나 일찍 부모를 여의고 누이 집에서 성장했다. 그 과정은 소상히 알려져 있지 않다.

후퇴 후 광주 지구 유격대 대원으로서 용감히 싸웠다. 특히 토치카 격파전에서 선봉으로 돌진하다가 오른팔에 부상, 마취약도 없이 이를 악물고 팔 절단수술을 받았다.

그 후 지리산 도당학교를 마치고, 제1차대침공 기간에도 꿋꿋이 살아남았다. 그리고는 서부로 다시 진출했다. 1952년 여름의 백아산 전투에서 나머지 왼팔마저 부상, 카빈총을 입에 물고 돌아온 이야기가 전설처럼 전한다. 그 팔마저 자르고 총사 환자 트에서 치료를 받던 중, 침공군에게 생포되어 끌려가다가 절벽에서 투신자살했다.

오직 한 길만을 믿고, 주저 없이 조직에 헌신한 그 높은 뜻과 강한 의지는 빨찌산 전 대원들의 귀감이 되었다.

제6장 제5지구당 전말

제5지구당에 대해서는 구체적인 자료나 정확한 증언이 없어 기술하기가 매우 어렵다. 그러나 전남 도당의 명운과 깊이 관련된 부분이 있으므로 그 창설과 해체 과정만 간추리기로 한다.

제5지구당 창설에 관해, 이현상이 무장부대를 이끌고 남하할 때 이미 그 지시를 받고 있었다는 견해가 전해지고 있는데, 그것은 아주 잘못된 것이다. 왜냐하면 지구당 편제에 관한 당 중앙 정치위원회 결정은 그 이후에 채택되었기 때문이다.

이현상은 남하하는 도중 1951년 7월 중순에 덕유산 송치에서 6개도당위원장회의[47]를 소집했다. 이 회의가 후퇴 후 처음 갖는, 즉 제1차 6개도당위원장회의다. 전남에서는 도당 위원장을 대신해서 김백동이 참석했다.

이 회의에서는 남조선 유격투쟁을 통일적으로 전개할 방안이 토의되었다. 그리하여 각 도당 휘하 일부 무장부대를 사단 편제로 개편하여 이현상 휘하에 둔다는 결정이 채택되었다. 전북 유격대가 적극 참가했다.

그 결과 한때 이현상(가명 로명선)의 명령에 의해 무장투쟁이 진행되었다. 가 도에서 발간하는 빨찌산 기관지도, 남부군에서 발간하는 신문 제호와 똑같이 『승리의 길』이라는 제호로

---

47) 충남북·전남북·경남북 등 여섯 개 도당위원장들이 모였다고 해서 '6개 도당위원장회의'라고 통칭한다. 그 후 구성원의 증감이 있었지만, 내리 이런 이름으로 불린다.

발간되었다.

그러나 제5지구당 창설에 관해서는 아직 지시도 받지 않았고, 따라서 그 6개도당위원장회의에서는 그 문제가 토의되지도 않았다. 이 6개도당위원장회의를 제5지구당 창설을 위한 제1차 회의였다고 전해지는 것도 잘못이다.

당 중앙은 9·28후퇴에 즈음해서, 적 후방의 유격투쟁을 효과적으로 전개시키기 위해 단일적인 지대화 방안을 채택했다. 그 지시가 주전선의 어려운 저항선을 뚫고, 충북 도당을 거쳐 이현상의 손에 들어온 것이 1951년 10월이었다.

이 지시에 따라 이현상 부대(남부군)는 독립 제4지대가 되었고(1951년 11월 14일), 전남 유격대는 제7지대가 되었다(1951년 11월 18일). 이로써 이현상 휘하에서 무장투쟁을 전개키로 한 지난번 회의 결정은 폐기되었다.[48]

정전회담이 진행되고 휴전 전망이 서면서 '제2전선'의 의미는 희석될 수밖에 없었고, 남조선 유격투쟁에 대한 전략도 바꾸어야 할 필요가 생겼다. 이때 제기된 것이 지구당 조직안이다.

1951년 8월 31일 당 중앙위원회 정치위원회는「미해방지구에 있어 우리 당사업과 조직에 대하여」라는 결정 제94호를 채택했다. 이어서「미해방 지구 내에 있어 당 장성에 대하여」라는 결정 제96호,「미해방지구에 있어 우리 당사업을 더욱 강화할 데 대하여」라는 결정 제111호가 채택되었다.

이 결정들을 남조선 당단체와 유격부대들에게 전달하면서

---

[48] 지대화 방안에 대한 결정과 집행 과정은 본고 제3장 '8. 무장유격투쟁'에서 언급했다.

지대화한 체제를 지구당 체제로 전환할 것을 지시한 것으로 알려져 있다.

 그런데 그 지시는 정식 루트를 통해 제때에 전달되지는 못했다. 그래서 1951년 8월경에 6개도당위원장회의가 지리산 뱀사골[49]에서 열렸고, 전남에서는 박영발 위원장이 직접 참석했지만 제5지구당 창설 문제는 토의되지 않았다.

 이 회의에서는 그간 진행된 유격투쟁과 당 사업에 관한 이견이 노정되어서 격론이 오갔다는 정도로 알려져 있다.

 지구당으로 개편하라는 지시는 가까스로 1952년 중반에 가서야 덕유산의 이현상에게 전달되었다. 이현상은 그 즉시 지리산으로 건너와서 회의를 소집했다. 이 회의가 제5지구당 창설을 위한 회의였다.

 당 중앙에서 지시한 지구당 편제는 아래와 같다.

 제1지구당 : 서울 및 경기도 전역
 제2지구당 : 울진군을 제외한 강원도 전역
 제3지구당 : 논산군을 제외한 충북 및 충남 전역
 제4지구당 : 경북 전역과 강원도 울진군 및 낙동강 이동의 경남 밀양·창녕·양산·울산·동래·부산 지역
 제5지구당 : 전북 전남 전지역, 제주도 전역, 경남 낙동강 이서 및 충남 논산군 지역

 1952년 10월. 제5지구당 창설을 위한 6개도당위원장회의는

---

49) 그 회의가 달궁골에서 열렸다는 증언이 따로 있다.

전과 마찬가지로 지리산 뱀사골에서 열렸다. 참석자는 이현상(제4지대장), 방준표(전북 도당 위원장), 박영발(전남 도당 위원장), 김병인(가명 김삼홍. 경남 도당 위원장) 등이었다.50)

회의에서는 제5지구당 창설을 놓고 견해들이 대립되었는데, 그 소상한 것은 알려져 있지 않다. 다만 각 도당부의 존속 여부가 그 초점이었던 것으로 전해지고 있을 뿐이다.

회의는 일주일 동안 계속되었는데, 개회 벽두부터 격렬한 논쟁이 벌어졌다. 왜냐하면 당 중앙위원회 정치위원회 결정 제94호51)에서 채택 지시한 조항, 즉 "종래 행정지역에 근거한 조직 체계를 보류하고, 잠정적으로 5개 지역을 설정하며 지구조직위원회를 조직하여 일체 당 사업을 조직 지도토록 한다"는 구절이 문제되었기 때문이다. 즉 종래의 도당을 해체하고 새로 창설될 제5지구당 산하 소지구당으로 들어오라는 뜻으로 해석된다는 점이었다.

거듭되는 토의 끝에 당 중앙 정치위원회 결정을 받아들여 제5지구당을 창설하기로 합의를 보았다. 또한 도당부를 존속시키면서 그 위에 제5지구당을 두는 것으로 의견들이 절충되었다. 그리고 문제의 소지구당은 도당 하부조직에 두기로 결정을 보았다.

이로써 제5지구당이 정식으로 출범하게 되었다. 그리고 각 부서 책임자의 인선 결정까지 보았다.

---

50) 이 밖에 다른 도당 위원장 또는 그 대리가 참석했는지의 여부는 확실치 않다.
51) 당 중앙 정치위원회 결정 제94호에 대해서는 '무장유격투쟁' 항목 말미 참조.

조선로동당 제5지구당 위원장 이현상, 부위원장 박영발(상임), 부위원장 방준표, 조직부장 조병하, 유격지도부장 박찬봉. 그 아래 기요과·통신과·경리과 등 부서를 두었다. 그리고 이현상·박영발·방준표·김병인·조병하·김선우·박찬봉 들로써 조직위원회를 구성하였다.

이 회의의 결정에 따라 전남 도당은 그 산하에 거점 중심의 소지구당 결성을 보았던 것이다. 하지만 이 문제로 이견들이 있었던 것으로 전해지고 있다.

박영발은 1953년 초여름에 제5지구당 부위원장 직무를 전담하기 위해 지리산으로 옮아왔다. 『5지구로동신문』도 발행했다(송영회·박남진). 각 도당과의 연계도 순조로웠다.

그렇게 사업들이 진척되던 때인 1953년 봄에 이승엽 일파가 반국가적 해당 행위를 한 사실이 폭로되어 전당적인 투쟁이 진행되고 있다는 통신이 접수되었고, 그해 가을에는 사법처분을 받았다는 보도가 있었다(1953년 8월 6일).

이런 일련의 보도가 접수되면서 제5지구당의 존속 여부가 문제되었다. 당시 5지구당 간부 대부분이 박헌영·이승엽의 영향과 그 지도 아래서 활동해 왔기 때문이다.

그래서 그해 9월 6일 제5지구당 조직위원회 확대회의가 지리산 토끼봉 아래 목동골에서 열렸다. 제5지구당 간부 20여 명이 참석했다. 김선우 위원장도 참석했다. 박영발은 그 회의 보고에서 박헌영·이승엽 등의 영향을 청산하기 위한 사상투쟁을 강화할 것을 다짐하면서, 그 일환으로 제5지구당을 해체할 것을 제의한다.[52]

토의한 결과, 이 회의는 제5지구당을 해체할 것을 결정하기에 이른다. 그리고 몇몇 주요간부들은 그 당적 직위를 다 내놓고 전원이 평당원으로 내려앉았다.

이현상도 그 결정에 따라 평당원 신분이 되었다. 그는 1953년 9월 18일 이동 도중에 빗점골에서 전사했다.

박영발은 조국출판사를 맡아 따로 나갔고, 정귀석·강경구 등이 그 뒷바라지를 맡았다.

제5지구당이 해체될 때 소수가 남은 이현상 휘하 김지회부대는 구례 군당 지도를 받게 되었고, 부대 이름도 995부대로 바뀌었다.

제5지구당은 해체되었지만, 조국출판사 성원들이 그 잔무를 맡아서 일했기 때문에 각 도당부와의 사무적 연락은 계속 보장되었다.

그 뒤 경남도당이 군경들의 침공으로 망가지자 조병하가 위원장, 박찬봉이 부위원장 직책을 맡아 전출했다.

그러나 조병하는 제2차대침공이 휩몰아치던 때인 1954년 2월 6일 지리산 조계골에서 생포되었다. 그리고 박찬봉은 덕유산에서 수색대에 포위되어 자결했다. 방영발과 그가 거느리던 성원들도 괴멸을 면치 못했다.

제5지구당 해체의 정당성 시비는 그 뒤에도 자주 거론되고 있다.

---

52) 이 회의에 전북 도당 위원장 방준표는 참석하지 않은 것으로 일려셔 있다.

맺음말

　조국해방전쟁 전후 시기에 전남 도당 산하 당원들과 빨찌산들은 당의 부름을 받아 스스로를 바쳐서 잘 싸웠다. 역사상 유례가 없는 가혹한 환경에서도 깃발을 내리지 않고 뚜렷한 사명의식과 자존을 지키면서 그 맡은 책무를 다했다.
　9·28후퇴를 맞아 그 갑작스러움에 당황하기는 했으나, 당의 호소 아래 곧 본연의 자세로 돌아가 적 후방 유격투쟁에 전력을 기울였다.
　미제 침략자들의 강력한 무장도, 그 앞잡이인 군경들의 무자비한 침공도, 조국과 인민에 헌신하겠다는 당원들과 빨찌산 대중의 투쟁 의지를 꺾지는 못했다.
　후방을 갖지 못해 겪는 탄약과 의료품의 부족도, 보급 사정이 어려워서 닥치는 굶주림도, 해마다 군경들의 집중공세와 더불어 엄습하는 잔인한 추위도, 결코 그들의 뜨거운 애국 열기를 식히지는 못했다.
　겨레의 귀한 아들딸들, 계급의 선발된 전위들은 마지막 피 한 방울까지 다 바쳐서 그 긍지 높은 임무를 훌륭히 수행하고 조국의 제단 앞에서 산화했다. 그 어떤 말로도 이들의 거룩한 죽음을 다 기리지는 못 하리라.
　몇 안 되는 생존자들의 증언을 추려 이 짤막한 글을 마물렀지만, 가신 이들의 발자취와 그 숨결을 낱낱이 가닥추리기에는 턱없이 모자란다.

앞으로 더 정확하고 더 많은 증언, 그리고 재산 조직들이 발행했던 문헌들이 찾아지는 대로 깁고 더하여서, 그들이 쌓고 간 업적을 밑받침하는 글이나마 되었으면 한다.

그 일이 이루어질 때까지 이 짤막한 글은 오래도록 미완성으로 남을 것이다.

제2부

전남 유격투쟁 약지(略誌)

전남 유격투쟁 약지(略誌)

  이 글은 『전남도당 활동약사』 가운데 「무장유격투쟁」 항목에서 대충 훑었던 바를 더 소상히 펼치고자 쓰는 글이다. 즉 전라남도 지역에서 전개되었거나, 전남 소속 부대들이 참가했던 무장유격투쟁 성과를 날짜순, 조목별로 밝혀 놓았다. 근거할 자료가 모자라고 정확치 못한 점을 무릅쓰고 하는 일이라 소루함이 없지 않다.

  ◎ 표시는 특기할 만한 작전.

1. 6·25 이전 시기

전라남도 지역에서의 무장유격투쟁은 5·10단선 반대투쟁 때가 그 시작인 듯하다. 제주도 4·3항쟁의 불길이 번져서, 단독정부 수립 획책을 저지하고 통일정부 수립을 목표로 내건 전 인민적 투쟁이 절정에 이른 단계에서 드디어 본격적인 무장투쟁으로 넘어갔던 것이다.

그 투쟁 수준과 규모를 한층 높인 계기가 된 것이 여수 14연대 봉기다. 그 봉기의 시비 여하를 막론하고, 그때부터 남조선 유격투쟁은 물러설 수 없는 결전 단계로 접어들었다.

전남 지역에서는 영광·나주·화순·구례 지방이 가장 일찍 그 기치를 높이 들었다. 거기에는 영광·함평 지방 인민들의 진취성, 나주 출신 선각자들의 희생적 이끌음, 화순 탄광 노동자들의 선구적 투쟁 의식, 구례 군당 조직의 올바른 지도와 유리한 입지조건 들이 크게 작용했던 것 같다.

○ 영광 돌팍재 접전

1948년 4월 초라는 이른 시기에 이미 무장투쟁이 전개되고 있었다. 그날 영광군 염산면 상계리 속칭 돌팍재에서 13명의 경찰관을 사살했다는 기록이 있다. 이 접전은 박막동(본명 석준)이 지휘했고, 그 지방 유격대들은 불갑산·구수산·태청산 등지에 거점을 두고 활약했다.

* 2000년 9월 5일 영광문화원에서 발간된 『광복 30년』 제3권에 위 내용이 실려 있다.

○ 구례 군당 유격대 조직

구례 군당은 1948년 5·10단선 반대투쟁 이후 비합법 신분이 된 박종하 등 25명으로 유격대(야산대)를 조직, 지리산 피아골에서 유격훈련을 실시하고 있었다. 그 시작 시기는 1948년 6월 24일경이다. 그때의 무장은 99식 소총 2정, 카빈 1정, 엽총 2자루, 도검 등이었다.

시작 당시의 간부 진용은 다음과 같다.

박대수 : 구례 군당 위원장
박종하 : 야산대 대장
최규복 : 야산대 정치위원
정호연
박병하

○ 박종하의 대두

남한 단독정부가 수립된 후인 1948년 8월 조선민주주의 인민공화국 수립을 위한 대의원 선거는 연판장 서명으로 대신되었는데, 박종하 부대는 임실과 순창 지역으로 파견되어 그 투쟁을 성공적으로 뒷받침해 주었다. 박종하가 전면에 나서 유격투쟁을 펼치게 되는 시초다.

○ 여수 14연대 봉기

1948년 10월 19일 제주항쟁 진압을 위해 파견되려던 여수 14연대 장병들이 "같은 민족에게 총을 겨눌 수 없다"고 외치면서 봉기했다. 이른바 '여순 반란사건'으로 불리는 이 의거가, 그 시기의 적절성 여부의 시비를 떠나서 남조선 유격투쟁에 끼친 영향은 실로 막대하다.

그 봉기군 주력은 광양 백운산을 거쳐 지리산 문수골로 들어가서 유격투쟁을 벌였다. 그리고 전남 빨찌산의 핵심도 이들 14연대 출신들이다. 이른바 '구빨찌'로 불리면서 6·25 이전 시기는 물론이요, 9·28후퇴 이후에도 전남 빨찌산의 핵심을 이룬 지휘관들은 거지반 이들이다.

전남에서 일어났고, 전남 지역 유격투쟁에서 온갖 기적을 창출한 봉기 병사들. 그들에 대한 바른 평가가 내려져야 한다.

○ 봉기군 길 선도

14연대 봉기군이 지리산 문수골에 도착한 것이 1948년 10월 22일. 구례 군당에서는 지리에 어두운 그들을 위해 구례 유격대로 하여금 길 선도를 맡게 했다.

○ 구례 제1차 공격

1948년 10월 23일 새벽. 김지회가 이끄는 봉기군 부대가 구례읍을 공격, 일단 점령은 했으나 곧 문수골로 철수했다. 이때 그곳 점령군 제15연대 연대장 이하 15명이 잡혔는데, 그들은 봉기군 지휘관 지창수를 만나 의거에 가담할 것을 약속하고 탈출로 위장하여 일단 귀대했다. 그러나 그 얼마 뒤에, 이른바 '숙군'에 걸려 전원이 처형되었다.

○ **구례 제2차 공격**

1948년 11월 19일 밤. 김지회 휘하의 500명과 지창수가 이끄는 200명 봉기군 병력은 구례 유격대의 선도를 받으면서 구례읍 2차 공격을 감행했다. 상대병력은 군 제12연대 2개 대대. 양군이 뒤엉켜 혼전을 벌이다가 피아간에 희생을 내고, 새벽녘에 짙은 안개를 타고 봉기군은 철수했다.

그 뒤에 군경들은 문척면 토금 마을에서 '빨찌산 동조자'라 하여 양민 17명을 끌어내어 모래밭에서 총살하고 시체를 불태웠다.

◎ **배티재 매복전**

1948년 11월 말경. 구례 지역 봉기군을 진압하기 위해 군산 주둔 제12연대 병력이 연대장 백인기 지휘 아래 배티재(산동면과 용방면 경계, 혹 쑥막재라고도 불림)를 지나고 있었다. 이들은 여기서 매복 대기하고 있던 김지회 휘하의 봉기군에 걸렸다. 이 전투에서 연대장 이하 60여 명이 전사하고 진압군은 남원으로 퇴각했다.

봉기군은 엠원소총 200정, 중기관총 1정, 경기관총 6정, 자동차 12대, 실탄 12만 발 등을 노획했다. 봉기군이 처음 올린 대전과였고, 그 전리품은 빨찌산의 월동 자원이 되었다.

참패한 군인들은 그 분풀이로 사람들을 무차별로 잡아다가 총살하고, 그것이 반란군 시체라면서 섬진강 모래톱에서 소각했다. 그 냄새가 연일 강변 마을들에 진동했다.

○ 순천 경찰서 습격

1949년 2월 14일 밤. 화순 유격대가 순천 경찰서를 습격하였다. 때마침 자행되던 탄압의 일환으로 재판도 없이 좌익계 청년들을 집단학살한 데에 경종을 울리기 위한 것이었다.

◎ 삽재 매복전

1949년 4월 초. 백운산 특수 뽈럭(특각)이 무장활동을 개시한 최초의 전투. 특각 거점이 간전면 용지동골에 있던 시기의 일이다. 지하 세포를 통해 황전면 지서 무장경찰들이 날마다 일정한 시간에 삽재로 순찰 나온다는 정보를 입수했다.

유격대장 박종하는 45명의 대원을 이끌고 새벽 2시에 출발, 삽재 현지에 도착 매복했다. 9시가 조금 지나 잠복망 속에 경찰병들이 들어왔다. 일제사격을 퍼부었다. 이 전투에서 카빈 3정, 99식 소총 2정을 노획하고 경찰관 1명과 주민들에게 식량을 지워, 한 명의 낙오도 없이 전원 무사히 귀환했다. 경찰관은 잘 타일러서 돌려보냈다. 깔끔한 승리였고, 그 성과는 빨찌산의 사기를 드높였다.

◎ 15연대 중화기중대 습격

1949년 6월 23일. 강사령(박종하의 가명) 부대는 광양군 진상면 신황리에 주둔하고 있던 군 제15연대 중화기중대 숙영지를 기습했다. 3일 동안 군인들의 움직임을 직접 세밀하게 정찰한 박종하는 밤 10시, 단신으로 주둔 건물인 마을회관 마당으로 넘어 들어가서 단검을 날려 보초들을 그 자리에서 침묵시켰다. 그리고는 건물 출구에 화염병을 던져 군인들이 우왕좌왕하는 틈에 일제사격을 퍼부어, 그들로 하여금 총 한 방 쏘지 못하고 손들게 만들었다.

이날 기습전에서 엠원소총 60정, 카빈 14정, 수랭식 중기관총 1문, 경기관총 5정, 60·80밀리 박격포 각 1문, 수류탄 5상자, 실탄 2만 발 등을 노획하는 전과를 올렸다. 그리고 주민 70명과 포로 36명에게 식량과 노획물을 짊어지우고 무사히 귀환했다. 특각이 창설된 이후 최대의 전과였던 것이다.

이로써 특각 유격대는 전원이 최신무기로 완전무장할 수 있었고, 이 다음에 감행된 9·16 작전의 성공도 여기서 비롯되었다 할 수 있다.

○ 곡성 경찰서 습격

1949년 8월 14일. 8·15기념투쟁의 일환으로 곡성 경찰서를 습격했다. 박종하가 이현상에게 불려가고 자리가 비어서, 그 대신 김환명과 김흥복의 인솔로 감행되었다. 이날 전투에서는 주공격 목표인 경찰서 외에 약 100여 미터 떨어진 금융조합에서 현금을 확보하는 깃이 계획에 포함되어 있었다.

○ 영광 연암교 매복전

1949년 여름. 애국 인민들에 대한 군경들의 무차별 집단학살

행위를 복수하기 위해 감행된 작전.

　당시 영광과 함평 유격대들은 빈약한 무장을 가지고도 불갑산과 태청산을 오가면서 유격투쟁을 벌여 그 세력을 키워가던 중이었다. 경찰들은 그 예봉을 꺾으려고 영광 모량면과 함평 월야면 경계인 밀재[蟬峙]에다 토치카를 구축해 놓고 유격대의 활동을 견제하고 있었다. 그뿐만 아니라 인민성이 가장 좋은 삼학리 내촌 부락 앞에다가도 토치카를 만들어 놓았다. 그리고 두 토치카 사이를 무장대들이 오가면서 교대근무를 하고 있었다.

　이들을 노리고 있던 유격대는 그 중간지점인 연암교에서 매복전을 펼쳐, 눈 깜짝할 사이에 버스를 점령하고 무장경찰 7명을 사살했다. 재빨리 무기를 노획한 전사들은 썰물같이 사라졌다.

　이 투쟁이 있은 뒤 경찰들은 삼학리에 쌍으로 토치카 하나를 더 쌓았다. 물론 주변 마을 주민들이 그 노역에 강제로 동원되었다.

◎ 광양 15연대 섬멸전

　1949년 9월 16일. 공화국 창건 1주년 기념투쟁의 일환으로 특각 유격대와 보성·순천·고흥 지구 유격대가 합동으로 벌인 작전이었다. 박종하(강사령)가 제1·제2 대대 약 60명을 지휘하여 광양 서국민학교에 주둔한 군 제15연대 본부를 습격하고, 특각 부사령관 정재숙(가명 나사령, 구례 산동면 출신)이 제3대대 약 40명을 지휘하여 광양 경찰서를 습격했다.

이에 앞서 응원 세력의 진입을 차단하기 위해 동부지구 연합 병력 약 200명이 순천 쪽 길을 막고, 구례군 유격대(김흥복) 약 50명으로 하여금 하동 쪽 길목을 막게 했다.

16일 자정을 기해 공격이 개시되었다. 박종하는 대원들을 목표물 30미터 전방까지 접근시켜 놓고 대대장 2명만 데리고 건물에 접근하여 보초를 쓰러뜨렸다. 그 순간 수류탄이 투척되고 일제사격이 퍼부어졌다. 잠자던 군인들은 대항할 엄두도 못 낸 채 작전은 10분 만에 끝났다.

이날 전투에서 군인 400명을 포로로 잡았고, 엠원 등 600여 정의 소총, 각종 기관총 30정, 박격포 6문, 많은 피복류 등 전리품을 노획했다. 남한 유격투쟁 역사에서 보기 드문 대전과를 기록했던 것이다.

이 실패를 만회코자, 당시 서남지구 전투사령관 박기병은 제5사단 15연대와 20연대 병력을 풀어 백운산을 쑥대밭으로 만들겠다고 큰소리치며 덤벼들었다. 그러나 지세의 이점과 교묘한 작전으로 맞싸운 빨찌산 전술에 말려 저희끼리 총격전을 벌이다가 피해만 입고 퇴각하고 말았다.

그리고는 그 분풀이로, 전리품만 운반해 주고 되돌아간 자기 부대원 전원을 총살시켰다. 그래 놓고는 그것이 빨찌산 시체라고 선전하면서 트럭에 싣고 다녔다.

실은 그들의 추격선에서 빨찌산은 한 사람의 전사자도 내지 않았다. 공격에서 후퇴까지 완전한 승리였던 것이다.

이때 노획한 전리품으로 전남 유격대 비무장 전원이 완전무장했고, 구례·곡성·광양 유격대 재편성을 위해 엠원소총 20

정씩을 분배했다.

이 작전이 성공한 뒤 박종하는 대원들과 함께 이현상 부대로 소환되었고, 노획해 간 무장으로 그 부대를 강화하여 사령관이 된다. 이후 그는 이현상 부대와 명운을 같이하게 되며, 나중에는 다시 남하하는 남부군(제4지대) 총참모장이 되어 혁혁한 영웅적 전공을 세운다.

○ **광주 방면 양동작전**

1950년 1월에서 3월 사이. 지리산 침공 세력의 분산을 목적한 이현상 부대의 광주 방면 순회작전.

이 무렵 빨찌산들은 심산에서건 야산에서건 아주 어려운 처지에 놓여 있었다.

침공 세력이 집중된 지리산에서 그 대부대가 연명하기에는 우선 식량이 부족했고, 보급투쟁을 나가면 군경들의 추격과 퇴로 차단으로 거듭 손실만 입었다. 이에 그 침공 세력들을 분산시킬 목적으로 양동작전을 감행한 것이 이 기간의 순회전투였다.

이때 이현상부대(제2병단)에는 박종하가 이끄는 제3연대, 이영회가 이끄는 제5연대, 구례 유격대와 회복기 부상자들로 편성된 제7연대가 있었다.

제7연대와 비무장 세력을 남겨두고 떠난 제3연대와 제5연대는 곡성 동악산 사세암골에서 일박한 뒤, 제3연대는 백아산을 거쳐 무등산 방면으로 진출하고, 제5연대는 추월산을 거쳐 광주 쪽에서 합류하기로 하고 헤어졌다. 각 연대 병력은 150명가량 되었다.

추월산 쪽으로 간 이영회 부대는 때마침 내린 눈으로 긴 족적을 남기게 되었다. 이 때문에 군경들의 추적 포위에 걸려서 큰 타격을 입었다. 작전계획을 중도에서 단념할 수밖에 없었고, 간신히 15명 정도가 살아서 백운산으로 후퇴, 거기를 거쳐 지리산으로 돌아갔다.

박종하는 백아산에서 제2대대(김흥복) 병력을 백운산으로 후퇴시키고 제1대대 병력만 거느리고 무등산 쪽으로 갔으나, 약속했던 이영회 부대와의 광주 협공은 하지 못하고 장흥 유치산까지 가면서 접전을 벌였다. 그러나 그 부대도 30~40명 정도의 잔존 대원들만 이끌고 간신히 귀환했다.

백아산에서 박종하와 헤어진 제2대대는 일단 백운산으로 건너왔는데, 거기서도 공격을 받아(문척과 간전 사이 터골재) 극소수만이 살아서 지리산으로 돌아갔다.

이 파견전투에서 살아온 대원은 약 70명, 지리산에 남아 있던 제7연대 병력까지 합쳐서 겨우 140명이 1950년 봄을 맞았다. 이들이 그해 6월 드디어 먼 북상 길에 오르게 되는 것이다.

○ **퇴각하는 경찰 습격**

1950년 7월 23일. 무등산까지 내려와 있던 빨찌산 일부는 6명씩 2개 조로 나뉘어 담양과 화순 방면 도로변에 잠복했다. 퇴각하는 적들을 공격할 참이었다. 그중 오금일과 황영주 조는 담양 고서에서 퇴각하는 경찰 트럭에 사격을 가했다.

소총 4자루뿐인 빨찌산의 공격에 경찰들은 맞대항을 하지 못하고 들판길로 도주했다. 6·25 전 유격투쟁의 마지막을 장식한 셈이다.

2. 9·28 이후 시기

갑작스런 9·28후퇴를 맞은 도당부는, 전면적 지하당으로 개편하라는 당 중앙 정치위원회 지시를 무장유격투쟁을 격화하는 것으로 집행할 수밖에 없었다. 그러나 그 산하에는 무기가 없었다. 퇴로를 차단당해 돌아가지 못한 인민군 무장이 유일한 것이었다. 이제 군경들과 싸워서 무장을 늘리는 길만이 나아갈 길이었다.

1950년 10월 5일 전남 도당 조직위원회는 전남 유격대 총사령부를 설치할 것을 의결한다. 그리고 도당 조직위원회 결정으로 채택된 유격전 전략 전술은 전남 유격대 총사령관이 집행토록 했다.

서둘러 유격대 총사령부(약칭 '총사')를 설치하고, 그 휘하에 직속연대를 조직했다(1950년 10월 10일경). 그리고 각 지구에는 따로 지구 유격대를 두었고, 각 시군당들에도 무장 유격대를 조직케 하였다.

이렇게 편제를 짠 전남 유격대는 당의 지도 아래 적 후방 유격투쟁 본연의 임무 수행을 위해 그 기치를 높이 든다. 그리하여 1950년 가을부터는 각 전구들에서 치열한 싸움을 벌인다.

이렇듯 유격투쟁을 조직 수행하는 과정에서 6·25 이전 구빨찌가 핵심으로 활동했고, 인민군 잔존 군관·병사들이 높은 사명감으로 이에 적극 가담하여 선봉적 구실을 다했다.

그러나 후방을 갖지 못하고, 힘의 공백기에 장악했던 해방구도 1951년 초에 침공당하기 시작했다. 이제 일부 지하조직의 도움을 받으면서 순수 재산활동으로 유격전을 펼칠 수밖에 없게 되었다.

1951년 초부터 주전선이 다시 남하함에 따라 "자기지역 자체해방", "내 고장은 내 힘으로 해방시키자"는 구호 아래 보다 치열한 공격적 투쟁으로 나아간다.

그렇듯 독자적 결정으로 무장유격투쟁을 전개하던 전남 유격대는 조선인민유격대 독립 제7지대로 개편된다(1951년 11월 18일). 그러면서 겨울을 앞두고 군경들의 대규모 침공에 대비하여야만 했다.

가장 어려운 것은 식량이었고, 인민군 병사들이 소지하고 있던 대부분의 무기들은 탄약 공급이 지속되지 못해 얼마 못 가서 폐기되었다.

한편 미군까지 가담한 침공대들은 이미 익숙해진 지세와 월등히 우수한 화력으로써 초토전·항공전·세균전까지 감행하면서 빨찌산을 괴롭혔다.

전쟁이 장기화됨에 따라 주전선은 고착되었고, 또 정전협정 체결로 인해서 전선 병력을 대량 후방으로 돌릴 수 있게 되었다. 그리하여 1951년 가을에서 1952년 봄에 걸친 군경 연합의 제1차대침공은 유격대들에게 공격적 역량으로서의 존속을 어렵게 만들었고, 1953~1954년에 걸친 제2차대침공은 빨찌산에게 괴멸적 타격을 입혔다.

그러나 빨찌산들은 당이 이끄는 노선에 따라 끝까지 잘 싸움으로써 민족투쟁사에 길이 빛나는 자취를 남겼다. 그 영웅적 활약은 수많은 전설을 낳으면서 인민들의 구전 속에 고스란히 전해지고 있다.

◎ 가랭이재 매복전

1950년 11월 중순경. 모후산 지구 유격대가 창설된 지 얼마 되지 않았던 때의 일. 대원들에게 지리를 익히고 훈련도 시킬 겸해서 천봉산 발치를 행군하다가, 가랭이재를 향해 병치 골짜기로 들어가는 기동경찰대를 유격대 정찰조가 발견했다. 그들이 틀림없이 도로 빠져 나오리라는 판단 아래 골짜기 양 능선에 매복진을 펴고 대기했다.

아니나 다를까, 날이 기울쯤 해서 아무 경계심도 없이 귀대하는 경찰대를 잿마루에서 때렸다. 유격전 교과서 대로의 매복전이었다. 유격대 쪽은 아무 피해도 없이 경찰대를 몽땅 때려잡았다.

이날 전투에서 엠원소총 9정, 경기관총 1정, 많은 탄약 등을 노획하는 대전과를 올렸다. 첫 전투에서 승리한 대원들은 사기충천, 최신 무기까지 노획해서 전력도 강화하는 큰 성과를 올렸다.

이때의 전투 지휘를 남태준이 한 것으로 전해진다. 아직 그가 총사 제1연대를 맡기 이전의 일이다.

* 이 전투에 참가한 부대원들이 자칭 '105부대 소속'이라고 밝혔다는 증언이 있다.

◎ 이양 철로 폭파작전

1950년 11월 24일. 군의 병력수송 수단을 파괴하며 징집되어 가는 청년들을 구출하려는 것이 그 목적이었다. 화순군 유격대가 주축이 되어 펼친 작전이었다(황영주 지휘).

제2국민병인 듯한 청년들을 실은 열차가 24일 오후 4시경에 통과하리라는 정보에 따라, 화학산 깃대봉에서 동쪽으로 내리뻗은 당그래 능선 자락 철로에다 폭약을 장치해 놓고 매복 대기했다. 열차가 절벽 밑을 통과할 즈음 유선격발장치로 폭발시켰다. 절벽 위에서는 일제사격이 퍼부어졌다.

열차는 비스듬히 왼쪽으로 기울어 멈추고 끌려가던 청년들 수백 명이 들로 흩어져 도망쳤다. 호송하던 군경들도 그 속에 섞이어 도주했다.

10여 명의 호송 군경은 현장에서 포로가 되었고, 들판으로 도망가던 군경들은 냇물 건너 품평리 앞산에 군복으로 변장 매복하고 있던 화순 유격대에게 잡혔다. 포로들은 모두 훈방됐다. 노획 무기는 미상.

전과의 많고 적음에 관계없이 의미가 있는 작전이었다.

○ 화순 이서면 지서 공격

1950년 11월 30일경에 있었던 작전. 행정력을 되찾기 위해 화순 경찰기동대가 백아산 일대 해방구들 넘보던 때의 일이다. 이서면 지서는 원래 야사 마을에 있었는데, 그 건물은 이미 6·25 이전 빨찌산들의 공격을 받고 타버렸다. 이번에 다시 침입해 들어와서는 월산 경산에다가 토치카에 이중 대울타리까지 둘러쳐 놓고 빨짜산들의 목을 조이고 있었다.

아직 총사 직속연대도 조직되기 전이다. 수리 일대에 모인 무장대들이 두 조로 나뉘어, 이 대울타리 부수기에 나섰다. 주력은 된재를 돌아 너덜강을 타고 진입했고, 다른 소조는 독재 능선을 타고 내려와 보산 쪽에서 들어왔다.

아직 무장도 변변찮고 전투 경험이 없는 대원들이 대부분이었다. 경찰병들은 포사격을 마구 퍼부으면서 반격으로 나왔다. 바위너설에 포탄이 작열하면서 위력을 나타내었다.

꼭 점령할 계획도 아니었고 또 그럴 만한 무장도 아직 갖추지 못한 채였다. 그러나 그들이 함부로 해방구 안으로 침입하지 못하게 하는 데는 성공했다. 그리고 이날 전투는 그 뒤로 이어지는 치열한 싸움의 한 교본 구실을 했다. 피해는 입지 않았다.

○ 함평 월야면 지서 습격

1950년 11월 30일 불갑 지구 산하 유격대들은 월야에 진주하여 토치카를 구축하려던 경찰 지서를 습격, 그 건물을 소각하고 방어책을 축조하기 위해 쌓아 두었던 목재들을 몽땅 불살라 버렸다.

함평 일대에서 월야면이 행정 복구가 제일 늦었는데, 그만큼 불갑 지구 유격대와 투쟁인민들의 항거가 드세었기 때문이다.

○ 함평 시목 마을 매복전

1950년 12월 2일 함평군 월야면 시목 마을 앞에서 벌어졌던 전투. 이날 군 병력(악명 높은 제5중대)이 24번 국도를 따라 삼서면 쪽으로 이동하고 있었는데, 마을 앞 한새들에 이르렀을 때 빨찌산들의 기습을 받고 현장에서 군인 2명이 즉사했다.

지방 유격대는 마을 뒷산에 매복하고 있다가 군인들을 근접시켜 놓고 집중사격을 퍼부은 것이다. 패주하는 군인들의 등뒤에 대고 투쟁인민들은 꽹과리와 징을 울리면서 환성을 올렸다.

진주 군인들의 동삼면(해보·월야·나산 등 3개 면) 일대에 대한 양민 학살을 저지하기 위한 세력 과시였다.

○ 광주 봉화 투쟁

1950년 12월 29일. 인민군의 남진과 중국인민지원군의 참전을 알리면서 조국해방전쟁의 궁극적 승리를 위해 궐기할 것을 호소하는 봉화투쟁은 9·28후퇴 이후 꾸준히 전개되었다.

이날 광주 유격대 선동대들은 광주 시내 학동 1·2구, 서석동 등 고지 5개소에서 봉화를 올리고 메가폰으로 소리 높여 구호를 외쳤다.

이와 같은 봉화투쟁은 도내 여러 전구에서도 꾸준히 전개되었고, 적 후방 유격투쟁 본연의 임무인 전주 절단, 도로 파괴 등 교통 통신 수단 마비 투쟁과 더불어 진행되었다.

○ 함평 문장 지서 공격

1951년 1월 17일. 불갑 지구 기동대와 함평·무안의 군 유격대가 합동으로 벌인 작전. 경찰들이 18세에서 40세에 이르는 청장년들을 전선으로 강제동원한다는 첩보에 근거해서 함평군 해보면 문장 지서를 공격함으로써 그들의 의도를 꺾기 위한 것이었다.

전사들은 대낮에 지서를 앞뒤 두 방향에서 공격, 주변 토치카를 격파하면서 경찰들을 지서 안으로 몰아넣었다. 그리고 군 주둔소와 한청 본부 건물을 소각하는 한편, 선동대들은 군경들의 강제동원에 응하지 말라고 호소하면서 무장대들을 성원했다.

이 작전은 문장에 주둔하고 있는 군 제5중대 병력이 다른 곳으로 이동한 틈을 찌른 것이었다. 이날 전투에서 대항하는 경찰 수 명을 살상하였고, 빨찌산 공격대원 김태복이 전사했다.

◎ 호남선 구진포 철교 폭파

1951년 1월 18일. 군 수송력을 마비시키기 위한 작전의 하나. 불갑 지구 유격대에 의해서 세워진 계획인데, 목표물은 호남선의 다시와 영산포 사이 굽이 사나운 구진포 철교.

중천에 걸린 달을 업고 선발 정찰대가 적정 유무를 살핀다. 철교 양쪽 좀 떨어진 데에 매복대를 배치하여 만약의 경우에 대비한다. 새벽녘 경비병들이 안심하는 시간을 골라 재빨리 폭약을 매설한다. 준비는 완료.

지휘부의 신호에 따라 도화선에 불을 댕긴다. 숨을 죽이고 기다리기를 수 분. 다이나마이트의 폭음과 함께 불기둥이 솟는다. 작전을 끝내고 기지에 돌아온 시각이 이튿날 오전 9시. 한 사람의 낙오자도 없이 작전은 성공을 거두었다.

구진포 철교 선로와 철판은 박살이 났고, 교각은 밑뿌리까지 금이 가서 당분간 기차는 운행되지 못할 것이라 했다.

○ 영광 백수면 대치전

1951년 군경들의 이른바 춘기공세 시작. 1월 20일 새벽 5시를 기하여 영광 조직들이 근거하고 있는 백수면 갓봉·수리봉 일대를 에워싸고 경찰 연합부대 200명이 죄고 들어왔다. 비무장 조직원들과 투쟁인민을 지키기 위해 영광 유격대(막동이 부대)는 이를 요격하여 치열한 싸움을 벌였다. 당시 영광군 유격대는 겨우 구식 소총들로 무장하고 있을 뿐이었다. 그러나 용감히 싸워 일단 격퇴시켰다.

그러나 경찰들은 포위를 풀지 않고 이튿날 다시 공격해 들어왔다. 화력에 밀리는 유격대들은 고지를 뺏기고 뺏으면서 육박전까지 벌여 결국 경찰 25명을 사살하고 부상 20명, 포로 1명의 전과를 올렸다.

그러나 많은 비무장과 투쟁인민들이 밀고 밀리는 싸움에서 큰 손실을 입었다. 경찰병들의 이날 공세는 불갑 지구 전체에 걸친 침공의 일환이었다.

○ 불갑산 방어전

1951년 2월 19일. 군경 연합 침공대는 영광 백수면 일대를 비롯하여 태청산·장암산 인접지대를 휩쓸면서 불갑산 포위망을 죄어 왔다. 동원된 병력은 군경 합쳐서 약 1,500명.

마침내 2월 20일. 신새벽부터 침공대는 7개 방향에서 불갑산을 에워싸고 침공해 들어왔다. 지능선에서 무안군 등 지방 유격대들과 교전하면서 침공군은 요소요소에 잠복대를 배치해 놓고 빨찌산 주력을 포위하는 형세로 죄어들었다.

박정현이 이끄는 지구 유격대는 용천사 뒷능선에 최후 방어진을 폈다. 무장은 구식 소총 등 합쳐 겨우 40여 정. 참호를 파고 접근전을 벌였는데, 전황이 무르익으면서 비무장 인원들도 가담해서 석전·육박전으로 맞섰다. 그렇게 오후 3시경까지 버티었지만, 탄환이 떨어져서 더 이상 지킬 수 없게 되었다. 부대를 쪼개서 소조로 나누어 신광 쪽으로 혈로를 트고 간신히 빠져나갔다.

기동대의 무장을 믿고 올라온 투쟁인민들은 마지막까지 덤비었지만, 더 어떻게 해 볼 도리가 없어 무참히 죽음을 맞았다. 특히 용천사골과 산안 부락, 오두치 능선 들에서 많은 비무장 인원들이 참변을 당했다. 전남 유격전 사상 잊을 수 없는 희생 기록을 남긴 싸움이었다.

○ 남해여단 괴멸전

1951년 3월 18일. 아침 일찍 바람재를 거쳐 침공대가 달려들었다. ○○부대(남해여단) 당직사령은 경비 구역인 화학산 주능선에 올라가서 보초 배치를 확인했으나, 때마침 짙게 낀 안개 때문에 침공대의 진입을 미처 발견치 못했다고 한다.

저희끼리의 신호에 맞춰 사방에서 불거져 나온 침공대들은 이렇다 할 저항을 받지 않고 유치내산 깊숙히 들어와서 간부들의 은신처를 습격했다. 대전할 준비는 되어 있지 않았다.

완전히 일방적으로 당한 것이어서 피해는 엄청난 것이었다. 여단장 이청송을 비롯하여 국가적 간부 여럿이 전사했다.

그 좋던 무장과 인민군 출신 전사들을 일시에 잃고, 극소수가 포위망을 뚫고 탈출했을 뿐. 전남 유격전 사상 가장 수치스러운 피해를 본 사례에 속한다.

○ 복내 지서 공격전

"자기지역 자체해방"이라는 큰 구호 아래 진행되었던 투쟁의 일부. 1951년 3월 중순경. 총사 제1연대와 제15연대가 합동으로 벌인 복내 지서 공략전이다. 제1연대 분조가 보성서 올라오는 기동로와 개기재 목을 각각 차단하였다. 제15연대 분조는 동북 방향인 문덕 쪽 길을 차단했다. 그리고 주력들이 동서로 협격해 들어갔다.

이 전투는 말봉산 이동 루트의 안전을 확보하는 동시에, 그 언저리를 주무대로 활약하는 두 직속연대의 식량과 보급품을 확보하려는 목적이었다. 그 가운데는 의약품 조달을 위한 특별팀도 끼여 있었다. 이 무렵에 괴질의 정체가 밝혀졌고, 이때는 치료약(마파상) 확보를 위한 전당적 투쟁이 시작되던 무렵이기도 했다.

완전히 점령은 하지 못했지만, 목적했던 보급품과 의약품은 많이 확보할 수 있었다. 부상자 몇 명 외 큰 희생은 나지 않았다.

◎ 순천 진입작전

주전선이 다시 남하해서 서울을 돌파하고, 원주 오산 선까지 내려왔다. 이때 총사에서 내건 구호가 "자기지역 자체해방"이다. 각급 유격대들은 사기가 더욱 높아져서 "우리 힘으로 우리 고장을 해방시키자"면서 떨치고 일어났다. 이런 상황 아래서 감행된 것이 순천 진입작전이다.

　발진기지는 말봉산 대원사. 2대의 발동기가 연이어 쌀을 찧어낸다. 각 부대들은 지정된 장소로 모여든다. 제1연대를 비롯한 총사 직속연대들, 모후산 지구 유격대원들, 보성을 비롯한 각 군 유격대원들, 그 밖의 비무장 성원들이 다 모였다. 작전의 총지휘는 총사 오금일 부사령관.

　제1차 진입. 일단 출발을 했는데, 그 많은 인원이 동원되다 보니 경찰에게 조발(발각)되어 하는 수 없이 일단 물러선다. 그러나 작전계획에 변경은 없다. 여느 부대들은 돌려보내고 제1연대와 제15연대만 남았다. 백운산으로 퇴각하여 깊이 잠복하면서 기회를 엿보았다.

　제2차 진입. 3월 22일을 기해 다시 작전을 편다. 행군거리는 길지만 우회하는 루트를 잡아서 그 촘촘한 인주보초선을 뚫는다. 남태준이 이끈 제1연대의 목표물은 농업고등학교에 주둔한 군 본부. 제15연대 목표물은 순천 경찰서 및 인근 적성건물들이다.

　제1연대 선봉대가 목표한 병사에 돌입 점령하고 보니, 무기고에 무기는 별로 없고 각종 탄약이 가득했다. 뒤따른 대원들이 짊어질 대로 짊어지고 빠져 나오는데, 날이 밝으니 적들의 추격이 집요했다. 짊어진 탄약이 너무 많고 무거웠기 때문에 용계산 발치에서 조금 뺏기기는 했지만 무척 많은 양을 날라왔다. 그 탄약으로 그해 내내 잘 싸울 수 있었다.

　한편 제15연대 병력은 시내 들머리 토치카를 파괴하면서 경찰서를 향해 돌진해 들어갔다. 적성건물 소각조, 의약품 등 특수물자 조달조, 선동대 등 분담해서 거리를 누볐다. 그러던 중 군 장갑차가 출동 반격하는 바람에 경찰서 점령은 단념하고 철수했다.

두 연대 합쳐서 적잖은 희생자를 내기도 했다.

백아산에 돌아와 환영받는 자리에서 남태준 연대장은 영웅 칭호를 받았다. 그러나 대부대가 동원된 이런 형태의 밀어붙이기 공략전은 빨찌산 투쟁의 원칙에 비추어 바람직하지는 못하다는 자체 비판도 있었다.

○ 석곡 경찰 합숙소 강습

1951년 3월 31일. 곡성군 유격소조는 곡성군 석곡면 경찰 합숙소를 강습하여 대항하는 경찰들을 무찌르고 무기 3정을 노획했다. 이날 전투에서 항복을 거부한 경찰 7명이 사살되었다.

○ 광주 형무소 해방작전

1951년 3월경. 총사 직속 연대, 광주 지구 유격대(540부대), 광주시 유격대 들이 합동으로 벌인 시내 침투전. 광주 형무소에 갇힌 애국인사들을 해방시킬 목적으로 감행된 작전이었다. 경찰서를 비롯하여 적 무장세력들을 차단하면서 결사대 선봉은 형무소 담을 넘어가기까지 했다.

그러나 수비병들이 반격으로 형무소 해방에는 성공하지 못한 채 철수하고 말았다. 총지휘 오금일.

* 증언이 불확실해서 정확한 것을 기술치 못한다.

◎ 석곡 지서 포위전

지하선에서 올라온 정보에 의해 조직된 특수작전이었다. 석곡 지서를 공격하는 척하면서 읍내와 주변 일대를 샅샅이 뒤져서 괴질(재귀열)에 듣는다는 마파상을 획득하는 일이었다. 총사 제15연대 주력이 동원되었고 곡성군 유격대가 앞장을 섰다.

지서는 포위만 해 놓고 면사무소를 집중적으로 공격했다. 별 저항 없이 면사무소 안으로 진입할 수 있었다. 목적했던 마파상 주사약이 상자마다 가득히 들어 있었다. 작전은 성공했고, 확보한 물자도 고스란히 반출되었다.

4월 초에 있었던 작전이었다. 무기보다 몇 곱절 귀한 약품을 챙겼다. 이제 재귀열은 극복될 터였다

◎ 광주 시내 침투전

1951년 4월 3일. 광주 시내 서석국민학교에 주둔하고 있는 군 제8사단 숙영지 기습전. 광주시당 지하조직의 제보를 받고 제1연대(남태준)와 광주 지구 540부대가 합동으로 벌인 작전이다.

학교 정문 보초를 잡아서 군호를 빼앗고, 때마침 강당에서 오락회를 벌이고 있는 데를 급습했다. 순식간에 그들을 완전히 제압했다.

이 밖에 경찰서 등 적성기관들을 습격 소각하고 재빨리 철수했다. 전과는 미상.

○ 화순 역전 지서 기습

1951년 4월 5일. 화순군 유격소조는 대담하게도 화순 역전

지서를 기습하여 그들 숙사에 수류탄을 투척, 그들을 모조리 잠재웠다. 동시에 울타리 안 벙커에 수류탄을 던지면서 맹사격을 퍼부어 그들로 하여금 대항할 여지를 주지 않고 모조리 섬멸시켰다.

한 순간의 일이었지만, 기습은 성공해서 경찰병들을 정의롭게 제압하고 카빈 2정, 실탄 200발을 노획했다.

◎ 이양 토치카 격파전

1951년 4월 6일. 제1연대와 제15연대에서 선발된 소부대에 의한 기습전이었다.

이양 지서는 모후산 지구와 유치 지구 사이에 박혀든 쐐기 같은 존재로, 빨찌산의 이동을 저해할 뿐만 아니라 유치 지구를 직접 공격하는 거점 구실을 하고 있었다. 또한 수송로의 요충이기도 해서 항상 군 제20연대 1개 중대 병력이 상주하고 있었고, 임시로는 300, 400명의 무장대가 진을 칠 수 있었다. 이미 그들에 의해 00부대(남해여단)가 큰 손실을 입고 있는 터였다(3월 18일).

이날은 오전 2시 이양읍을 포위하여 놓고, 선발대는 우회하여 경찰 지서 부근 보초를 생포해서 적정 배치를 소상히 알아냈다. 경찰 기동대와 상주 군 부대가 목표였는데, 지방 조직의 상세한 정보에 따라 기습을 걸었다.

전면 공략은 피하고 요소만 때렸다. 전광석화 같은 작전은 성공해서, 한 소조는 철도경찰 지서와 학도대 본부를 기습했고, 다른 소조는 청풍 쪽 토치카를 고립시켰다. 또 다른 소조는 살미산 토치카와 그 주둔병들의 숙사를 기습했다.

이날 기습으로 군경 수비병 사살 20명, 중상 30여 명을 내었고, 경기관총 2정, 소총 17정, 각종 실탄 3,000여 발을 노획하는 전과를 거두었다. 그중 경기 1정은 토치카 총안에 마구 매달려서 뺏었다. 비록 규모는 작았으나 깔끔하게 치고 빠진 전투였다. 조성녀·신봉윤 전사들이 수훈을 세웠다.

◎ 광주 기마경찰대 본부 소탕

1951년 4월 6일. 광주시 유격대는 오전 1시 기마경찰대 본부를 포위 기습하여 병사에서 잠자던 대장 이하 대원 전원을 사살 또는 생포했다.

광산 유격대는 군경이 이용하는 학동 고무 공장, 정미소, 남광주 역을 공격 소각했다. 다른 소조 돌격대는 서방 지서를 공략했다. 한편 선동대들은 빨찌산 투쟁의 정당성과 그 승리를 외쳤다.

이날의 종합 전과는 경찰병 사살 38명, 생포 3명. 중기 1정, 소총 14정, 실탄 1만여 발, 수류탄 60개 등 노획. 시군 유격대 단독 작전으로는 크게 성공한 전투였다.

한편 따로 움직인 540부대 소조는 군 제20연대 정문에 총격을 퍼부어 그들로 하여금 큰 혼란에 빠지게 하였다.

"빨찌산은 백아산에 7명만 남고 나머지는 모두 소탕했다"고 호언하던 군경들의 기만선전을 여지없이 분쇄했다.

○ 다도 지서 점령

1951년 4월 10일. 이양 전투에서 승리한 총사 직속연대 소조와 나주 유격대 정예들이 감행한 작전.

충천하는 사기와 돌격정신으로 다도 지서 토치카를 격파하면서 지서와 면사무소·청년방위대 본부 등을 습격하여 경찰 21명을 살상, 경기관총 1정, 소총 3정, 실탄 다량을 노획하였다.

이날 전투에서 청년방위대원 20여 명을 사로잡아, 그들에게 원쑤가 누구인가를 똑바로 가르쳐 주고, 주민들에게도 미제 침략자들의 야망에 맞서 일어설 것을 호소 선동하고 귀대했다.

○ 화학산 대혈전

1951년 4월 24일. 유치내산과 화학산 언저리 전 지역을 에워싸고 대규모 침공전이 전개되었다. 이양과 광주에 주둔한 군병력과 주변 각 군 경찰기동대가 연합해서 달려들었다. 유격대가 순천을 들이친 때(3월 22일)부터 그들은 대규모 침공을 계획했던 것인데, 그것이 이양에서까지 당하고 나니(4월 6일) 그 침공 계획이 더 촉급해졌던 것이다.

이때 유치 전구 안은 유치 지구(제3지구) 산하 각급 조직 성원들과 투쟁인민들로 붐볐고, 3월 18일에 남해여단 지휘부가 당한 뒤에도 그 숫자는 별로 줄지 않았다. 이런 상황은 이미 군경들에게 내통되어 있었을 터이고, 거기에 대한 빨찌산 전열의 대비는 통일되어 있지 못했다.

이날 총사 제1연대 병력은 삿수바위에서 화학산 정상(삿갓봉)까지 포진했고, 제15연대가 그 북쪽 금성산과 개천산 쪽 능선에 배치되었다. 민청연대도, 지구 유격대도, 각 시군 유격대들도 각각 지정된 능선과 고지를 맡고 있었다. 그리고 그 아래로 비무장 인원들이 집결하여 노래와 구호로써 사기를 돋우었다. 온 산이 총성과 함성으로 들끓었다.

전체 지휘는 총사 부사령관 오금일이 맡았고, 참모들은 삿갓봉에서 전 부대를 장악하고 있었다. 당 간부들은 각수바위 아래서 긴급한 정보들을 교환하고 있었다.

제15연대의 기관포 사격이 빨찌산들의 사기를 북돋우었다. 물론 전면적 대치전을 벌일 작정은 아니지만, 어두울 때까지는 버티어야 수많은 비무장 성원들을 지켜낼 수 있다.

침공대는 많은 손실을 보면서도 비행기의 기총사격, 야포와 박격포 등 중화기의 엄호 아래 삿갓봉을 향해 그 포위망을 조인다. 그들은 전투에 경험이 없는 학도대까지 앞세워서 기어오른다. 많은 죽음을 낸다. 그러나 오후에 접어들면서도 그들은 공격을 늦추지 않는다. 어떻게든 주능선을 침공군에게 빼앗겨서는 안 된다. 사투는 계속된다.

그러나 4시가 지나 각수바위 능선이 뚫리면서 전세가 불리하게 기운다. 최선을 다해 버티어 보았지만, 어둠을 기다리지 못하고 무장대들은 후퇴하기 시작한다.

여기서부터 파국이 닥친다. 침공군은 빨찌산과 투쟁인민들이 소재 골짜기로 빠질 것을 예측하고 거기에 집중사격을 퍼부었고, 열두모퉁이 병목을 막았다. 퇴로가 막힌 비무장 성원들은 가마터 능선을 넘으려고 필사적 탈출을 시도한다. 이 계곡에서 많은 희생을 냈다.

해는 아직 많이 남았는데 점령한 능선에서의 집중사격은 계속된다. 그리고 골짜기 수색이 따른다.

침공군 병력들은 그날 밤에 포위를 풀지 않은 채 밤을 새고, 이튿날도 수색을 계속했다. 미처 빠져나가지 못한 대원들, 부상을 입고 움직이지 못한 사람들을 침공군 수색대원들은 무조건 총탄을 퍼붓고 일일이 확인사살까지 했다.

이날 입은 희생은 전남 유격전 사상 유례없는 기록으로, 아는 이로 하여금 길이길이 통분을 자아내게 만들었다. 죽음만 1,000명을 헤아렸는데, 생포된 숫자도 엄청나다. 침공군 당국이 축소해서 발표한 숫자만 해도 사살 700명, 생포 400명이다.

이 화학산 대혈전은 빨찌산 대치 전략을 재검토하게 만든 계기가 되었다.

○ **순천 재돌입전**

1951년 5월 20일. 백운산 지구 유격대(유몽윤), 총사 직속 제7연대(박대수), 광양군 유격대(고정수) 들의 합동작전.

순천 교외에 있는 농업학교에 군 백골부대 300명이 주둔하고 있다는 정보에 따라 이를 쳐부술 작정으로 출격했다. 그런데 막상 현지에 가서 확인해 보니, 그들은 바로 전날에 하동 방면으로 이동했다는 것이다.

긴급 작전회의를 열고 공격 목표를 변경하여 동순천 파출소, 북문 파출소, 역전 파출소를 격파하기로 하였다. 북문 파출소 공격조에서 올리는 총성을 신호로 일제히 진격해 들어갔다.

격전이 벌어졌다. 지난 3월 22일 제1연대에게 당한 경험이 있는 군경들은 탱크와 장갑차를 앞세우고 반격해 왔다. 진입한 빨찌산은 짧은 시간 안에 결판내기로 하고 날쌘 공격을 퍼부었다.

결국 두 시간 동안에 걸쳐 싸움이 전개되었다. 이 전투에서 군경에게 효과적인 타격을 주고 후퇴했다. 여기서 약간의 무기와 군수품 등 전리품을 노획했다.

○ 강진 병영읍 돌입 서명투쟁

1951년 5월 29일. 총사 제15연대(황영주)와 유치 지구 유격대(박경한)가 합동으로 벌인 작전이다.

이날 전투의 주목적은 병영 읍민들에게 주전선에서의 정전협정 체결을 호소하며, 베를린 어필(5대열강 간의 평화조약 체결을 촉구하는 세계평화이사회 호소문)의 서명을 받는 일이었다. 강진 군당 산하 조직들의 선도를 받았다.

병영은 전체 읍을 대울타리로 둘러치고 있어 우선 그것을 뜯어부수는 것부터가 어려웠다. 적탄이 날아오는 속에서 대원들은 미리 준비해 간 연장들로 방책을 부수고는 지서 총격 차단조, 시내 돌입 선동조, 퇴각로 확보조로 각각 나뉘어 시내로 돌입했다.

메가폰 선동조가 베를린 어필의 의미를 요약해서 해설하면서 서명을 받는 한편, 정전협정을 체결해야 된다는 국제적 여론을 깨우쳐 주었다. 무장대들은 경찰병들의 저항을 무찌르면서 비무장대원들의 보급투쟁도 성원해야 했다. 긴장된 시간들이 흘렀다.

전 부대는 목적한 바를 마치고, 의약품 등 필수품도 많이 얻고 무사히 거점까지 돌아왔다.

○ 백골부대 본부 기습

1951년 5월경. 광주 지구 유격대(540부대)는 화순군 유격대의 선도를 받으면서 화순읍내 남산에 주둔하고 있는 백골부대 본부를 기습했다.

백골부대란 도내를 돌아다니면서 대 빨찌산 작전을 전담하는 군 부대로, 그 무자비하고 악마적인 만행으로 이름을 떨치고 있던 바다. 점령하지는 못했지만 그들에게 강력한 경고를 안긴 작전이었다.

○ 광주 동명동 파출소 소탕

1951년 6월 1일. 540부대(광주 지구 유격대) 부중대장 김팔이 이끄는 7인 소조는 지리에 밝은 대원들만으로 짜여져서, 광주시내 요충들을 번개같이 치고 빠지는 작전으로 그들을 혼란케 만들었다.

이날도 야음을 타고 잠입, 동명동 파출소 울타리를 그림자처럼 넘어 일격에 경찰병들을 소탕했다. 불과 2분 동안에 작전은 끝났다. 그리고는 경찰병들의 반격을 무색케 만들고 유유히 귀대했다.

○ 나주읍 공격

1951년 6월 2일. 유지 시구 유격대(사령관 박정현) 주력을 앞세우고 나주군 유격대가 가세한 작전. 초저녁에 읍을 둘러싼 지점에서 부대 배치를 재점검하고 외부로부터의 길목을 차단한 다음, 포도주 공장 옆 토치카를 맡은 제2공격조의 신호로 전투는 개시되었다.

돌격의 아우성과 함께 벌어진 일제사격에 겁을 먹은 경찰병들은 미처 응사도 하지 못하고 도주했다. 토치카는 그 즉시 폭파했다. 경찰서 안에 있던 주력들도 남산 뒷고지로 도주하고 말았다.

읍내를 완전장악한 빨찌산 전사들은 아지프로를 하면서 군경들의 강제징집에 응하지 말 것과, 미제 침략자들을 물리치는 전인민적 투쟁에 궐기할 것을 호소했다.

다른 소부대는 읍사무소와 군청 건물들을 파괴 소각했다. 읍내에 진입했던 전 대원들은 희생도 내지 않고 무사히 기지로 돌아왔다.

○ 영암 멸공대 응징

1951년 6월 3일. 영암 유격대는 영암읍 부근에 주재하고 있는 멸공대와 한청 본부를 습격했다. 이들은 군경의 앞잡이로서 무고한 양민들을 괴롭혀 원성을 사고 있는 터였다.

진입한 대원들은 멸공대원 6명과 한청 간부 6명을 응징함으로써 정의의 준엄함을 보여주었다.

○ 구례읍 변전소 파괴

1951년 6월 3일. 구례군 유격대(대장 양순기) 소조들의 분산투쟁. 해방전쟁 발발 1주년 기념 투쟁의 일환으로 감행했다. 고재호가 이끄는 기습조는 구례읍 변전소를 파괴함으로써 전력을 약화시킬 목적으로 출동했다.

변전소는 이중 철조망으로 에워싸여 있고, 각 선에 보초막이 세워져 있었다. 이미 사전 정찰을 통해 적정은 파악하고 있었다. 제1철조망 선은 뚫었는데, 제2철조망 선을 뚫다가 발각되어 수하가 걸려왔다. 그 순간 돌격 명령과 함께 일제사격으로 돌진해 들어갔다.

변전소 대형 트랜스 등 시설에 수류탄을 투척 파괴하고 저항하는 수비병들을 격퇴시키면서 후퇴했다.

한편 한주희가 이끄는 다른 소조는 구례 중학교로 진입, 숙직하는 경찰들을 격퇴하고 그들의 기밀문서, 전화기, 출판기구와 용지 등을 노획했다.

◎ 광양읍내 진입전

1951년 6월 5일. 광양 유격대(대장 고정수), 총사 제7연대(연대장 박대수), 백운산 지구 유격대(사령관 유몽윤) 합동작전. 이미 5월 20일의 순천 재돌입전에서 그 협동성이 입증된 이들은 이번에는 본고장 광양읍 진입전을 감행했다(광양읍은 1951년 1월 14일에도 백운산 지구 유격대들에 의해 기습을 받은 적이 있다).

연합부대를 9개 소부대로 나누어 읍을 포위했다. 주공격 목표는 기동경찰 203부대 본부, 변전소, 청년방위대 본부, 경찰서와 요소요소에 구축한 토치가 들이었다. 밤중 1시에 공격 개시. 수비병들의 도주로에도 매복조를 배치하고 총격전과 함께 선전대들의 대적선전, 정전협정 체결 및 베를린 어필 서명 참여를 위한 대민선동 외침이 우렁차게 울렸다.

퇴로가 막힌 줄 아는 수비병들은 골목 어귀에서, 토치카 안에서, 맹렬히 응사해 왔다. 작전 지휘부는 즉시 2~3인조의 저격조를 급파해서 이들을 격파 침묵시켰다.

무장대들은 주공격 목표물들을 점령 소각 또는 파괴하고, 선전대와 전리품 수송조를 엄호하면서 후퇴했다. 2시간 반에 걸친 전투에서 수비병 17명 사살, 30여 명 부상, 전리품 다량 노획의 전과를 올렸다.

○ 광주 임동에 침입

1951년 6월 7일. 광주 지구 유격대(540부대) 김팔 소조는 이번에는 백주에 광주 중심부 임동에 침입, CIC 거점을 치려다가 발각되어 후퇴했다. 돌아오는 도중에 인민을 희롱하는 경찰을 생포, 그를 훈방하려던 참에 군 트럭을 향해 도주하므로 부득이 사살하고 트럭에 맹사격을 퍼부어 손해를 입혔다.

이들은 한낮에 보리밭에 잠복하는 대담성으로써 시민들로부터는 경탄을, 군경들로부터는 경악을 자아내게 했다.

동명동 파출소에서 당한 경찰들은 이제 더는 빨찌산이 없다고 호언했는데, 불과 1주일도 못 가서 그 기만이 들통나고 말았다.

◎ 정읍 해방 작전

1951년 6월 10일. 노령 지구 유격대(사령관 김병억)가 전북 기포병단 및 정읍 유격대와 합동으로 벌인 작전.

밤 12시 전북 유격대가 경찰서를 공격하는 것을 신호로 작전은 개시되었다. 전남 노령 병단의 김철수가 지휘하는 한라산 중대는 순식간에 방위군을 격파하고 지서를 점령했다. 읍에 주둔하고 있던 군 450연대 150명 병력은 빨찌산의 기습에 저항하지도 못하고 분산 도주했다.

전남북 합동부대는 새벽 6시까지 읍 전체를 장악했다. 그 사이에 선전대들은 인민들을 상대로 침략자가 누구이며, 빨찌산은 인민의 편에 서서 침략자들과 싸운다는 것을 강조 호소했다.

이날 전투에서 저항하는 수비병 50여 명을 살상하고, 방위군 중대본부 점령, 경찰서·소방서·재판소, 토치카 5개소 등을 파괴 소각하는 전과를 올렸다.

◎ 장흥(유치) 지구 사령부 종합전과 발표

장흥 지구 사령부는 1950년 9월 28일부터 1951년 6월 10일까지의 사이에 다음과 같은 전과를 거두었다.

작전회수 : 987회.
동원된 유격대원 연인원 수 20,898명, 비무장대 29,158명, 생산유격대 58,001명, 투쟁인민 122,578명.
전과 : 군경 등 사살 2,412명, 부상 639명, 포로 224명.
노획 : 기관총 1정, 소총 40정, 기관총탄 110발, 소총탄 2,300발.
지서·거점 파괴 66건, 철도 파괴 41건, 도로 파괴 2,922건, 적 이용 건물 소각 2,471건, 교량 파괴 96건, 자동차 파괴 154대, 전주 절단 17,505건, 군중 정치공작 참가 연인원 50,123명.

◎ 호남선 요충 고막원 돌입전

1951년 6월 14일. 침공대 600여 명은 문평면 일대에서 양민 학살을 자행하면서 민간 가옥 100여 채를 소각하는 만행을 저지르고 있었다. 이들에 대한 복수심에 불타던 서나주군 유격대는 지구 유격대의 도움을 받으면서 호남선 요충인 고막원 돌입전을 감행했다.

제1대는 고막원 역사, 제2대는 면사무소, 제3대는 군경들의 합숙소인 ××여관이 주목표였다. 야음을 이용해서 읍을 둘러싼 빨찌산은 일제히 읍내로 돌입했다. 총성과 더불어 불길이 치솟고, 그 화염 속에서 선동대들의 외침이 울려퍼졌다. "양민 학살을 중지하라!", "미 제국주의 침략군을 몰아내자!"

이날 밤 돌입전에서 주공 건물 5동 소각, 의약품 등 다수 노획의 전과를 올리고 돌아왔다.

o 장평서 적 침입 격퇴

1951년 6월 17일. 오전 9시경. 장평 쪽 경찰병 30명이 마을 주민 200여 명을 동원해서, 그들의 거점 방책을 두르기 위한 대를 베 가려고 유치 전구 안으로 기어들어 왔다.

깃대봉(장흥) 아래서 이들을 발견한 지구 유격대 소조가 재빨리 매복진을 펴서 이들의 앞머리를 때렸다. 선두에 섰던 3명이 꺼꾸러졌고 4명은 손을 들고 투항했다. 나머지 경찰들은 허둥대며 도망쳤고 전투는 그것으로 끝이 났다.

대원들은 포로를 앉혀놓고, 인민의 적이 되지 말고 인민의 편에 서서 싸우라고 가르쳤다. 그들은 그렇게 하겠다고 약속하므로 그 자리에서 돌려보냈다. 주민들이 그 모양을 다 지켜보았다.

○ **유치서 침공군을 물리치다**

1951년 6월 22일. 영암·장흥·나주·화순 등 무장경찰대 연합부대 약 600여 명이 4개 방면에서 유치 전구로 침입해 들어왔다.

6시 30분, 화순 도암면 쪽에서 침입한 100여 명은 만세동을 향해 들어오고 있었다. 민청연대 매복 소조는 좋은 지점을 골라 엎드려 있다가, 앞에 다다른 침입병들의 선두를 때림으로써 전투가 벌어졌다. 그러자 사방에서 침입병들이 이 골짜기로 몰려들었다.

민청연대와 지구 유격대 전사들은 물러나서 연봉 고지에 진을 펴고 달려드는 침입병들과 대치전을 벌였다. 주위에는 비무장 성원들이 대피하고 있었다.

빨찌산의 선발된 소조는 계곡 발치 능선에서 70여 명의 경찰대와 결사 항전하였다. 장장 7시간에 걸친 전투 끝에 영암 쪽 경찰병들이 먼저 후퇴하더니, 나머지들도 더는 기어오르지 못하고 물러났다. 침공군은 격퇴되었고 빨찌산 조직 성원들은 무사히 보호되었다.

지구 유격대는 경찰병 사살 10명, 기관단총 1정, 실탄 다량을 노획했고, 민청연대는 경찰병 사살 20명, 부상 10명, 소총 3정, 실탄 다량을 노획하는 전과를 올렸다.

> * 이상에 열거한 기사 외에도 크고 작은 전투들이 이어졌다. 가령 6월 중순경 제1연대가 주공을 맡은 옥과 진입, 그에 이은 동복 해방 전, 그 뒤를 이은 제15연대의 동복 공략전 등이 있었다. 그러나 자료의 미비 등으로 여기에 싣지는 못한다.

◎ 백아산에서 제트기 격추

1951년 7월 2일. 화순 백아산에서 치열한 대치전이 벌어지고 있던 때의 일이다. 도당부와 총사 소속 인원에다가 많은 후방 지원 요원들, 거기에 부상자와 재귀열 환자들까지 함께 어울려 있는 상황이라, 백주에 백아산을 침공군에게 내맡길 수는 없는 터였다.

그날 곡성 쪽에서 올라온 침임병들은 차일봉 능선을 타고 삼각고지로 향하고, 화순 쪽에서 올라온 침입병들은 매봉을 향하고 있었다. 그리고 상봉 쪽에서도 주릉을 타고 침입병들이 문바위재를 향해 오고 있었다.

아침 9시부터 시작된 쌍방의 접전이 차츰 격렬해지고 있던 10시 30분경, 6대의 제트기가 날아와서 저공비행으로 그들의 주공격 목표인 매봉과 삼각고지, 문바위재에 로켓탄 공격과 기총소사를 마구 퍼부어댔다. 단숨에 백아산 전체를 점령하고 말 기세였다.

고지 참호 속에 있던 전사들은 날아드는 비행기를 향해 일제 사격을 퍼부었다. 그러나 희생은 늘어갈 뿐이었다. 오후 2시경까지는 어떻게든 버티어야 했다.

이때 동지들의 죽음을 보고 격분한 매봉 수비 전사 위종근

(장흥 출신)이 기수를 수그리고 아슬아슬 저공으로 돌진해오는 적기를 향해 엠원소총으로 저격탄을 쏘았다. 비행기는 고개를 드는 듯하더니, 선회하면서 새목 하늘바위 아래에 내리꽂혔다.

고지에서는 아군의 함성이 터져 올랐다. 이 장면을 지켜보던 침입병들은 전의를 상실하고 더 이상 다가들지 못하고 퇴각했다.

비행기는 다행히 무른 땅에 떨어져 폭발되지는 않았다. 잔해에는 미국인 조종사 2명이 죽어 있었다. 그 속에서 기관포 6문과 그 실탄 5상자를 건졌는데, 기관포는 병기과에서 손을 보아 그 뒤 전투에 썼다.

○ **백운산 주변 분산투쟁**

8·15해방 6주년 기념 투쟁의 일환으로 백운산 지구 유격대(유몽윤)는 낼쌘 소조원들로써 분산투쟁을 조직 실행했다.

1951년 7월 23일. 메가폰 선동대는 오전 7시 옥곡면 일대에서 군중들을 모아놓고, 지금 조성되고 있는 정치정세를 해설하면서 빨찌산 투쟁의 정당성을 인식시켰다. 동시에 "내 고장을 내 힘으로 해방시키자!"고 외치면서 인민들로 하여금 떨쳐일어날 것을 호소하였다.

한편 조종현이 이끄는 소조는, 경찰병들이 군중들을 해산시키려고 덤벼들 것을 예견하고 매복전을 전개, 경찰병 7명을 사살하고 수 명에게 부상을 입혔다.

또 정확한 정보를 입수한 서윤원 소조는 광양읍 초남 포구까지 침투, 군량미 400가마니를 적재한 군선을 공격하여 이를 완전 소각시켰다.

1951년 7월 26일. 연일 퍼붓는 폭우를 무릅쓰고 유몽윤 사령관이 직접 진두에 서서 진상 지서 봉쇄작전을 폈다. 그러는 한편에서 선동대들은 진상면 일대에서 대민선전과 베를린 호소문의 의의를 해설하면서 서명운동을 벌였다.

날이 새자, 경찰병들의 눈을 속이기 위한 유도 소조는 헌 가마니를 둘러메고 한길을 어슬렁거리며 돌아오는 시늉을 했다. 이에 걸려든 경찰병 20여 명이 추격해 왔다. 다 계산하고 있었던 조종현 매복조가 목을 지켰다가 일제사격을 퍼부었다. 선두 2명을 꺼꾸러뜨리자 총격전이 벌어졌다. 불리한 지점에 몰린 경찰병들은 사상자를 내면서 쫓겨 갔다. 소총 2정 등을 노획하고 재빨리 후퇴했다.

○ 철도 파괴전

8·15해방 6주년 기념 투쟁의 일환으로 제7연대가 펼친 작전. 그 규모는 크지 않았지만 군경들에게 준 타격은 컸다.

1951년 7월 26일. 하재철이 이끄는 소조는 압록-구례 간 철로 5칸을 파괴하여 전라선 운행을 못하게 만들었다.

그리고 이튿날 철로 복구작업을 엄호하기 위해 출동하는 철도경찰 5명을 매복 기습, 무기 1정을 노획하였다.

1951년 7월 28일. 백호인 소대장이 이끄는 소조는 괴목-순천 간에서 철도를 순찰 중인 철도경찰 6명을 살상, 무기 3정을 노획했다.

○ 구례 경찰서를 공격

1951년 7월 31일. 구례군 유격대(양순기)는 구례 경찰서를 습격했다. 기동로를 차단한 뒤 3개 방면에서 읍내로 진입하여 2개 돌격대는 경찰서 정문과 후문 화점을 공격했다. 건물 주위에 시설한 울타리를 격파하고 경찰병들을 포위하여 맹공을 퍼부었다.

그러는 한편 선동대들은 읍내를 돌면서 조국해방전쟁의 의의와 8·15를 맞아 침략자들을 몰아내기 위한 투쟁에 다 함께 궐기할 것을 호소했다.

이날 전투에서 저항하는 경찰병 8명을 사살하고, 소총 4정, 실탄 240발 등을 노획했다.

○ 한천 지서 공략전

1951년 여름 기간에 화순 한천 지서에 대해 수차례에 걸친 공략전이 감행되었다. 완전히 점령하지는 못하는 상황에서 거듭거듭 강습을 감행한 작전상의 이유는 분명치 않다.

한천이라는 고장은 말봉산과 화학산을 잇는 지점이면서, 동시에 이양과 더불어 철도수송의 요충인 능주가 가깝다. 피아간에 요지인 셈인데, 견고한 토치카와 해자를 두른 대울타리로 에워싸여 있어서 격파하기가 쉽지 않았다. 여러 가지 전법이 시도되었지만, 적지 않은 희생을 내었을 뿐 완전히 무너뜨리지는 못했다.

총사 직속 기동연대가 단독 또는 연합으로 작전에 참가했고, 총사 부사령관 오금일이 주요 전투 때마다 지휘를 맡았다.

접근이 비교적 쉽다는 이점은 있었고, 부수되는 전과도 적지는 않았다. 그러나 굳이 그런 식으로 강행했어야만 되었던가. 반성할 점이 많은 작전들이었다는 사후비판을 받았다.

* 구체적인 자료와 작전 참가자의 소상한 증언을 얻지 못해서 정확한 술은 후일로 미룰 수밖에 없다.

◎ 학천 공략전

8·15해방 6주년 기념 투쟁의 하나로 총사 지휘부가 직접 조직한 작전. 황영주가 이끄는 제15연대가 주력이 되어 감행했다. 총지휘는 오금일 부사령관이 맡았다.

화순 북면의 학천은 기동경찰대 대대 병력이 상주하는 마을이다. 백아산 총사를 겨냥하고 설치된 경찰기동대 거점인데, 이들의 잦은 침공 기세를 꺾어놓아야 할 필요에서 계획된 것이다.

학천은 20개의 토치카와 튼튼한 통나무 울타리로 에워싸여 있다. 세밀한 정찰에 의해 적세의 배치와 그 동향은 파악되었다. 작전을 앞둔 대열 결속도 이뤄졌다. 이제 결행할 일만 남았다.

1951년 8월 1일 0시 30분. 김용운 돌격조가 대울타리를 뜯는 불신호로써 작전은 개시되었고, 지휘부 고지에서 기관포가 적진 토치카에 명중탄을 퍼붓는다. 일제히 오르는 함성과 더불어 공격조가 밀고 들어간다. 돌격 소조장 강원수가 적진 지휘소에 수류탄을 까 던진다. 박종호 돌격대는 잇따라 토치카를 격파하면서 맹진격한다.

한편 메가폰 부대는 "조국의 평화를 원한다면 인민의 편으로 넘어오시오" 하며 대적선동을 한다. 이윽고 탄우를 뚫고 경찰병 4명이 투항한다. 선동대는 계속 외친다. "우리 고장을 우리 힘으로 해방시킵시다."

이날 밤 전투에서 경찰병 24명을 사살하고 무기 5정, 실탄 1,800발 등을 노획하는 전과를 올렸고, 군경들의 침공 의도를 무찌르는 성과도 아울러 거두었다.

특기할 것은 여성대원 강정애의 용감성이다. 당년 19세의 강 대원은 돌격대 선봉에 나설 것을 자청하고, 자기 카빈총으로 경찰병 3명을 꺼꾸러뜨리는 순간 머리에 치명상을 입는다. "나는 그냥 두고 빨리 적 토치카를 격파하시오." 그 한 마디를 남기고 절명했다.

이 학천 공략전은 경찰병들의 추격을 맞은 2일과 3일까지 계속되었다.

◎ **적군 고급장교 생포**

1951년 8월 6일. 백운산 지구 유몽윤 부대가 광양-하동 간 기동로에서 매복진을 펴고 있는데, 웬 승용차 한 대가 질주해 왔다. 공격 태세를 갖추고는 더 다가오는 것을 지켜보니 그것은 군용차였다.

차량 하체를 겨누고 저격, 자동차는 기꾸로 뒤집혀 나뒹굴었다. 날쌔게 뛰어가서 총구를 들이대니, 기어나오는 것은 제복 차림의 고급장교였다. 알고 보니 적군 순천 주둔 제17연대 대대장 차 소령이었다. 일행 5명을 생포하고 권총 1정, 카빈 2정을 노획했다.

　포로의 신분 때문에 상부의 지시를 기다렸다가, 며칠 뒤 그들 전원은 훈방되었다.

○ 청풍 지서 공략

　1951년 8월 7일. 8·15 6주년 기념일을 앞두고 전개된 작전. 유치 전구에서 주로 투쟁하는 민청연대에게 청풍 지서는 항상 거슬리는 존재였다. 이날은 쌓였던 그 울분을 터뜨리는 날이기도 했다.

　권용훈 돌격조는 지서 정문 토치카를 격파, 경찰병 3명을 사살, 1명을 생포하고 무기 4정을 노획했다. 전광석화 같은 기습이었다.

　이에 호응하듯 강동기 돌격조도 토치카 격파에 나섰는데, 그 구조가 3층으로 높이 쌓여 있어서 수류탄을 던져넣을 수가 없었다. 대원들은 기지를 발휘했다. 돌멩이에 석유 뭉치솜을 말아서 불을 댕겨 토치카 총안으로 던져넣었다. 안 들어가면 재차 집어넣었다. 몇 개가 투입되더니 토치카 안에서 화재가 나면서 경찰병들이 밀려나왔다. 기다렸던 총탄 세례를 받고 그들은 침묵했다.

　이날 전투에서 경찰병 19명을 사살하고, 무기 7정, 실탄 수백 발을 노획하는 전과를 올렸다.

○ 백주에 군중집회

　8·15해방 6주년을 기해 각급 유격대들은 자체 계획을 세워

이날을 뜻깊게 맞았다. 여수 유격대는 자기 지역에서 멀리 떨어진 조건 아래서도 꾸준히 본연의 임무를 충실히 수행했다.

1951년 8월 10일. 순천군 황전면 일대에서 준동하는 경찰들을 잠복 요격하여 그중 3명을 사상했다.

1951년 8월 18일. 광양 봉강 지서 부근까지 진출한 선동대원들은 가을 채소 파종을 도우면서 2개소에서 120여 명의 농민들에게 조국해방전쟁의 참뜻과 미제 침략자들의 만행을 규탄하는 선동사업을 벌였다.

한편 정기주 부대장은 경찰들이 틀림없이 군중집회를 방해하기 위해 덤벼들 것을 예견, 그들이 올 목에 은신 대기하고 있다가 다가오는 20명을 포착하고 일제사격을 퍼부었다.

이날 전투에서 경찰병 7명을 사살 4명을 부상케 하고, 실탄 260발을 노획하는 전과를 거두었다.

◎ 15연대에 영예의 '광주 연대' 칭호

1951년 8월 15일 해방 6주년 기념일에 즈음해서 전남 인민유격대 총사령관은 제15연대에 '광주 연대' 칭호를 수여했다.

제15연대는 총사 직속연대로서 9·28 이후 조직된 백두산 부대와 인민군 기포부대가 주축이 되어 1950년 12월 7일에 재편성되었다(연대장은 김성문·강상철·한창수·황영주로 이어짐). 그리고 발족한 이래 48회에 걸친 선두에서 적 사살 393명, 부상 520명이라는 대전과를 올렸다.

제15연대의 전투 경력 가운데서 굵직한 것만 열거하면 다음과 같다.

1951년 1월 4일, 3월 1일, 7월 7일 등 3회에 걸친 광주 기습전을 비롯하여 3월 22일 순천 진입전, 이양 토치카 격파전(1951년 4월 6일), 다도 지서 점령전(1951년 4월 10일), 영산포 기습전, 화학산 대혈전(1951년 4월 24일), 석곡 전투, 8월 1·2·3일 연3일에 걸친 학천 공략전 등.

그 가운데서도 가장 빛나는 것은 군 병사 200여 명을 살상 포로하고 무기 25정, 실탄 8,000여 발을 노획한 광주 소재 호남지구 전투사령부와 20연대 본부 소탕전이다. 전남 유격전사에 크게 기록될 만한, 그래서 '광주 연대'라는 칭호에 합당한 영예의 전투경력이다.

* 위 글에 나오는 바 광주 시내에서 벌어졌던 전투를 비롯하여 기타 몇 가지 전투에 대해서는 아직 증언이나 자료를 얻지 못하였으므로 본고에서 따로 조목을 들어 다루지 못했다.

○ 강제징집 저지 투쟁

1951년 8월 25일. 10여 명의 무장경관에게 강제징집되어 끌려가는 20여 명의 청년 대오를 발견한 광주 유격대 소조원들은 이를 저지하기 위해 돌진해 갔다.

그 서슬에 청년들은 분산 도주하고, 경찰병 사살 1명, 부상 1명, 소총 노획 1정의 전과를 올렸다.

◎ 구례 산동 해방작전

1951년 9월 12~14일. 이현상 부대(남부군)와 전남 유격대 합동으로 구례군 산동 지서를 공략한 전투. 남부군 측에서는 문춘 부사령관의 지휘 아래 81사단(김홍복)과 92사단(김재연)이 출동했고, 전남에서는 오금일 부사령관 통솔 아래 제7연대(조용식)와 지리산 지역 부대(양순기)가 참가했다.

산동(원촌) 지서는 지리산 발치에 있어 남원과 구례를 잇는 중간 요충이다. 그리고 동쪽과 남쪽으로 개천이 감도는데, 그 어우러지는 지점 강둑에다가 높이 5미터의 견고한 토치카를 구축하고 사방으로 총안을 내놓고 있었다. 제1목표는 이 토치카를 분쇄하여 지서를 점령하는 일이고, 동시에 중동(상관) 분서와 밤재(밤티재, 밤두재) 주둔소를 아울러 격파하는 일이다.

응원 세력이 닥칠 것을 예견하고 요소에 매복부대를 배치한 다음, 밤재에서 올린 신호로 전투는 시작되었다. 정각 밤 12시의 일이다.

지서 공격조는 정문과 남쪽 두 방향에서 공격을 개시했다. 정면을 치는 것처럼 위장하여 동남쪽 방비가 약한 지점을 돌파하려는 작전이었다. 빨찌산 저격수들은 총안에서 내다보는 경찰병들을 겨누어 연거푸 쓰러뜨렸고, 화점에 대한 공격은 13일 낮 종일 계속되었다.

전투는 밤으로 이어졌고, 정문 공격조는 거세게 쏘아붙였다. 적세가 그리로 몰리는 듯하면 강둑에 붙은 돌격조가 토치카에 수류탄을 까 넣는다. 그래도 지서는 함락되지 않는다.

14일 날이 밝으면서 중동 분서가 먼저 빨찌산 수중에 떨어지고, 이어서 8시경에 산동 지서 건물에서 경찰병들이 빠져나가는 것이 지휘부 쌍안경에 잡혔다.

"놈들이 도망친다!"

징과 꽹과리의 울림. 그에 따르는 선동조의 외침. 드디어 10시 30분경에 산동 지서도 남부군 병사들이 점령한다. 도주하는 자들을 소탕하면서 14일 오전에 산동면 일대는 빨찌산에 의해 해방되었다.

이 전투에서 얻은 전과는 출동한 부대별로 각각 집계되었다. 남부군 측 집계에 따르면 이날 종합전과는 다음과 같다.

- 수비병 사살 363명, 부상 147명, 포로 31명.
- 81밀리 박격포 3문, 중기 9문, 경기 24정, 반땅크총 6정, 따발총 6정, 각종 보총 141정, 각종 실탄 18,200여 발, 피복 기타 다수 노획.
- 경찰 시설 파괴 소각 : 지서 3, 면소 1, 금조 1, 토치카 24개소, 기타 군수창고 다수.

전남 부대 병력은 밤재와 중동 분서 토치카를 맡았는데, 그것들을 격파 점령은 했지만 연대장 조용식을 잃었다. 조용식은 1948년 겨울에 입산한 구빨찌로 총사 출판과장, 제3연대 문화부 연대장 등을 거쳐 제7연대장이 되었던 인물이다.

산동 작전은 성공을 거두었지만, 이런 식 거점 공략전의 전술적 의미를 묻게 된 전투이기도 했다.

○ 군용 트럭 습격

광주 지구 유격대 소조는 9월 14일 광주-곡성 간 기동로에서 매복진을 폈다. 그런데 운 좋게도 군용 트럭 한 대가 통과하는 것과 마주쳤다. 사격 권내에 끌어들여 일제사격을 퍼부었다.

이날 트럭에 탔던 군인 25명을 사살하고 무기 20여 정을 노획하는 전과를 올렸다.

○ 제7연대 용사들의 복수전

지난 산동 해방작전에서 조용식을 잃은 제7연대 전사들은, 존경하던 자기 연대장의 죽음을 새로운 승리로써 복수하기 위해 재차 밤재 토치카를 공략했다. 1951년 9월 18일 밤의 일이다.

경찰병들은 적개심에 불타는 용사들의 공격을 받고 더 싸워보지도 못하고 시체 9구를 버려둔 채 도망쳤다. 밤재 토치카는 격파되었고, 복수를 외치는 선동대들의 함성만 드높았다.

이 전투에서 경기 3정, 소총 11정, 수류탄 16발, 실탄 1,000여 발, 무선전화기와 전화기 각각 1개씩 노획했다.

◎ 장흥읍을 기습 공격

1951년 9월 28일. 유치 전구 빨찌산들은 군경들의 침공 기지인 장흥읍 공격에 나섰다. 이번에는 민청연대 용사들이 앞장을 섰다. 그리고 장흥군 유격대와 유치 지구 유격대가 협동했다.

황혼 무렵에 읍 변두리에 집결 대기하고 있던 부대원들은 야음을 타고 읍내로 파고들었다. 주공격 목표물은 경찰서와 그 부속관사, 남산공원에 진을 치고 있는 기마경찰대 본부. 자정 무렵에는 깜쪽같이 이 목표물들을 에워쌀 수 있었다.

작전 개시는 오전 한 시. 신호총 발사에 이어 일제히 공격을 퍼부었다. 특별공격조가 침투한 기마경찰대 건물이 순식간에 화염에 휩싸였다. 경찰서 공격조는 교묘한 유인전술을 펴서 저희끼리 교전케 만듦으로써 전투를 유리하게 이끌었다. 심지어 빨찌산 진지로 기관총탄을 날라다주는 웃지 못할 장면까지 벌어졌다.

별동대 매복 소조는 응원차 달려오는 트럭을 공격하여 불세례를 퍼부었다. 특히 민청연대 중대장 김복만이 용감성을 발휘하여 다른 대원들에게 산 모범을 보여주었다. 읍내에 퍼진 선동대들은 꽹과리를 울리면서 투항을 권고하는 구호들을 외쳤다.

작전은 4시에 완료했다. 용사들은 매끈히, 그러나 재빠르게 귀환을 서둘렀다. 경찰병 80여 명을 살상 포로하고, 경기관총 1정을 비롯한 많은 무기 탄약을 노획했다. 의약품 등 특수물자, 그리고 월동준비를 위한 식량확보 등의 목적도 아울러 수행했다.

◎ 곡성 경찰서 격파전

1951년 9월 30일. 9·28 1주년 복수투쟁으로, 구례 산동 작전에 이어 두 번째로 가진 이현상 부대(남부군)와 전남 유격대 합동작전. 정식으로 투쟁위원회를 조직하였는데, 남부군 측에서는 81사단과 92사단 병력이, 전남에서는 제1연대와 제7연대, 그리고 곡성 유격대 병력이 참가했다. 곡성 경찰서를 격파하고 곡성을 해방시킨다는 것이 작전 목표였다.

남부군 부대는 지원세력을 차단하면서 땅고개 토치카를 격파하고 곡성 경찰서를 공격하는 임무를 맡았고, 전남 제7연대는 오곡 지서 습격, 제1연대는 교티재 차단, 곡성 유격대는 곡성 역 철도경비대 공격과 변전소 폭파 등을 각각 맡았다.

밤 1시 10분 곡성 유격대가 변전소를 폭파하는 굉음으로 전투는 시작되었다. 땅고개 토치카 3개가 순식간에 점령되고, 지휘부는 제1토치카로 이동했다. 그리고 거기서 경찰서를 향해 포사격을 가하면서 경찰서 진격조를 엄호했다.

그러나 경찰서 방위시설은 견고해서 치열한 야간전이 계속되었다. 교촌과 죽동 토치카는 새벽 4시에 떨어졌지만, 대평리 논 가운데 구축한 토치카는 완강히 버티면서 사방으로 사격을 퍼붓는다. 날이 새면서 화염과 연기 공세, 수레에 돌을 싣고 밀어붙이는 공격까지 감행했지만, 경찰서는 떨어지지 않는다.

한편 오곡 지서 공격조는 대평리 토치카까지 점령하고 지서를 향해 포위망을 좁혀 갔다. 경찰서 진격조도 정문 앞까지 밀고 들어갔다.

그럴 때 읍 북쪽에서 총성이 들렸다. 남원 쪽 증원군이 내려온 것이다. 격전은 계속되었다. 그러고 있을 때 순천 쪽으로부터 기적을 울리면서 기차가 돌진해 들어와서 군인들을 마구 부려 놓는 것이었다. 이들이 반격을 개시했다. 철로 쪽을 견제하던 매복조가 태만을 부려 증원군이 침입하는 것을 막지 못한 것이다.

이것이 고비가 되어서, 경찰서를 격파하지 못한 채 공격조 대원들이 밀리기 시작했다. 오곡 지서도 탄약이 떨어질 때까지 맹공을 퍼부었지만 소탕하지는 못했다. 공중에서는 3대의 비행기가 선회하면서 작전을 지휘했고 기총소사도 퍼부었다.

작전하는 동안 후방요원들이 보급투쟁을 한 것 말고는 전과도 확인 못하고 철수할 수밖에 없었다. 대규모 공략전의 전술적 가치를 검증받은 전투였다.

○ **곡성전 뒤풀이**
곡성전을 치르고 난 남부군 병력들은 곧바로 지리산 근거지로 건너갈 수 없었다. 군경들은 남부군이 지리산으로 건너가리라 짐작하고, 대부대를 집결시켜 섬진강 루트를 차단했기 때문이다. 거기다가 전투 중에 부상한 대원들을 대피시켜 치료하는 일도 시급했다.

남부군 부대들은 곡성군 유격대의 선도를 받으면서 일단 통명산으로 후퇴했다. 그 이튿날. 그 작은 산에 침공대들이 벌떼같이 덤벼들었다. 종일 치열한 전투를 치르다가 그날 밤 다시 백아산으로 이동했다.

백아산에서는 전남 총사 보위부대들이 앞장선 대격전이 벌어졌다. 차일봉에서 솔티재를 거쳐 매봉 능선까지, 그리고 문바위재에서 후방고지·삼각고지에 이르는 방어선에서 종일 치열한 전투를 치렀다.

침공군이 이렇듯 백아산에 표적을 맞추자, 남부군 부대만은 슬쩍 빠져 다시 통명산으로 이동했다. 그리고 전투를 계속하면서 약한 고리를 뚫고 섬진강 건너 구례 서산에 붙었다. 거기서도 침공군의 끈질긴 추격이 따랐으나, 마구 무찌르면서 지리산 줄기인 지초봉에 올라붙었다. 10월 9일이 밝고 있었다.

이렇게 해서 8일간에 걸쳐 백아산 일대를 휘저은 곡성전 뒤풀이는 끝이 났다.

◎ 쌍치 해방 작전

 전남 담양군 용면 가마골에서 전북 순창군 쌍치면에 걸치는 넓은 지역은 전북 유격대와 전남 노령 지구 유격대(노령 병단)의 튼튼한 후방이면서 또 넓은 활동무대이기도 했다. 특히 쌍치는 면소재지면서도 오랫동안 저들의 행정이 미치지 못하는 해방구였다.

 쌍치 주민들은 유격대를 위하여 4,000여 석의 식량, 3,000여 점의 의류, 280여 마리의 소, 40,000여 켤레의 짚신 등을 기꺼이 공급해 주었다. 그런 사정 때문에 침공군은 노인·부녀자·어린이·젖먹이 할 것 없이 닥치는 대로 쏘아죽이고, 찔러죽이고, 태워죽이고, 밟아죽였다. 그래서 1만 명이던 주민이 2,000명으로 줄었다.

 그런 쌍치를 1951년 8월 군경들이 드디어 강점해 들어왔다. 돌고개에 둥지를 튼 군경들은 토치카를 쌓고 참호를 파서 보루를 구축했다. 이를 보다 못한 전북 유격대와 노령 병단이 남부군 병력의 지원을 받으면서 탈환전을 펼쳤던 것이다.

 10월 19일 밤 11시. 사방에서 오르는 봉화를 신호로 일제히 돌진해 들어갔다. 전남 노령 병단 용사들이 선봉을 맡아 제1·제2 보루가 병단의 수중에 떨어졌다. 다음 날 새벽에는 전북 부대가 교대로 투입되었다. 밀물 같은 공격을 지탱할 수 없었던 수비병들이 패주하기 시작하면서 날이 샜다. 도주하는 경찰병들의 목을 지키던 매복조가 그들의 퇴로를 막고 맹사격을 퍼부었다. 선동대들의 메가폰 선전에 주민들이 호응하고, 쌍치는 빨찌산 수중으로 다시 돌아왔다.

이 쌍치 해방 작전에서 수비병 100여 명 사살, 100여 명 중경상. 박격포 3문, 중기관총 5문, 경기관총 10정, 각종 보총 20여 정, 다량의 실탄, 군용 외투 150여 착, 침구 10여 점 등을 노획하는 전과를 올렸다.

○ **장평 지서 소탕**

1951년 10월 20일에 있었던 전투. 장흥군 장평 지서는 유치 전구의 들머리인데, 수만 명의 인민을 강제동원하여 19개의 토치카를 구축해 놓고 빨찌산들의 목을 조이고 있었다.

총사 산하 연합부대는 이날 밤 이들을 때려부술 작정으로 출동했다. 자세한 정보와 치밀한 사전 정찰로 수비 배치는 잘 알고 있었다. 강습임을 알고 하는 싸움인 만큼, 되도록 희생을 내지 않도록 특수 공격용구까지 만들어 일제히 치고 들어갔다.

이날 밤 전투에서 경찰병 사살 35명, 지서 토치카 19개 파괴, 면사무소 점령 소각, 실탄 1,000여 발 노획 등 전과를 올렸다.

◎ **쌍봉서 열차 습격**

러시아 10월 혁명 34주년 기념 투쟁의 일환으로 수행된 작전. 10월 21일. 항미소년돌격대를 주축으로 한 제15연대 정예들은 운행 중인 경전선 열차를 습격하여 이를 탈선 전복시키는 데 성공했다.

이날 작전에 앞서 제15연대는 보성-이양 간 예재 터널을 폭파하기 위한 시도를 한 번 했었다. 병기과에서 만들어준 폭발물을 장치하고 터널 밖에서 뇌관을 터뜨렸는데, 폭약이 터지지 않아서 실패했다. 그 경험을 살려서 이번에는 기관차를 바로 때리기로 했다.

항미소년돌격대는 이해 7월에 창설 조직된 이래 한편으로는 학습을 하고, 한편으로는 전투에 참가하여 실전 경험을 쌓았다. 연대 지휘부는 그들을 돌격조로 앞세우는 일은 되도록 삼갔다. 아직 소년들임을 아껴서다. 그렇게 기른 힘으로 이 작전 선봉을 맡게 된 것이다.

지방 유격대의 도움으로 사전 정찰을 마친 돌격대는 전날 밤 현장으로 출동했다. 그 일대는 자주 다니는 지점이어서 헤매는 일은 없었다. 예재에서 쌍봉 쪽으로 급경사를 이룬 지점에 매복하고 때를 기다렸다. 기차가 가파른 내리막을 빠른 속도로 달릴 것을 예상하고 타격조를 세 군데로 층층이 나눠서 배치했다. 목표물은 기관차다. 제1지점에서 가격하고, 연달아 제2·3지점을 통과하는 대로 가격할 작정이다.

기다리기 수 시간. 새벽 가까운 4시쯤에 열차 앞머리가 터널을 빠져나왔다. 레일에 귀를 대고 있던 정찰조가 신호를 보낸다. 제1지점으로 내리닫는 기관차를 향해 집중사격을 퍼붓는다. 수류탄도 터뜨리고 반탱크총도 불을 뿜는다. 그러나 열차는 그들 앞을 지나가버린다. 제2지점에서 가격한다. 반응은 있었다. 제3지점을 통과할 즈음, 제동력을 잃은 열차가 탈선하면서 기우뚱 암벽을 쓸고 자빠진다. 뒤에 달린 차량들도 앞 차량을 덮치며 찌그러진다. 차량은 모두 해서 9량이었다.

작전을 마친 대원들은 챙길 것만 챙기고, 재빨리 철수해서 개기재 방향으로 사라졌다.

○ 능주읍 점령

경전선 열차를 전복시킨 쌍봉 작전과 연관된 전투의 하나. 능주는 광주-이양 간 철도 주요 역으로 적 군사상 요충이기도 하다. 그래서 견고한 토치카를 구축해 놓고 유격대의 접근과 통과를 막고 있었다.

21일의 열차 습격 부대가 말봉산 쪽으로 후퇴했으리라는 예측 아래, 경찰병들은 1951년 10월 23일 말봉산 일대에 대한 침공으로 나왔다. 이양에 주둔하고 있는 철도경찰대와 인근 소재지 경찰기동대가 연합해서 덤벼들었다. 부슬부슬 비가 내리고 있었다.

이날의 싸움은 침입한 적들을 맞아 벌어진 전투가 그 시발이 되었다. 경찰병들이 그렇게 나오리라는 것을 예측하고 매복진을 폈던 것이다. 그들은 50여 명의 죽음을 내고 물러섰는데, 빨찌산들은 승기를 잡고 그 꼬리를 치면서 능주읍으로 밀고 내려 갔다.

10월 26일 오후, 능주읍 수 킬로 전방에서 경찰병들과 조우, 능주 벌판을 무대로 총격전이 벌어졌다. 빨찌산 연합부대는 긴밀한 연계를 취하면서 그들의 저항을 마구 밀어버리고 읍을 사방에서 포위했다. 정치공작반의 고무 추동을 받으면서 어둠을 기다렸다가 돌진해 들어갔다.

경찰 지서·토치카·면사무소·우체국 등 건물을 점령 소각함으로써 빨찌산의 전의를 더욱 북돋우었다.

소상한 전과는 미상.

◎ **화순읍 기습전**

러시아 10월 혁명 34주년 기념 투쟁의 일환으로 광주 지구 유격대(540부대)가 주동한 작전들.

1951년 11월 4일. 광주 지구 유격대는 화순-능주 간에서 전투경찰 1개 소대를 매복 섬멸함으로써 그 투쟁의 불을 댕겼다.

1951년 11월 7일. 광주 지구 유격대는 유치 전구 부대들의 도움을 받으면서 화순읍 기습전의 선봉에 섰다. 내리는 비를 무릅쓰고 작전은 오후 9시부터 시작되었다. 한 소부대는 전투경찰대 지휘부가 차려진 화순 중학교로, 다른 한 소부대는 화순 경찰서로, 또 다른 한 소부대는 화순 역으로, 선동대를 포함한 별동대는 식량창고로 각각 돌진해 들어갔다.

오전 2시에 전투경찰대 지휘부는 소탕되었고, 뒤이어서 화순 역사가 점령되었다. 격전이 벌어진 경찰 토치카 5개소도 격파되고, 경찰서에서 전경 지휘부로 가려던 응원부대들도 빨찌산 부대원들의 공격으로 분산 도주하였다. 시내 요소에서 선동대들이 구호를 외치는 가운데 식량 창고에서 화염이 솟아올랐다.

이날 전투에서 경찰병 사살 80여 명, 무기 노획 6정. 전경 지휘부, 화순 경찰서, 식량 창고 2동 등 소각, 화순-광주 간, 화순-능주 간, 화순-보성 간 전주 89본 절단, 전선 8,900미터 철거, 식량 탈환 130석, 군경 피복 220점 등 노획. 강제징집 청년 250명 구출.

○ **백아산 토치카 격파전**

군경들은 유격대 총사령부가 있는 백아산 삼각고지와 상봉에 거점을 구축해 놓고 유격대의 활동을 견제하려고 했다.

그런 기도는 1951년 춘기침공 때부터 있었지만 번번이 빨찌산의 반격으로 무산되었다. 그러다가 7월경에 인민들을 앞세워서 이중 울타리 안에 토치카를 구축하고, 입산자 가족들을 방패로 삼으면서 영구주둔을 획책했다. 그것은 빨찌산에게 있어서 커다란 위협이었다.

백아산에 집결한 빨찌산 부대는 침입병들의 동태를 지켜보고 있다가, 흰옷 입은 주민들이 보이지 않는 틈을 타서 야습을 감행했다. 그러나 성공치 못하고 부상자만 많이 냈다(남태준도 이때 부상).

겨울을 앞두고 침입병들의 거점을 어떻게든 쳐부수어야만 했다. 1951년 11월 8일. 오후 11시에 작전을 시작한 총사 제1연대 정예들은 험난한 삼각고지 대울타리를 뜯고 대담하게 육박, 수류탄을 투척하면서 토치카를 격파하고 그 안에서 저항하던 경찰병 20명을 살상했다.

같은 시각 상봉 쪽 거점을 기습한 제15연대 용사들은 순식간에 적 토치카 2개를 격파, 수비하고 있던 침입병들을 완전히 소탕했다. 경찰병 살상 60명, 무기 9정, 실탄 1,000여 발 노획.

패주한 경찰병들은 토치카 재건을 단념하고 더는 덤벼들지 못했다.

◎ 이양-춘양 간 열차 습격

　1951년 11월 14일에 있었던 작전. 유치 전구를 주근거지로 삼는 부대 용사들에 의해 감행된 뜻있는 작전이다.

　순천-광주 간 경전선 열차는 여러 차례 빨찌산들의 공격을 받았다. 가장 가깝게는 10월 21일 항미소년돌격대에 의해 감행된 쌍봉 열차 습격이다. 이렇게 자주 공격받는 까닭은 이 철로가 유격전구 한복판을 가로지르기 때문이다. 특히 예재를 지나 이양과 청풍 사이에서는 바로 화학산 기슭을 감고 돈다. 그래서 이양에 철도경찰대가 상주해 있었고, 9·28 직후에는 무장경찰을 실은 차량을 열차 앞머리에 달고 다녔을 정도다.

　그러다가 화학산 대침공(1951년 4월) 이후는 그 경계가 조금 느슨해졌다. 그렇다고는 하지만, 철도경찰대가 호위하고 다니는 상황은 예전과 다름이 없었다. 중요한 수송이 있을 때는 미군 병사들도 동승해 다녔다.

　이날 작전은 오전 11시경에 감행되었다. 열차가 이양과 춘양 경계인 풍무재 협곡을 힘겹게 돌아갈 즈음에 공격을 퍼부었다. 미리 장치한 폭약이 터지는 것을 신호로 일제사격이 가해졌다. 기관차 2량에다가 11개 객화차를 연결한 이 열차는 군수물자와 강제징집된 노무자들을 태우고 있었다. 기관차와 화차 등 4량이 탈선 전복되고, 나머지 화차들도 그 위를 덮치며 구겨졌다.

　나중에야 안 일이지만, 이날 습격에서 미군 종군기자와 기관사들을 포함한 7명이 현장에서 죽었다. 차량에 갇혔던 600여 명의 징집 노무자들은 뿔뿔이 흩어져 도망쳤다.

공격에 나섰던 부대원들은 전과를 확인하고 유치내산과 말봉산 방향으로 갈려서 잽싸게 자취를 감췄다.

◎ 장성 갈재 열차 습격

1951년 11월 중순경. 김병억 휘하의 노령 지구 유격대(노령 병단)가 주축이 되어, 장성 갈재 터널 남쪽에서 운행 중이던 열차를 습격한 작전. 제15연대 병력들이 많은 비무장 성원들을 거느리고 이 작전에 가담했다.

백아산 전구에 대해 집중적으로 덤벼드는 침공군의 공격력을 분산시키고, 아울러 동기침공에 대비하는 물자를 획득하기 위해 감행된 작전이었다. 동시에 러시아 10월 혁명 기념일을 성과 있게 보내려는 도내 전 빨찌산들의 고양된 전의와도 연관된 것이었다.

총사로부터 작전 지침을 전달받은 노령 병단은 정확한 정보를 바탕으로 치밀하게 계획을 짰다. 서울발 목포행 열차가 아침 일찍 갈재 터널을 빠져나간다는 것, 그 시간에는 터널 양쪽에 경비병들이 없다는 것, 정기적으로 돌던 철도순찰대도 요즘에는 돌지 않는다는 것 등이 확인되었다.

노령 병단 용사들은 밤 동안에 큰 바위들을 굴려다가 터널 남쪽 출구 철로 위에 쌓았다. 터널을 빠져나온 열차가 급경사를 미끄러져 내려오는 비탈 목이었다. 중화기와 반탱크 수류탄 등을 갖춘 대원들은 사격하기 좋은 자리에 매복진을 펴고 은신 대기했다.

날이 새면서 정시에 열차가 나타났다. 대원들은 숨을 죽이고 결전태세를 갖추었다. '쿵' 하는 소리와 더불어 기차는 바위를 들이받고 멎었다. 기관차에 수류탄을 투척하고 일제사격을 퍼부으며 돌격해 들어갔다. 군인·경찰·일반시민 들이 타고 있었다. 대항하는 군경들은 사살하고, 투항하는 자들은 무장해제하여 포로로 잡았다. 시민을 상대로 아지프로도 했다.

비무장 대원들은 포로들에게도 짐을 지워 무장대의 호위를 받으면서 퇴각하기 시작했다. 제15연대 일부 병사들이 그들 뒤를 엄호했다. 그리고 일부는 남아서 사거리 쪽으로 알리지 못하도록 길을 차단했다. 경창들은 습격이 있은 지 한 시간이 지나도록 그 사실을 몰랐다. 작전은 완전히 성공했다.

무장경찰대가 추격을 개시했을 때는 이미 빨찌산들은 멀리 철수하고 있었다. 전리품은 무사히 백아산 전구까지 운반했다. 포로들은 훈방했으나, 일부 군인들은 함께 싸우기를 자청하여 산에 남았다. 소상한 전과는 미상.

* 이 작전 후 경비 책임을 물어 전라남도 경찰국장과 장성 경찰서장이 해임되었다고 한다. 또 빨찌산 몇 사람이 열차에 동승해 오면서 매복조에게 신호를 보냈다는 전설 같은 후문까지 낳았다.

○ **구례 적 주둔소 기습**

1951년 11월 20일경, 지리산 오신택 부대는 소수의 인원으로 구례에 들어온 경찰기동대 203부대 주둔소를 기습했다. 이들은 겨울 침공, 이른바 '동기공세'를 준비하기 위해 막 도착한 부대였다. 그리하여 20여 명을 살상하고 무기 7정을 노획하는 전과를 올렸다.

○ 11월 중에 거둔 전과

침공군의 '동기공세'를 좌절시키기 위한 투쟁에서 거둔 성과. 군용열차 2회 습격 전복, 군용 트럭 13대 습격 파괴, 광주시·화순읍 습격, 경찰 지서 및 군경 주둔소 14개소 습격, 식량 탈환 소각 4,500가마니.

특히 11월 3일부터 8일간에 걸친 전남북 경찰 연합부대 3,000여 명의 침공을 맞아 싸운 노령 병단은 경찰병 70여 명을 살상하고 무기 12정을 노획했다. 또 11월 19일부터 27일까지 침공군 1,500여 명이 동원된 말봉산·화학산 침공을 맞아 싸운 제1연대·제15연대 용사들은 그중 40여 명을 살상하고 무기 6정을 노획하는 전과를 올렸다.

○ 유치내산 요격전

1951년 12월에 접어들면서 백선엽 야전사 산하 군경들의 전면적인 침공(제1차대침공)이 시작되었다. 유치 전구의 강력한 무장력인 민청연대 용사들은 치몽군의 집중공세를 맞아 대치전은 피하면서도 그 틈바구니를 교묘히 이용하여 철퇴를 가하였다.

1952년 1월 6일. 천태산에 침입한 군 5017부대를 유도 복격, 그중 20여 명을 사살하고 무기 7정, 실탄 300여 발을 노획하고 빠져나갔다.

1월 9일. 화학산 각수바위에 진을 친 중대 지휘부를 야습했다. 그들은 워낙 다급했는지 17구의 동료 시체를 유기한 채 도주했다. 4정의 무기와 배낭·모포 등 군수품을 노획했다.

1월 19일. 오전 10시경, 유치내산을 유린하는 침입병들을 포위 공격하여 격전을 벌였다(한월수 연대장 지휘). 그들은 계속하려던 수색을 포기하고 오후 5시에 퇴각했다. 이날 전투에서 침입병 사살 42명, 포로 8명, 기타 무기 탄약 다량 노획 등의 전과를 올렸다.

○ 갓다리[笠橋]의 경찰대를 공격

역시 제1차대침공 기간에 광주 연대(제15연대)가 펼친 전투. 침공군의 집중공세를 피하면서 그들을 큰 산으로부터 끌어내기 위한 양동작전도 겸한 공격이었다.

1952년 1월 10일. 말봉산과 화학산을 잇는 풍무재 언저리에서 매복하고 있던 광주 연대 소조는 군용트럭이 오는 것을 목격했다. 노출되는 것을 무릅쓰고 이를 공격, 군인 4명을 사살, 4정의 무기를 노획하고 잽싸게 자취를 감추었다.

1월 12일. 다시 갓다리 부근의 기동경찰대를 습격, 경찰병 10명을 사살하고 무기 2정을 노획했다.

1월 16일. 광주 연대의 또 다른 소조는 군 중대 지휘부를 습격, 소위 이하 5명을 사살, 3정의 무기를 노획하고 감쪽같이 사라졌다.

○ 군 주둔처를 기습

역시 제1차대침공 기간에 백운산 지구 유격대(양순기)가 소조로 분산해서 펼친 전투.

1952년 1월 17일. 침공군 부대를 번개같이 습격하여 그중

20명을 사살하고 무기 10정을 노획했다.

다른 공격조는 침공군 117연대 주둔처를 기습, 대대장(소령) 이하 여러 명을 사살하고 무기 7정을 노획했다.

1월 25일. 백운산 침공을 위해 집결 중이던 침공군 중화기중대를 기습하여 수 정의 무기를 노획하는 등 전과를 올렸다.

○ 도당 직속 정공대의 활약

제1차대침공에 대한 대비책의 하나로 도당부는 산하 각 부서 지도원들과 간부학교 학생들로 정치공작대(약칭 '정공대')를 창설했다. 그 모체는 조동만이 이끌던 여수 유격대였다. 이들은 공세 기간에 적들의 허약한 대목을 포착해서는 잽싼 기습을 감행했다.

1951년 1월 중순. 침공군 수색대가 백운산 주능 삼각고지에 짐을 푸는 순간이었다. 매복 대기하고 있던 정공대원들은 이들을 기습, 무기도 무기려니와 1만여 발의 엠원소총 실탄을 노획하였다. 정공대는 민청학원 학생들까지 아우르면서, 오히려 침공 초기에 그 세를 늘려 갔다.

○ 대피 중에도 침공군을 공격

그 어려운 제1차대침공 기간에 소조로 야산을 전전하면서도 적군에 대한 공격을 멈추지 않은 광주 지구 유격대원들의 분투.

1952년 1월 20~25일 기간. 침공군의 겹겹 포위망을 뚫고 대피 이동하면서도 매복전 혹은 요격전을 벌여 침입병 20여 명을 살상했다.

1월 30, 31일 양일간에 걸친 운산 대치전에서 침입병 10여 명을 사살, 전멸의 위기를 벗어났다.

○ 벌교 기동경찰대를 습격

제1차대침공 중의 그 어려운 상황에서 제1연대(한병윤) 용사들은 부대를 쪼개어 기동력을 높이면서 소조활동으로 슬기롭게 대처했다.

1952년 1월 23일. 야지로 빠진 소부대는 순천군 주암면 한 마을에 주둔한 벌교 기동경찰대를 습격, 경찰병 10여 명을 사살하고 경기관총 1정, 엠원소총 3정, 실탄 1,000여 발을 노획하는 전과를 올렸다. 그리고는 그들이 눈 위에 낸 족적을 밟으면서 자취를 감추었다.

1월 24일. 조계산으로 나간 소부대는 침공해 들어오는 수색병을 대담하게 요격, 그 선봉을 때려 격퇴시키고 일대 추격전을 벌이면서 다른 산으로 이동했다. 이로써 침입병들의 수색 의도는 좌절되었다.

○ 노령 병단 꼭두재 전투

꼭두재란 장성 백양사에서 순창 덕흥 마을로 넘어가는 목을 말한다. 입암산에서 뻗어내린 능선이 전남북 도계를 이루며 지나가는 지점인데, 노령 지구 유격대(노령 병단)의 작전 주무대다. 여기서 1952년 3월 8일 경찰 연합부대와 노령 병단 간에 큰 접전이 벌어졌다.

그곳은 전북 유격대와 전남 유격대가 서로 넘나들며 작전을 펼치는 요지이다. 그러므로 항상 침공대의 주목표가 되어 온 지역이다. 이날도 장성군 경찰기동대를 주축으로 한 경찰 연합부대와 부딪쳐 이 능선에서 큰 싸움이 벌어진 것이다.

지난 겨울 침공 기간에 많은 병력을 잃었으나 아직 남은 힘은 굳건했다. 그러나 워낙에 물량으로 덤벼드는 침입병들의 포위 공격 앞에 많은 희생을 치렀다. 노령 병단이 겪은 어려운 전투 가운데 하나로 기록되는 날이다.

○ **제1연대 새목 매복전**

제1차대침공을 치르고 나서는 백아산 기지도 전처럼 넓은 지역을 장악하지는 못하게 되었다. 그런 틈을 타고 백아산 주변 경찰대들이 많지 않은 병력으로도 마구 덤벼들었다.

1952년 3월 하순경의 일이다. 제1연대는 모후산 적정을 피해 밤중 행군으로 백아산 만수동 뒤 칠골재에 올라섰다. 날이 새고 있었다. 대피를 겸해서 새목 계곡으로 올라갔는데, 문바위재를 지키던 보위부대원들로부터 적정이 비쳤음을 통보받는다. 그 즉시 새목 입구가 내려다보이는 지점에 산개했다. 김선우 사령관이 지켜보고 있었다.

11시쯤이나 되었을까. 새목 들머리로 약 70명가량의 경찰대가 침입해 들어왔다. 공교롭게도 그때 갈갱이 쪽에서 비무장 인원 30여 명이 내려오고 있었다. 막 진입하던 경찰병들이 그들을 발견하고는 마구 추격해 올라왔다. 마치 계획적으로 비무장들을 움직인 형국이 되었다.

경찰병들이 매복 지점 앞을 뛰어갈 때 발사 명령이 떨어졌다. 전혀 예상하지 못한 지점에서 기습을 당한 경찰병들은 어찌할 바를 모르고 허둥댔다. 총사 앞마당에 들어온 침입자들은 집중공격을 받았다. 비무장들을 쫓기는 고사하고 동료들의 주검을 팽개치고 도망치기 바빴다.

이날 매복전에서 총기류만 11정을 노획하는 전과를 거두었다. 패퇴한 침입자들은 그 후 주민들을 동원해 달구지를 끌고 와서 근 일주일 동안이나 뒤처리에 매달렸다.

○ 전라선 괴목역 급습

1952년 4월 6일에 있었던 작전. 순천 군당 유격대와 산하 소부대가 합동해서 수행했다.

괴목은 순천에서 얼마 떨어지지 않은 철도교통 요지이다. 동시에 빨찌산들이 동서 거점으로 내왕하는 중요한 목이기도 해서 늘 위협적인 존재였다. 이날 밤 괴목 지서를 포위하여 그들이 대항하지 못하게 해 놓고, 마을에 들어가서 정치공작도 하고 보급물자도 조달했다. 여느 때는 좀처럼 접근하지 못할 만큼 경계가 삼엄한 지점이다.

피해를 입지 않고 목적을 수행한 부대원들은 재빨리 흩어져 각자의 거점으로 철수했다.

○ 백운산 소조들의 투쟁

제1차대침공의 상처를 딛고 일어선 백운산 전구 내 여러 부대들은 정확한 정보와 세밀한 사전 정찰을 근거 삼아서 광범위한 소조투쟁을 벌였다. 그 일련의 전투는, 그 전과의 크고 작음에 관계없이 매우 뜻있는 싸움들이었다.

1952년 4월 10일 군 제2공병대 차량 1대 기습. 4월 24일에는 제2건설공단 차량 1대 소각. 5월 18일에는 군 통신대를 기습했다. 적의 후방을 교란하여 수송과 통신을 마비시키라는 인민군 최고사령관의 명령을 충실히 따르는 작전들이었다.

◎ 호남선 열차 습격

1952년 6월 24일. 노령 병단 용사들은 호남선 사거리-신흥 간에서 주행 중인 열차를 습격하여 다대한 전과를 올렸다.

일선 당단체의 도움을 받아 전날 밤에 매복 지점을 잡은 대원들은 숨을 죽이고 기다렸다. 길고 초조한 시간만 흘렀다. 대원들은 오후 2시경, 대전을 떠나 목포로 가는 열차를 어김없이 기습했다. 매설해 놓은 폭약을 터뜨리면서 열차 앞머리에 집중사격을 가했다. 기관차는 탈선했고 연결된 차량 10량은 화염에 휩싸였다.

후에 안 일이지만, 이날 습격에서 미군 2명, 군경 25명, 철도원 2명, 청원경찰 2명 등이 사살됐다.

전남 지역에서 벌어진 열차 습격 가운데서 가장 규모가 컸고, 노령 병단이 거둔 성과 중에서도 특기할 만한 작전으로 기록된다.

◎ 보성수력발전소를 기습

1952년 여름. 항미소년돌격대 소조원들이 올린 쾌보다.

돌격대장 정화근은 수 명의 대원을 이끌고 그 멀고 깊은 보성읍 언저리까지 침투해 들어갔다. 목적은 득량면 삼정리에 있는 수력발전소를 기습하는 일이다. 수집된 정보에 의하면 그 언저리의 경비가 아주 허술하다는 것이었다.

대원들은 도중에 야산잠복을 하면서 이틀째 되는 한밤중이 지나서야 가까스로 발전소 건물 부근에 당도했다. 정 대장은 대원들을 밖에 대기시키면서, 자기가 신호를 할 때까지는 주변 경계만 철저히 하라고 당부했다. 그는 혼자서 건물 안으로 기어들어갔다.

무기는 줄줄이 사무실 벽에 걸려 있고, 경비를 맡고 있는 경찰들은 보초도 없이 숙직실에서 자고 있었다. 동지들을 부를 것도 없다 싶었던가, 정화근은 무기들을 차근차근 다 챙겨 묶어놓았다. 그리고 나서 그들을 깨웠다. 그는 한바탕 아지프로까지 근사하게 하고는 무기를 걸머지고 유유히 문밖으로 나왔다.

이로써 정화근은 빨찌산 전설의 주인공이 되었다.

* 정화근에 대해서는 본고 제1부 말미에 따로 기록해 두었다.

◎ 또 순천에 진입

1953년 3월 30일. 백운산 지구 유격대가 또 순천시로 진격해 들어갔다. 시 북쪽 가곡동까지 진입해 정치구호를 외치면서 작전을 펼쳤다. 그 당시 정세로 볼 때 빨찌산들이 순천을 공격하리라고는 감히 예상조차 못했던 터라, 수비병들은 허를 찔려서 허둥댔다.

뒤늦게 응사해 오는 경찰들과 교전이 벌어졌다. 그들이 올목까지 지키고 있던 대원들은 여유 있게 대치하다가 소기의 목적을 달성하고 재빨리 철수했다.

나중에 그들의 발표로 이날 밤 전투의 성과를 알 수 있었다. 경찰 9명이 전사하고 20명이 중경상을 입었단다. 빨찌산 용사들은 소총 27정을 노획하고 거점으로 돌아왔다.

○ **백주에 버스 기습**

1953년 봄. 우병철이 지휘하는 전남부대 제1중대 소조가 광양-진상 간 기동로에서 버스를 기습한 작전.

한창 모심기에 바빴던 때. 전날 야지로 진출하여 대숲에서 잠복하던 소년 빨찌산 6명은 오후 3시쯤 해서 통과하는 버스를 정차시켰다. 군복 차림의 편의였기 때문에 검문하는 척하면서 한 사람씩 하차시켰다. 군인 1명과 경찰대학 졸업생 7명이 타고 있었다.

그때서야 빨찌산임을 밝히고, 양심적인 군인 경찰이 되어야 한다고 훈계해서 돌려보냈다. 카빈 1정과 실탄, 군복 등을 노획한 다음 바구리봉으로 치달려 무사히 귀환했다.

○ **하동 진입작전**

1953년 여름. 전남부대 권영용 중대장 이하 소년 빨찌산 소조가 하동으로 들어가는 길목에서 벌인 작전.

새벽에 줄보초가 해이해진 틈을 타고 섬진강을 도강, 야산에서 나무꾼들과 함께 한낮을 잠복했다. 어둠을 타고 구례-하동

간 기동로에 나선 대원들은 징병기피자를 잡으러 왔노라면서 집뒤짐을 하다가, 술집에서 놀고 있는 군경 2명을 생포했다. 그중 1명을 앞세워 경찰서를 치려했지만, 작전을 바꾸어 하동으로 들어가는 대목의 파출소 1개소를 기습 소탕했다.

맹목적으로 쏘아대는 반격을 피해 있다가 새벽에 도강, 백운산 주릉에서 해돋이를 맞았다.

엠원소총 8정을 노획했고, 생포한 경찰은 그 뒤 전남부대에서 함께 지내면서 보초까지 서기도 했다.

○ 함평읍 무장진입

1953년 7월 18일. 진희근이 이끄는 불갑산 소지구당 소속 대원들은 함평읍으로 진입했다. 5명으로 구성된 이들은 함평 경찰서에서 1킬로미터 떨어진 함평교 보초막을 기습했다.

일행은 철수하다가 해보면에서 추격대와 조우, 사격전을 펼치다가 대원 1명을 잃었다.

○ 남해 쪽으로 진출

1953년 8월 22일. 8·15경축대회를 마친 전남부대 대원들은 대담하게도 바다로 나아갔다.

이봉삼 부대장이 이끌고 나선 소년빨찌산 용사들은 대담하게도 섬신강 하류 쪽에서 배를 타고 도강, 남해로 가는 항로의 한 포구로 상륙하여 지서를 힘 안들이고 격파했다. 빨찌산들이 오리라고는 전혀 예상하지 못하는 상황이었던 것이다.

귀한 의약품과 등사기 등 출판용구를 얻고 퇴각하다가 경찰병들에게 발각되어 총격전이 벌어졌다. 대원 하나가 경상을 입었을 뿐 무사히 돌아올 뻔했는데, 배를 조종하다가 이봉삼 부대장이 전사하고 말았다(익사한 것으로 추후 판명).

○ 따리봉 능선 매복전

1953년 12월. 바야흐로 제2차대침공이 시작되려 할 때, 백운산 전남부대 소년 빨찌산들이 벌인 감쪽같은 매복전.

제1중대 성원들은 본디 도당 88근위중대 출신들이 대부분이다. 이미 산 능선에는 눈이 내려 제법 쌓이고 있었다. 따리봉 언저리에서 숙영하던 대원들은, 앞엣총도 아니하고 능선을 제멋대로 오르내리는 침공군 정찰조를 매복전으로 때리기로 결정했다.

민첩성을 자랑하는 김영승 외 소조는 따리봉 능선에서 매복 대기하고 있다가, 침입병 6명이 정찰을 마치고 돌아가는 것을 때렸다. 그중 1명은 도주하고 나머지는 사살되었다.

이미 백운산 주변에서는 침공군 대부대가 움직이기 시작하고 있었다.

○ 화개 주둔처 기습

제2차대침공도 막바지에 접어들고 유격대 전사들도 거의 괴멸상태에 빠졌던 1954년 3월 31일. 백운산 남태준 부대 제2대대 잔존인원 가운데 정예 7명은 배찬백 지휘 아래 화개에 머무르고 있던 침공군 주둔처를 기습했다. 소조는 섬진강을 건너 밤 11시, 맘 턱 놓고 있던 군인들에게 불세례를 퍼부었다.

침공군은 빨찌산들을 다 잡았다고 호언하던 터라, 그 작전은 실로 벼락 같은 것이었다. 군인 사상자 여럿을 내고 엠원소총 1정, 실탄 2,000여 발, 의복류 여러 점을 노획했다. 작전에 참가한 소조원들은 한 사람의 손상이나 낙오자도 내지 않고 4월 1일 새벽 무사히 귀대했다.

전남 유격전 사상 조직적 선제공격의 마지막을 장식한 실로 값진 싸움이었다.

3. 맺음말

전남 지역의 유격투쟁 기록을 마무르기에는 턱없이 모자란다. 누락된 것이 많고, 특히 제1차대침공 기간을 전후한 시기부터 그 이후의 작전 기록들이 수록되지 못했다.

또 채록한 것들 중에도 잘못된 것이 있으리라 본다. 증언과 자료의 부족 때문인데, 설사 증언자가 있는 경우에도 정확하지 못한 것은 아예 채록치 않았다.

후일 자료가 더 찾아지는 대로 깁고 더하여서 좀 더 실하고 정확한 기록이 되도록 힘쓰겠다. 어느 한두 사람의 수고만으로는 이뤄내기 어려운 작업임을 통감한다.

제3부

인명록

인명록

　조국해방전쟁 전후 시기에 전라남도 지역에서 활동했던 빨찌산 전사들을 주축으로 일부 애국인사들의 이름을 올렸다. 전사·형사·옥사 등으로 산화한 사람들을 우선 기둥으로 삼았으나, 옥고를 치르고 나온 사람들, 병사한 사람들도 아울러 실었다. 전사한 것으로 짐작은 되지만, 확실한 증거나 증언이 없는 경우에는 전사 여부를 밝히지 못했다.

　자수 또는 투항한 후 대열에 큰 손해를 끼친 사람들은, 그 전력이 어찌 되었든 싣지 않는 것을 원칙으로 삼았다.

　극히 소수이지만, 현재의 처지 또는 후손들의 형편을 고려해 스스로 이름을 싣기를 꺼려하리라고 짐작되는 이들은 필자의 자의로 거명치 않았다.

　참고 문헌 또는 증언 채택에서 엄정을 기했지만, 자료 부족 등으로 누락되었거나 잘못 기술된 점이 있을 수 있음을 미리 사과하여 둔다. 계속 더하고 빼며 깁고 고쳐서 값진 기록이 되도록 힘쓰겠다.

　여기서도 용어 약속은 본고 제1부의 경우에 준한다. 즉 '제1차대침공'이라 함은 1951년 겨울에서 1952년 봄까지 진행된 백야전전투사령부 대공세를 뜻하고, '제2차대침공'이라 함은 1953년 겨울에서 1954년 봄까지 감행된 제5사단 및 그 휘하 병력의 대공세를 뜻한다. 그리고 '합법 때'라 함은 전쟁 수행 당시 '합법적으로 활동하던 시기'를 가리킨다.

　승주군은 '순천군'으로, 여천군은 '여수군'으로 기재한다.

(ㄱ)

강경구 구례 출신 구빨찌. 9·28후퇴 후 도당 간부부장. 구례 군당 위원장. 제2차대침공 후 잔존 인원을 규합하여 '상승부대'를 조직. 도당 지도부를 찾아 서부로 이동하여 최후까지 저항하다가, 1954년 여름 보성 문덕 언저리에서 전사.

강권수 총사 제15연대 대원. 1951년 8월 1일 학천 공략전에서 돌격조장으로 수훈을 세움.

강금구 총사 보위부대 제2중대장. 1952년 4월 6일 백아산에서 생포.

강대섭 강진 출신. 총사 제1연대 소대장. 용사 칭호를 받음. 전사.

강동기 총사 민청연대 대원. 1951년 8월 7일 청풍 지서 공략전에서 선봉.

강봉기 광양 출신 구빨찌. 후퇴 후 백운산 지구 부책을 거쳐 지구책. 백운산에서 전사.

강사규 무안 해제면 출신. 합법 때 목포시 인민위원장. 후퇴 후 무안 군당 위원장 직책을 잠시 맡았음.

강사규 유치 지구 군사간부강습소 제8기 우등생.

강상원 곡성 출신. 곡성군 유격대장. 1951년 여름 봉두산에서 전사.

강상철 인민군 군관 출신. 전남 유격대 창설 당시 독립 기포대대를 지휘. 총사 기간 일꾼으로 초기 제15연대 연대장, 총사 책임지도원, 광주연대장 등을 맡음. 전사.

강세원 함평 출신. 조국출판사 필경 일꾼. 1954년 12월 지리산에서 생포.

강세준 불갑 지구 사령관 표창 용사. 전사.

강순희 제주도 출신. 보성 군당 산하에 있다가 조계산 지구로 이송. 1954년 3월 이상률 들과 함께 쌍암면 비트에서 생포.

강순희 광주 출신. 광주시 유격대 위생병. 1951년 춘기침공 때 무등산에서 전사.

강영수 나주 남평 출신. 조선대학 교수. 합법 때 조선대학 학장으로 추대됨. 9·28 후 피살.

강영주 구례 출신. 광양군 유격대원. 전사.

강우영 담양읍 출신. 담양군 유격대 참모장. 1951년 말 백아산에서 전사.

강원수 총사 제15연대 대원. 1951년 8월 1일 학천 공략전에서 돌격조장으로 선봉을 맡아 수훈을 세움.

강인옥 전남 군사위원회 서기장. 총사가 제7지대로 개편될 때 부참모장직을 맡음. 전사.

강정애 총사 제15연대 돌격대원. 1951년 학천 공략전에서 선봉을 맡아 활로를 열고 전사. 당년 19세.

강지원 곡성 삼기면 출신. 곡성군 유격대장. 전사.

강 철 본명 미상. 총사 제15연대 항미소년돌격대원. 전사.

강효원 구례읍 출신. 이현상 부대로 전출되었다가 전사.

강○○ 함평 해보면 출신 남성. 6·25 이전 불갑 부대 부대장. 전사.

고기주 담양 출신. 장성 군당 연락원. 전사.

고덕애 광양 출신. 광양군 여맹 위원장. 1954년 3월 2일 백운산에서 생포.

고수창 유치 지구 사령관 표창 모범대원.

고윤석 광산 출신 구빨찌. 한학자. 합법 때 광산 군당 위원장.

고장배 구빨찌. 총사 지도원. 후에 총사 정보과장. 전사.

고재구 유치 지구 사령관 표창 모범대원.

고재봉 곡성 목사동면 출신. 곡성군 인민위원장. 전사.

고재형 평남 용강 출신. 노어대학 학생. 광양 군당에서 일하다가 지리산 제5지구당으로 파견됨. 제2차대집공 때 생포. 사망.

고재호 구례 출신. 구례군 유격대원. 1951년 6월 3일 구례읍 변전소 공격에서 소조를 이끌고 선봉을 맡음.

고정수 광양 출신. 후퇴 후 광양 유격대장. 1951년 6월 5일 광양읍 진입 전 때 부대를 지휘. 제1차대침공 때 백운산에서 전사.

고진희 제주도 출신. 제주도 4·3항쟁 때 활약. 합법 때 전남 도 여맹 위원장으로 부임. 후퇴로 지리산에 입산. 그 후 지하로 내려갔다가 체포되어 자결.

고 철 함경남도 단천 출신. 본명 이근수. 정치보위부 일꾼. 도당 지하공작 선을 담당 지도. 1953년 9월 섬진강을 건너다가 익사.

고평준 함남 이원 출신. 백운산 도당학교(도당학교 제1분교) 책임강사.

고○○ 광산 출신 남성. 광산군 유격대장. 1951년 춘기침공 때 무등산에서 전사.

공인주 구례 간전면 출신. 총사 제15연대 항미소년돌격대원. 전사.

공종렬 구빨찌. 후퇴 후 도당 기요과장. 그 후 총사 기동연대로 전출되어 지휘관으로 활약하다가 전사.

공○○ 광주 출신. 광주사범학교 졸업. 도 민청 지도원. 1951년 춘기침공 때 백아산에서 생포.

곽용철 백아산 지구 소부대장. 일명 곽창학. 1954년 3월에 전사.

곽우창 진도 출신. 후퇴 후 진도 군당 위원장. 유치내산에서 전사.

구봉례 구례 산동면 출신. 여맹 일꾼. 사망.

인명록 317

구봉회 함북 회령 출신. 원산 교원대학 상급교원으로 있다가 정치공작대로 남하. 후퇴 후에는 도당학교 강사.

구영복 장성읍 출신. 일찍 투쟁전선에 나서 지방 인사들에게 큰 영향을 끼침. 1949년 총살당함.

구옥선 영암 출신. 유치산에 입산 활동하다가 전사.

구재민 광주 출신. 구재옥의 언니. 입산 후 담양 군당에서 일함.

구재옥 광주 출신. 구재민의 동생. 합법 때 도당 선전부에서 일함. 백아산으로 입산. 도당간부학교 학생. 1952년 초 지하로 내려감.

구재운 광양 출신. 광양 군당 부위원장. 1954년 3월 2일 백운산에서 전사.

구재회 구례 산동면 출신. 구례군 인민위원장. 사망.

구춘길 구례 간전면 출신. 도당 직속 전남부대 대원. 용사 칭호를 받음. 1954년 2월 20일 백운산 옥룡골에서 전사.

국 웅 광주 출신. 국채일의 동생. 전남여고 교사. 입산 후 담양 군당에서 일하다가 부상 생포.

국장현 담양읍 출신. 노령으로 입산 활동하다가 내장산에서 전사.

국 준 광주 출신. 국채일의 동생. 입산 후 광주시당에서 일함. 1951년 춘기침공 때 전사.

국중기 담양읍 출신. 국중빈의 형. 입산 후 내장산에서 전사.

국중빈 담양읍 출신. 입산 후 민청 교양지도원. 1952년 3월 모후산에서 생포.

국창환 담양 출신. 총사 제1연대 1대대장. 용사 칭호를 받음. 1951년 4월 말봉산 말머리재에서 전사.

국채일 광주 출신. 국기열의 큰아들. 옥과 국민학교 교사. 입산 후 곡성군 유격대에서 일함. 1951년 가을 백아산에서 생포.

권수타 목포 출신. 유치 지구 교양과에서 일함.

권영수 화순 한천면 출신. 초모에 응하여 총사 제1연대 대원이 됨. 전사.

권영용 강진 출신. 합법 때 강진 군당 당증과장. 지리산 전투지구당 기요 과장. 백운산으로 와서 도당 보위중대 정치지도원. 전남부대 제1중대장. 1954년 2월 백운산에서 생포되어 사형 받음.

권용훈 총사 민청연대 대원. 1951년 8월 7일 청풍 지서 공략전에서 돌격조를 이끌고 선봉으로 활약.

권장옥 유치 지구 사령관 표창 모범대원.

권흥수 이북 출신. 총사 민청연대 대대장. 그 뒤 제1연대로 옮겨와 한병윤 연대장 시절 그 참모장. 용사 칭호를 받음. 전사.

금선중 담양 출신. 담양 군당 선전부 지도원. 생포되어 형을 받음. 사망.

기세충 광주 출신. 총사 기관지 『전남빨찌산』 편집원. 제1차대
침공 때 백운산에서 생포.

기필애 장성 출신. 광주시당에서 일함. 전사.

김경룡 중국 동북 출신. 팔로군 전사로 있다가 인민군에 편입. 전
선에서 부상하여 낙오되었다가 백아산으로 입산. 도당 보
위중대 대원. 1954년 4월 백운산에서 생포. 무기형을 받음.

김경수 목포 출신. 유치 지구 교양과에서 일함.

김경식 담양 출신. 총사 제1연대 중기 사수. 전사.

김경옥 목포 출신. 박형수의 아내. 무안 군당 소속으로 입산. 불
갑산 침공을 겪은 뒤 유치로 이동하다가 생포.

김경자 제주도 출신. 합법 때 목포시당에서 일함. 후퇴 후에는
지리산 부대 기요원. 전사.

김경재 이북 출신. 총사 참모부 지도원. 전사.

김계석 합법 때 도 인민위원회 상공부장.

김공진 총사가 제7지대로 개편될 때 문화부 조직부장.

김광길 나주 출신 구빨찌. 합법 때 면당 위원장. 후퇴 후 화순
뻘럭책. 1952년 생포. 중형을 받음. 사망.

김광수 담양 교사 출신. 총사 제1연대 중대장. 전사.

김광우 강진 출신. 가명 박진. 총사 발족 당시 선동과장. 그 후
총사 지도원. 1952년 여름 생포. 형을 받음.

김광일 순천 출신. 도당 후방과장.

김교정 이북 출신. 불갑간으로 입산. 유치 지구 선전부장. 도당 선전부 부부장. 남태준 부대 정치위원. 1952년 백운산에서 전사.

김 국 영암 출신. 총사 무장대원. 제2차대침공 때 지리산에서 생포.

김국호 유치 지구 사령관 표창 모범대원.

김군자 여수 출신. 여수 유격대원. 후에 도당 정공대원. 1952년 백운산에서 생포.

김귀근 장성 출신. '금딱지', '벌통'이라는 별명을 얻음. 함평 유격대 지휘관. 6·25 이전 평양을 다녀옴. 불갑 대침공 이후 금성산 포위 때 자결. 아내와 다섯 살짜리 딸도 불갑산에서 학살됨.

김귀남 구례 출신. 구례군 여맹에서 일함. 1951년 춘기침공 때 지리산에서 생포.

김귀님 화순 동복 출신. 총사 기동연대 문화부에서 일함. 전사.

김귀순 함평 나산면 출신. 김월순과 형제간. 나산면 구산리에서 체포 살해됨.

김귀한 이북 출신. 도 민청 부위원장으로 부임. 후퇴 후 총사 지도원. 전사.

김규환 나주 왕곡면 출신. 나주 군당 선전부장. 도민청 지도원.

지하로 내려갔다가 변장학과 함께 피살.

김근숙 완도 신지면 출신. 김근영의 여동생. 유치 지구에 입산.

김근영 완도 신지면 출신. 김근숙의 오라버니, 서춘심의 남편. 부부가 함께 유치 지구에 입산. 사망.

김금순 목포 출신. 목포시 여맹원. 유치 지구 기동대원.

김기수 광주 출신. 총사 제1연대 항미소년돌격대 정치지도원. 용사 칭호를 받음.

김기종 순천부대 소속. 1954년 2월 백운산에서 전사.

김기환 나주 출신. '똘똘이'라는 애칭으로 불림. 오금일 부사령관 연락병. 백아산 갈갱이에서 총기 오발로 사망.

김길례 목포 출신. 유치 지구에 입산. 지리산 파송대의 일원.

김길만 유치 지구 사령관 표창 모범대원.

김길성 화순 출신. 광주 지구 유격대(540부대) 대원. 전사.

김길영 여수 출신. 1953년 초 도당 연락부 부부장. 전사.

김길현 광주 출신. 광주시 유격대원. 1951년 지리산으로 파송됨.

김남식 장성 출신. 장성군 유격대 문화부장. 1954년에 생포.

김달룡 14연대 봉기군 출신 구빨찌. 합법 때 도당 당증과에서 일함. 후퇴 후 총사 책임지도원. 제1연대 창설 참모장. 용사 칭호를 받음. 1951년 한동산에서 전사.

김대원 해남 출신 구빨찌. 합법 때 해남 군당 위원장.

김대윤 총사 산하 군사일꾼. 1951년 4월경 제15연대에 파견되어 있었음.

김덕배 이북 출신. 총사 제1연대 대원. 전사.

김덕주 서울 출신. 인민군으로 남하. 총사 보위중대장 양태일의 연락병.

김덕팔 목포 출신. 목상 재학 중에 입산. 광주시 유격대원. 1951년 7월 무등산에서 전사.

김도선 구례읍 출신 구빨찌. 정귀남 형부. 월북.

김도연 구례 출신. 6·25 이전 서남 해안 진입조의 한 사람.

김돈수 나주 출신. 총사 제1연대 대원. 전사.

김동기 장흥 출신. 유치 지구 유격대원. 1951년 봄에 생포.

김동길 총사가 제7지대로 개편될 때 후방부장.

김동만 보성 출신. 소년으로 입산. 도당 연락부원. 도당 보위중대 대원. 1954년 3월 백운산에서 생포. 1957년 대구 형무소에서 병사.

김동섭 광양 출신. 광양군 유격대원. 총사 제1연대 후방부원. 전사.

김동호 영광 출신. 학생으로 입산. 총사 제1연대 2대대원. 전사.

김동호 해남 송지면 동현리 출신. 광양군 유격대원. 전사.

김동희 장흥 출신. 장흥군 유격대장. 장흥 군당 위원장. 1951년 11월 당시 민청연대장. 1954년 전사.

김만동 나주 세지면 출신. 생산유격대원으로 있다가 남부군으로 입대. 1953년 7월 29일(음력) 전사.

김만두 곡성 군당 지도원. 1953년 3월 26일 정산리 추동골에서 전사.

김만태 화순 출신. 광주 지구 유격대(540부대) 정보과원.

김말수 순천 출신. 총사 후방부원.

김명식 목포 출신. 학생으로 입산. 광주시 유격대원. 1951년 6월경 전사.

김명업 완도 소안면 출신. 완도군 여맹 일꾼. 유치 지구에 입산.

김명주 총사 산하 군사일꾼. 1952년 6월 당시 유치 전구에 지도원으로 파견되어 있었음.

김묵호 목포 출신. 학생으로 입산. 광주시 유격대원. 1951년 무등산에서 전사.

김문현 함평 대동면 덕산리 출신. 전쟁 전부터 활동. 총상으로 한쪽 눈을 잃음. 후퇴 후 함평군 유격대 부부대장. 1951년 2월 20일 불갑산 대침공 때 전사.

김민창 인민군 군관(소위) 출신. 남태준 부대 소대장.

김백동 보성 벌교 출신. 일찍부터 투쟁에 헌신. 6·25 이전에 전남 도당 위원장을 지냄. 합법 때 전남 도 인민위원회 위원장. 입산 후에도 지도일꾼으로 활동하다가 제1차대침공 때 전사.

김범주 나주 남평 출신. 도당 선전부 지도원으로서 『전남로동신문』 필경을 맡음. 1954년 4월 백운산에서 전사.

김병규 곡성 옥과 출신. 곡성군 민청 부위원장. 1952년 초 봉두산에서 생포.

김병극 인민군 군관 출신. 총사 제15연대장. 남태준 부대 참모장으로 제2차대침공을 겪음. 그 후 거듭 부상을 입고 생포, 중형을 받음.

김병두 김병억의 형. 1951년 침공 때 생포. 중형을 받음.

김병순 모후산 지구 유격대 제3대대장. 1953년 3월 모후산에서 생포.

김병억 장성 출신 구빨찌. 합법 때 장성 군당 위원장. 후퇴 후 노령 지구 유격대 사령관으로서 휘하 노령 병단의 이름을 떨침. 영웅 칭호를 받음. 제1차대침공 이후에도 활동하다가 지하로 내려감. (1954년 광산군 임곡서 비트 발각으로 자결했다는 증언이 있음.)

김병욱 목포 출신. 광주시 유격대원. 전사.

김병일 장성 삼서면 출신. 김병억의 사촌. 노령 지구 문화부에서 일함.

김병추 구례 출신 구빨찌. 합법 때 도 인민위원회 수매부장. 후퇴 후 초대 총사 참모장을 거쳐 00부대(남해여단) 책임지도원으로 파견됨. 1951년 3월 18일 화학산에서 전사.

김병하 장성 출신. 김병억의 동생. 노령으로 입산. 전사.

김복만 민청연대 중대장. 1951년 7월 장흥읍 진입전 때 수훈을 세움.

김복순 담양읍 출신. 유치 지구에 입산.

김복심 완도 신지면 출신. 황의국의 아내. 유치 지구에 입산.

김복진 목포 출신. 유치 지구에 입산. 여맹 일꾼. 정태묵과 함께 지하로 내려감.

김봉권 담양 출신. 담양군 유격대원. 곡성·산동 작전에 참가. 지리산 부대 문화부 중대장. 1952년 1월 생포.

김봉님 여수 출신. 광양 군당에서 일하다가 제2차대침공 때 생포.

김봉옥 구례 출신. 구례군 여맹 위원장.

김봉원 불갑 지구 사령관 표창 모범대원.

김봉철 장흥 출신. 유치 지구 교양과에서 일함. 사망.

김삼식 화순 출신. 지리산 전부시구당 산하 지리산 부대 1중대 1소대장. 1952년 성삼재 능선에서 전투 중 전사.

김상곤 화순 남면 출신. 남면 면당에서 일하다가 생포되어 중형을 받음.

김상금 구례 마산면 출신. 김순덕의 남동생. 구례군 유격대 중대장. 전사.

김상금 목포 출신. 목포시당에서 일하다가 유치 지구에 입산. 지리산으로 파송되어 부대 후방부에서 일함. 전사.

김상순 담양 출신. 총사 제1연대 1대대 1중대장. 용사 칭호를 받음. 전사.

김상옥 해남 계곡면 방춘리 출신. 유치로 입산. 1951년 가을 지리산으로 이동 중 산동면 뒷산에서 매복에 걸려 전사.

김상종 경남 하동 출신 구빨찌. 가명 하종호. 합법 때 광주시당 위원장. 입산 후에도 동직을 이어 맡아서 활동하다가 1951년 4월에 전사.

김상철 경남 하동 출신. 김상종의 형. 광주시당 총무과장으로 일하다가 전사.

김상철 완도 고금면 출신. 완도 군당 조직부원. 전사.

김상하 해남 계곡면 출신. 전직 교사. 6·25 이전 서남 해안 진입조의 한 사람. 후퇴 후 총사 문화부 선전과장을 지냄. 제7지대로 개편될 때 부정치위원. 전사.

김상호 광주 출신. 총사 의무과원. 1951년 전사.

김서열 완도 고금면 출신. 유치 지구 유격대원. 도당 보위부대원. 전사.

김석우 이북 출신. 함흥 의과대학 교무부장으로 있다가 징지꽁

작대로 남하. 후퇴 후에는 도당 강사. 제2차대침공 때 백운산에서 생포.

김석준 함남 이원 출신. 백운산 도당학교(도당학교 제1분교) 강사.

김석훈 이북 출신. 평양 중앙당학교 졸업자. 민청 일꾼. 후퇴 후 지리산 도당간부학교 강사.

김선금 지리산으로 파송됨. 여성중대원.

김선문 총사 산하 군사일꾼. 1952년 3월경 백운산 전구에 있었음.

김선우 보성 웅치면 출신. 1949년 도당 부위원장으로 부임하여 파괴된 조직을 재건. 합법 때는 도당 부위원장. 후퇴 후에는 전남 유격대 총사령관(제7지대 지대장). 그 뒤 1953년 4월 도당 위원장직을 승계. 제2차대침공 막바지 1954년 4월 5일 백운산에서 전사.

김선일 목포 출신. 광주시 유격대원. 전사.

김성규 곡성 옥과 출신. 곡선 군당 선전부장. 전사.

김성균 구례 문척면 출신. 문척 면당 위원장. 전사.

김성두 담양 출신. 총사 제1연대 소대장. 전사.

김성렬 완도 출신. 소년으로 입산. 도당 보위부대원. 전사.

김성문 여수 출신 구빨찌. 총사 책임지도원. 그 후 제15연대장을 거쳐 1951년 11월 민청연대장. 전사.

김성문 강진 출신. 총사 제1연대 후방부원.

김성호 광주 출신. 총사 직속부대 대원. 전사.

김성환 광주 출신. 광주시 유격대원. 제1차대침공 때 무등산 주변에서 전사.

김세원 화순 청풍면 출신. 화순 군당 지도원을 거쳐 입산 후에는 청풍 면당에서 일함.

김수만 화순 한천면 출신. 총사 제1연대 2대대원. 전사.

김수원 함평 대동면 출신. 함평군 유격대원. 1951년 2월 20일 불갑산 대 침공을 겪음. 그 뒤 지하로 내려갔다가 체포.

김수일 도당 직속 잔남부대원. 이발을 잘 했음. 1954년 2월에 생포.

김수해 여수 출신. 여맹 일꾼. 제1차대침공 때 백운산에서 전사.

김숙경 광주 출신. 총사 의무과 간호원. 박춘근을 측근에서 도움.

김순덕 구례 마산면 출신. 김상금의 누나. 구례군 여맹 일꾼. 전사.

김순자 광주 출신. 광주시 유격대 위생병. 1951년 봄 무등산에서 전사.

김순희 광주 출신. 남태준 부대 대원. 1954년 백운산에서 생포됨.

김숭동 구례 출신. 도당 연락부원.

김승규 곡성 옥과 출신. 곡성 군당 선전부장. 1952년 봄 봉두산에서 전사.

김승기 곡성 출신. 곡성 군당 연락과장. 제1차공세 때 봉두산 태안사 골짜기에서 전사.

김쌍식 장흥 유치면 출신. 유치 지구 문화부에서 일함. 1951년 지리산으로 파송되었다가 제1차대침공 때 생포. 사망.

김연수 무안 해제 사람. 불갑지구 유격대 산하 군수공장 공장장. 불갑산 대침공 때 박격포탄에 맞아 한 팔을 잃고 생포. 형을 삶.

김영구 불갑 지구 사령관 표창 모범대원.

김영기 14연대 봉기군 출신 구빨찌. 합법 때 도당 당증과에서 일함. 총사 발족 당시 통신과장. 백아산에서 전사.

김영길 완도 신지면 출신. 1952년 초 지리산 침공 중인 군 제51연대를 탈출해 투항. 그 후 발찌산 대열에 가담하여 부대 대대장으로서 싸우다가, 1953년 다리에 총상을 입고 적전에서 자폭.

김영님 영암 출신. 유치 지구에 입산. 지리산에 파송되었다가 제2차대침공 때 생포.

김영만 구례 출신. 지리산 지구 부대 중대장. 생포되어 형을 받음. 비전향장기수로 있다가 귀북.

김영승 영광 묘량면 출신. 소년으로 입산. 유치 지구책 김용우의 연락병, 박찬봉의 호위병 등을 거쳐 도당 직속 전남부대 제1중대원. 1954년 2월 20일 백운산 오룡골에서 부상 생포되어 무기형을 받음. 비전향장기수의 한 사람.

김영식 영광 묘량면 출신. 의용군으로서 낙동강 전투에 참가. 입산 후 유격대원. 전사.

김영식 목포 출신. 무등산으로 입산. 광주시 유격대원. 1951년 7월 무등산에서 전사.

김영자 완도 죽청리 출신. 유치 지구 교양과에서 일함. 전사.

김영자 여수 출신. 여수 유격대원. 제1차대침공 기간 중 유몽운을 따라 지리산으로 갔다가 생포.

김영재 보성 출신. 합법 때 광주시 인민위원회 위원장. 무등산으로 입산. 지리산 지구 책임지도원. 남부군 부대 서기장. 도 인민위원회 위원장. 도당 제2조직부장 등을 지냄. 지하로 내려갔다가 부산서 체포됨. 병사.

김영준 함경북도 출신. 광주시당 선전부 부부장으로 내려옴. 입산 후 선전부장. 1951년 춘기침공 때 전사.

김영춘 함평 나산면 출신. 1951년 2월 불갑산 대침공 때 전사.

김영태 영광 묘량면 출신. 6·25 이전 면 유격대장. 체포되어 대구 형무소에 갇혔다가 학살됨.

김영태 장흥 출신. 순천 군당 후방부원. 조계산에서 일하다가 1954년 3월 비트가 발각되어 생포됨.

김영호 남태준의 연락병. 88근위중대 창설과 함께 부중대장.

김영환 화순 이서면 출신. 6·25 이전 조직원. 광주 지구 유격대(540부대) 대원. 전사.

김영희 화순 출신. 불갑산으로 입산. 일찍 전사.

김오동 구례읍 봉서 출신 구빨찌. 합법 때 도당 경리부장. 후퇴 후 조직부 지도원. 봉두산 조직부 분트책. 제1차대침공 후 중상 생포.

김옥림 장흥 출신. 총사 제1연대 간호원.

김옥자 서울 출신. 백아산으로 입산. 총사 의무과에서 일함. 1951년 봄에 전사.

김옥희 해남 계곡면 방춘리 출신. 유치내산으로 입산. 1951년 3월 전사.

김완근 광주 지구 유격대 중대장. 광주 시내 편의투쟁의 용사. 1951년 12월 백아산 전투 때 부상, 비트 노출로 생포. 적들의 회유에 굴하지 않고 장렬한 최후를 맞음. 영웅 칭호를 받음.

김완생 개편된 995부대 제1중대 정치지도원.

김용강 총사 지도원. 1952년 4월경 모후산 전구에 파견되어 있었음.

김용곤 총사 지도원. 1952년 3월경 유치·모후산 전구에 파견되어 있었음.

김용규 6·25 이전 보성 군당 위원장. 합법 때 군사동원부장. 후퇴 후 도당 책임지도원으로서 남해여단에 파견. 그 후 특수사업. 지하로 내려가다가 부상 생포. 비전향장기수로 귀북.

김용기 노령 지구 후방과장. 제1차대침공 때 생포되어 수용소에 있다가 김채윤과 함께 탈출에 성공.

김용문 총사 지도원. 1952년 3월경 유치 전구에 파견되어 있었음.

김용범 함평 출신 구빨찌. 별명 백구. 합법 때 함평 군당 위원장. 후퇴 후에도 동직을 맡음. 1951년 2월 20일 불갑산 대침공 때 부상. 비트에 있다가 발각되어 자폭.

김용복 광양 군당 부위원장. 유격대장. 1954년 3월 2일 백운산에서 전사.

김용복 총사 제1연대 지휘관. 1952년 유치 전구 천태산에서 생포.

김용식 화순 동면 출신. 화순 광업소에서 일하다가 입산. 총사 보위부대 대원. 제15연대 항미소년돌격대원. 예재 터널 열차 습격전 등에서 혁혁한 전공을 세움으로써 영웅 칭호를 받음. 전사.

김용우 나주 금천면 출신 구빨찌로서 6·25 전 백운산 지구책. 가명 김용원. 합법 때 목포시당 위원장. 후퇴 후 불갑 지구책, 유치 지구책, 도당 부위원장 등을 지냄. 서부지구 주재당부를 맡아 지하당 사업을 하다가 1953년 10월 체포되어 사형 받음.

김용운 총사 제15연대 중견 지휘관. 1951년 8월 1일 학천 공략전 때 돌격조를 이끌고 선봉을 맡음.

김용재 구례 문척면 출신. 문척 면당 위원장. 전사.

김용채 총사 지도원. 제1차대침공 전후 기간에 걸쳐 노령 전구에 파견되어 있었음.

김용철 해남 출신. 도당학교 졸업. 지리산 전투지구당 조직부 지도원. 소조 투쟁에 나갔다가 전사.

김용철 광주 교사 출신. 아내 이경자와 함께 무등산으로 입산. 그 후 지리산으로 파송되었다가 제1차대침공 때 생포.

김용하 총사 제1연대 부연대장. 1952년 4월 15일 천태산에서 생포.

김용호 총사 제1연대 정치위원. 제7연대 정치지도원. 그 후 소환되어 1953년 1월 88근위중대 창설과 함께 정치지도원.

김우선 구례읍 출신. 구례 군당 기요과장.

김욱배 유치 지구 군사간부강습소 제8기 우등생.

김 웅 광양 출신. 연락원.

김원배 이북 출신. 합법 때 도당 당증과장. 후퇴 후 입산. 전사.

김원일 이북 출신. 총사 참모부 지도원. 7지대로 개편될 때 문화부 선전 부부장. 그 후 도당 선전부 부부장으로 있다가 전사.

김원일 제5지구당이 해체되면서 전남으로 귀속된 995부대 부대위원장.

김월순 함평 나산면 출신. 김귀순과 형제간. '빨코'라는 별명으로 통함. 나산면 구산리에서 체포 살해됨.

김유태 총사 지도원. 1952년 3월경에는 민청연대에 파견되어 있었음.

김윤옥 이북 출신. 곡성 군당 선전부 부장. 40세 넘은 나이에 한 눈을 잃고도 잘 싸우다가 제1차대침공 때 전사.

김윤환 화순 남면 출신. 총사 제15연대 항미소년돌격대원. 용사 칭호를 받음. 전사.

김은채 순천 출신. 소년으로 입산하여 순천 군당 소속으로 일함. 제2차대 침공 때 백운산에서 생포. 형을 받음.

김을수 광양 군당 위원장. 백운산에서 전사.

김응복 함경북도 출신. 학생 신분으로 참전. 1953년 남태준 부대 제1대대장. 제2차대침공 때 백운산에서 전사.

김응호 광양군 유격대 소부대장. 1954년 3월 백운산에서 생포.

김이수 다압 소지구당 위원장. 1954년 3월 2일 백운산에서 전사.

김이수 영광 묘량면 출신. 김영승 사촌형. 의용군에 나갔다가 체포. 마산 형무소에서 병보석으로 출감. 사망.

김인삼 개편된 995부대 강사.

김인서 평남 출신. 평양 중앙당학교 졸업자. 민청 일꾼. 후퇴 후 지리산 도당간부학교 강사. 비전향장기수로 있다가 귀북.

김인식 해남 출신. 총사 후방부 및 조계산 지구 등에서 일함.

김인심 해남 출신. 총사 민청연대 대원. 후에 조계산 지구에서 일하다가 1954년 3월 비트가 탄로나 생포.

김인철 전북 고창 출신. 합법 때 도당 부위원장으로 부임. 후퇴 후에도 동직에 있으면서 지도일꾼으로서 진력하다가 제1차대침공 때 백운산에서 전사.

김 일 장흥 출신. 장흥 유격대장을 지냄. 전사.

김일중 영암 출신. 유치 지구로 입산, 기동대 후방부에서 일함.

김장수 총사가 7지대로 개편될 때 통신과장. 1952년 3월경에는 백아산 전구 지도원. 1952년 4월 6일 백아산에서 전사.

김재만 여수 출신. 총사 참모부 지도원. 전사.

김재복 광산 출신. 학생으로 입산. 도당 직속 전남부대 제1중대원.

김재봉 곡성 서당 훈장 출신. 곡성 농맹 위원장.

김재섭 보성 출신. 모후산 지구 유격대 참모장. 총사 제1연대장. 제7지대로 개편될 당시 문화부 민청부장. 전사.

김재섭 영암 출신. 남태준 부대원 1954년 백운산에서 생포. 중형을 받음.

김재정 의사. 총사 의무관. 지리산에 파송되었다가 생포.

김재중 해남 북평면 이진 출신. 유치 지구에 입산.

김재호 총사 산하 군사일꾼. 1951년 11월경에는 남부지구 부대장.

김정단 해남 산이면 출신. 유치 지구 의무과 간호원.

김정례 도당 연락부원. 제2차대침공 때 백운산에서 생포.

김정애 해남 계곡면 가학리 출신. 지리산부대 대원. 제1차대침공 때 전사.

김정태 중국 홍군 출신. 백운산에서 박영발 위원장 기요원. 제1차대침공 직후에 조직된 전남연대 연대장(유상기 후임). 1952년 가을 백운산 진상골에서 전사.

김정희 장성 출신 구빨찌. 노령으로 입산. 김병억의 기요원. 제1차대침공 때 생포. 광주 형무소에서 병사.

김제비 서울 출신. 본명 미상. 소녀로 입산. 광주시 유격대 위생병. 1951년 봄에 생포.

김제평 광주 월산동 출신. 합법 때부터 광주시당에서 일함. 1951년 봄 무등산에서 전사.

김조오 여수 출신. 도당 직속 정공대 부중대장. 제1차대침공 때 백운산에서 전사.

김조일 목포 출신. 유치 지구 유격대 문화부원. 제1차대침공 때 생포.

김종래 순천 출신 구빨찌. 합법 때 순천 군당 당증과장. 후퇴 후 이상률 밑에서 군당 조직부장. 전남연대 중대장. 전남부대 제3중대 정치 지도원. 1954년 2월 20일 백운산에서 생포되어 중형을 받음.

김종렬 무안 출신. 전남부대 제3중대 정치지도원. 1953년 9월 백운산 진상골에서 전사.

김종률 화순 능주 출신. 총사 후방부원. 1951년 봄에 전사.

김종욱 완도 고금면 출신. 지리산 지구 부대 중대장. 전사.

김종채 고흥 출신 구빨찌. 가명 고종수, 별칭 고사령. 합법 때 고흥 군당 위원장. 후퇴 후 모후산 지구 유격대 사령관을 지냄.

김종철 해남군 북평면 신기리 출신. 유치 지구에 입산. 전사.

김종표 여수 출신. 여수 유격대 참모장 연락병. 전사.

김종한 영암 출신. 전남부대 제1중대장. 1954년 3월 2일 백운산에서 전사.

김종호 경북 김천 출신. 어려서 입산하여 김용우 연락병. 생포되어 중형을 받음. 종기·종식 등 이름으로 기억되고 있기도 함.

김종화 장흥 유치 출신. 항미소년돌격대원. 남태준의 호위병으로 있다가 1954년 4월에 생포.

김주식 도당 지도원. 1953년 3월 21일 화학산 장흥 군당 거점에서 전사.

김주태 여수 태생 의용군 출신. 1954년 제2차대침공 때 남태준 부대 대원.

김중선 곡성 옥과 태생. 14연대 봉기군 출신 구빨찌. 총사 보위부대원. 1951년 여름 아들바위를 지나다가 매복에 걸려 전사.

김증남 황해도 해주 출신. 당양 군당 조직부 부부장으로 부임. 후퇴 후 조직부장. 1952년 수북면에서 전사.

김지수 해남 출신 구빨찌. 재산 시절 마지막 곡성 군당 위원장. 1953년 봄 통명산에서 전사.

김진국 완도 소안면 출신. 유치 지구 후방부 교양과에서 일함.

김진문 완도 소안면 출신. 김진봉의 아우. 완도 군당 간부부장. 전사.

김진복 지하로 내려갔다가 1954년 3월 광주에서 체포. 4년형을 받음.

김진봉 완도 소안면 출신. 김진문의 형. 유치 지구에 입산.

김진택 완도 소안면 출신. 완도 군당 소속. 사망.

김진현 함평 대동면 금산리 출신. 별명 '올빼미 장군'. 불갑지구 유격대 작전참모를 거쳐 함평군 유격대장. 불갑산 대침공을 겪은 뒤 최후까지 불갑산에 남은 사람 중 하나. 1952년 11월 잠복에 걸려 생포.

김창례 해남 출신. 유치 지구 여맹원.

김창순 담양 출신. 의용군에 입대. 완도해방작전에 참가. 후에 제1연대 중대장. 두봉산에서 부상. 1953년 4월에 생포. 중형을 받음.

김창순 해남 출신. 제1차대침공 후 도당으로 소환, 선전부에서 일하다가 1952년에 전사.

김창옥 장성 출신. 김귀근의 부친. 장성 사창서 학살. 아내는 경찰 고문으로 죽음.

김채윤 광양 골약면 출신 구빨찌. 합법 때 영광 군당 위원장. 후퇴 후 노령 지구책. 제1차대침공 때 생포되었다가 탈출. 전남연대 초대 정치지도원. 그 후 여수로 내려가 지하사업을 하다가 비트 피습으로 다시 탈출. 1953년 6월 순천 해룡면에서 피살.

김천기 함평 해보면 출신. 합법 때 도 농민동맹 간부. 지하사업을 하다가 비트가 발각되어 자결.

김 철 남부군 995부대 출신. 5지구당 해체로 전남에 귀속.

김철수 노령 지구 유격대(노령 병단) 중대장. 정읍 해방작전에서 수훈.

김철수 불갑 지구 사령관 표창 영웅 대원. 전사.

김철환 담양 출신. 총사 제1연대 1중대 1소대장.

김치곤 완도 소안면 출신. 유치 지구에 입산.

김칠남 초창기 한때 제15연대장. 총사 지도원. 1952년 3월경에는 15연대에 파견되어 있었음. 1952년 4월 6일 담양 수양산에서 전사.

김칠석 목포 출신. 두봉산 소지구당 소속. 제2차대침공 때 생포.

김칠성 총사 제15연대 참모장. 황영주의 뒤를 이어 동 연대 연대장. 용사 칭호를 받음. 1951년 11월 말봉산에서 전사.

김태규 경남 성주 출신. 6·25 이전 서남 해안 진입조의 한 사람. 후퇴 후 이현상 부대에 합류, 사단 참모장. 5지구당이 해체되면서 전남으로 귀속된 995부대 부대장. 1954년 3월 지리산에서 생포.

김태복 불갑지구 유격대원. 1951년 1월 17일 문장 지서 공격에서 수훈을 세우고 전사.

김판곤 화순 남면 출신. 총사 제15연대 항미소년돌격대원. 용사 칭호를 받음. 전사.

김판남 화순 출신. 총사 제15연대 항미소년돌격대원. 전사.

김판동 함평 나산면 구산리 출신. 김문현의 연락병. 1951년 2월 20일 불갑산 대침공을 겪은 뒤, 최후까지 불갑산에 남은 사람 중 하나.

김판술 강진 출신. 총사 제1연대 연락원.

김 팔 광주 지구 유격대(540부대) 부중대장. 1951년 6월 광주 시내 소조 편성 편의투쟁에서 수훈. 용사 칭호를 받음. 전사.

김필담 유치 지구 사령관 표창 모범대원.

김학수 광양 출신. 광양 군당 소속. 지하당 사업을 하다가, 1954년 3월에 발각 체포되어 사형을 받음.

김한수 영광 묘량면 출신. 6·25 이전 빨찌산 불갑산에서 제쏘.

대구 형무소에 갇혀 있다가 학살됨.

김해남 후퇴 직후 유치 지구 유격대 부대장. 제2차대침공 후 지하로 내려갔다가 체포 살해됨.

김해동 곡성 옥과 출신. 광주사범학교 졸업. 입산 후 곡성군 유격대원. 1951년 봄에 전사.

김행식 해남읍 남외리 출신. 유치 지구 유격대원. 전사.

김현기 충북 진천 출신. 남태준 부대 정치지도원. 전남부대 제1중대 정치지도원. 1954년 2월 백운산에서 생포.

김현순 장흥 대덕면 출신. 장흥군 유격대 참모장. 1952년 2월 지리산에서 생포. 형을 살고난 뒤 지하공작을 하다가 다시 체포되어 중형을 받음. 비전향장기수로 있다가 병사.

김형구 보성 출신 구빨찌. 합법 때 고흥 군당 지도원. 후퇴 후에는 송광면 정치지도원. 1952년 가을 보성강을 건너다가 도롱에서 전사.

김호금 나주 영산포 출신. 지리산 지구 의무과에서 일하다가 제2차대침공 때 생포.

김홍근 화순 출신. 총사 제15연대 참모부 연락병.

김홍년 유치 지구 군사간부강습소 제8기 우등생.

김환명 순천 출신. 14연대 봉기군의 한 사람. 특각 시절 유격대 간부. 후에 이현상 부대로 소환됨.

김화순 송정리 출신. 광산 군당 소속. 전사.

김효순 장성읍 출신. 장성군 유격대원.

김효선 구례읍 출신. 구례 군당 지도원. 전사.

김흥복 구례 출신. 구례 유격대원. 뒤에 이현상 부대로 소환, 그 중견 지휘관으로서 청주 해방전 등에서 전공을 세움. 5지구당이 해체되면서 995부대와 더불어 전남에 귀속. 1954년 1월에 전사.

김희주 구빨찌. 후퇴 후 백운산 도당 연락부장. 제2차대침공 때 생포되어 사형을 받음.

김희준 이북 출신. 5지구당 창설과 함께 기요과장.

김○○ 이북 출신 남성. 담양 군당 선전부 부부장으로 부임. 후퇴 후 동직. 1952년 12월 26일 전사.

(ㄴ)

나경운 나주 세지면 출신. 동나주군 유격대원.

나규석 나주 세지면 출신. 유치내산으로 입산. 생산유격대원. 1952년 2월경에 전사.

나금성 나주 세지면 출신. 유치산으로 입산. 전사.

나금임 해남군 북평면 서웅리 출신. 유치 지구에 입산. 해남군 여맹에서 일함.

나기원 화순 이서면 출신. 나승하의 당숙. 광주 지구 유격대에서 일하다가 지리산으로 파송. 생포되어 광주 형무소에서 옥사.

나기택 나주 세지면 출신. 세지면당 위원장. 유치내산으로 입산 전사.

나병갑 함평 출신. 함평군 유격대장. 불갑산 대침공 때 대열 후퇴를 지휘. 유치 지구로 건너와서 유격대장으로 활약. 용사 칭호를 받음. 전사.

나사구 나주 세지면 중동 마을 출신. 유치내산으로 입산. 전사.

나설하 해남군 북평면 이진리 출신. 총사 후방부원.

나승기 장성 출신. 장성군 유격대장. '8중대'라는 용명을 떨침. 전사.

나승정 장성 출신. 유치 지구 후방부장.

나승하 화순 이서면 출신. 소년으로 입산, 총사 제1연대장 연락병. 뒤에 유운형 부위원장 호위병. 전남부대 제1중대원. 용사 칭호를 받음. 1954년 2월 20일 백운산에서 생포.

나완기 화순 북면 출신. 총사 보위부대 후방부원. 사망.

나원기 함평 출신. 총사 제1연대 대원. 전사.

나정동 나주 세지면 출신. 유치내산으로 입산 전사.

나제일 나주 세지면 출신. 생산유격대원. 1952년 4월에 전사.

나종현 해남군 송지면 월성리 출신. 의사. 유치 지구 유격대 의무과에서 일함.

나준구 나주 출신. 총사 제15연대 항미소년돌격대원.

남기두 화순 이서면 출신. 총사 제1연대 대원. 사망.

남태준 14연대 봉기군 출신 구빨찌. 총사 제1연대장으로 그 천재적 지휘 능력을 발휘. 영웅 칭호를 받음. 부상 뒤 총사 부참모장으로 제15연대를 맡음. 제1차대침공을 겪은 뒤 배운산 지구 유격대(남태준 부대) 사령관. 제2차대침공 때 생포되어 사형을 받음.

남호일 도당 보도과장. 어려운 시기에 중앙통신 등 무전을 수신하는 일에 헌신. 1954년 2월 21일 지리산에서 전사.

남○○ 광주 출신 여성. 총사 의무과 간호원.

노동식 장흥 안량면 출신. 안량 면당 위원장. 장흥 군당 조직부장. 1953년 3월 21일 안량 사자산에서 비트가 탄로나 전사.

노방근 나주 출신. 김선우 총사령관 기요원. 1952년 4월 6일 백아산에서 전사.

노병삼 함평읍 해푸재이 마을 출신. 불갑산 대침공 뒤, 최후까지 불갑산에 남은 사람 중 하나. 1952년 6월 29일 공작 중 잠복에 걸려 전사.

노인섭 목포 출신. 노일섭의 아우. 도당 후방부원. 뒤에 지리산 연락원.

노일섭 목포 출신. 노인섭의 형, 노정현의 오라버니 유치 지구를 거쳐 지리산으로 파송. 지리산 부대 문화부 중대장, 참모장을 지냄.

노정현 목포 출신. 노일섭의 여동생. 지리산 부대 여성중대 중대장.

노창환 인민군 군관 출신. 총사 창설 기간 일꾼. 참모장 직책을 맡아 백아산 대치전 등 여러 싸움에서 뛰어난 지휘 능력을 보임. 제1차대침공을 겪은 뒤에도 계속 광주·백아산 전구에서 활약. 전사.

노충식 화순 출신. 노현남의 오라버니. 광주사범학교 졸업. 도민청 지도원. 제1차대침공 때 생포.

노현남 광주 출신 여성. 총사 의무과에서 일함. 1951년 봄에 행방불명됨.

(ㄷ)

도안순 장흥 출신. 총사 제1연대 간호원. 1952년 생포됨.

(ㅁ)

마정식 곡성 죽곡면 출신. 곡성군 유격대 대원. 전사.

마해순 곡성 석곡면 출신. 광주 지구 여맹 지도원. 전사.

마해식 공성 석곡면 출신. 곡성군 농맹 위원장. 전사.

마○○ 장흥 출신 남성. 지리산부대원. 소조 투쟁에 나갔다가 전사.

만이카 인민군 출신. 중국 동북 태생인 듯 본명은 미상. 심형찬의 연락병으로 오래 함께 다님. 전사.

맹용섭 이북 출신. 합법 때 구례 군당 부위원장으로 부임. 후퇴 후 노령 지구 정치지도원. 유치 지구 부책. 제2차대침공 때 생포됨.

명재훈 해남 출신. 유치내산으로 입산. 지리산부대에 소속되었다가 제2차대침공 때 생포됨.

문계선 광주 출신 구조직원. 합법 때 광주시당 간부부에서 일함. 전사.

문계성 서울 출신. 6·25 전 서울 체신노조에서 활동. 합법 때 여수를 거쳐 전남 도당 선전부에서 일함. 후퇴 후 『전남로동신문』 편집원으로 계속 일함. 1954년 3월 백운산에서 부상 생포됨.

문기봉 여수 출신. 도당 연락부원. 1954년 3월 백운산에서 생포됨.

문두태 여수 출신. 남태준 부대 소대장. 전사.

문성남 유치 지구 사령관 표창 모범대원.

문재구 장흥 유치면 출신. 무등산으로 입산. 광주시당 선전부에서 일함. 지리산으로 파송되었다가 제1차대침공 때 생포.

문재만 장흥 출신. 총사 참모부 지도원. 순천진입전에 참가. 전사.

문○○ 광주 출신 남성. 강동정치학원 졸업. 오대산 빨찌산. 창설 초기 잠깐 제15연대장을 지냄. 제1차대침공 때 전사.

민옥희 이북 출신. 유치 지구 교양과 소속. 뒤에 구례 군당에서 일함.

(ㅂ)

박감천 유치 지구 군사간부강습소 제8기 우등생.

박갑출 화순 동면 탄광 노동자 출신. 핵심 구빨찌. 합법 때 화순 군당 위원장. 후퇴 후 도당 조직부장, 부위원장 등 중책을 맡아 지도일꾼으로 활동. 도당 서부지도부를 이끌면서 일하다가 1955년 3월 3일 비트가 발각되어 자결함(화순군 동면 경치리).

박경식 유치 전구 문화부 일꾼. 총사가 7지대로 개편될 때 부정치위원.

박경자 지리산 파송대 일원. 여성중대 소속. 제1차대침공 때 얼어 죽음.

박계현 보성 출신 구빨찌. 하산 직후 도 민청 위원장. 후퇴 직후 모후산 지구책. 보성 군당 위원장. 1954년 봄 생포되어 사형 받음.

박공재 1952년 4월 당시 남태준 부대 지휘관.

박광춘 구례 출신. 구례군 유격대원. 전사.

박귀성 구례 광의면 출신. 구례 군당 선전부장. 전사.

박균영 보성 출신. 광주사범학교 졸업. 광주시 유격대원. 지리산으로 파송되었다가 제1차대침공 때 생포. 광주 포로수용소에서 자결.

박금순 장흥 출신. 지리산 지구 의무과원. 그 후 지리산 부대원. 전사.

박금자 담양읍 출신. 전남여고 졸업. 담양군 여맹 위원장. 1951년 가을 가마골에서 생포.

박기주 담양 출신. 연락 지도원. 전사.

박남정 나주 문평면 출신. 도당 보도과에서 일함.

박남진 나주 다시면 출신. 총사 기관지 『전남빨찌산』 필경을 맡다가 5지구당 및 조국출판사에서 일함. 1954년 12월 지리산에서 생포.

박노익 구례 문척면 출신. 초대 문척 면당 위원장. 전사.

박대수 구례 출신 구빨찌. 특각 시절 부책. 합법 때 도 인민위원회 서기장. 후퇴 후 총사 제7연대장(조용식 다음). 광주 지구책으로 있다가 제2차대침공 때 중상 생포. 이동 도중에 절벽에서 투신자살.

박덕칠 영암 군서면 출신. 합법 때 학산 면당 위원장. 유치로 입산. 1951년 생포되어 중형을 받음. 양로원에서 사망.

박동섭 완도 출신. 후퇴 후 완도 군당 위원장. 1951년 침공 때 무지기재에서 전사.

박동환 나주 출신. 총사 제1연대 대원.

박막동 영광군 군서면 출신 구빨찌. 본명 박석준. 1948년 4월 초 염산면 상계리 돌팍재에서 경찰 13명을 사살한 전투로 유명. 후퇴 후 영광군 유격대장. '막동이 부대'라는 용명을 떨침. 불갑산 대침공 때 백수면에서 경찰 연합침공대와 대전하다가 전사.

박만상 화순 동복면 출신. 소년으로 입산. 조계산 지구에서 활동하다가 1954년 3월에 생포.

박만순 해남 현산면 출신. 현산면 여맹 위원장. 유치 지구에 입산했다가 제1차대침공 때 생포.

박만춘 농맹 지도일꾼. 후퇴 후 도 농맹 위원장. 백운산 도당 제2조직부 지도원으로서 지하공작을 담당.

박명원 총사 산하 군사일꾼. 1951년 2월경에는 백운산 전구에서 활동.

박문상 영암 출신. 광주 지구 유격대, 남태준 부대 등에서 활약하다가 전남부대원으로 전속. 1954년 4월에 생포.

박문호 곡성 죽곡면 출신. 박정덕의 오라버니. 6·25 이전에 고문 후유증으로 병사.

박병구 장성 서삼면 출신. 6·25 전에는 노동운동에 헌신. 서삼면당 위원장. 입산 후 전사.

박병진 나주 출신. 6·25 이전 도당 조직부장. 적 침공으로 일찍 전사.

박병하 구례 출신. 구례군 유격대(야산대 시절) 대원.

박보순 여수 출신. 총사 후방부원. 제1차대침공 때 백아산에서 생포.

박복실 화순 북면 출신. 최근수의 아내. 도당 연락부원. 전남부대 제3중대원. 1954년 2월 백운산에서 생포.

박상배 해남군 산이면 출신. 유치 지구 연락원.

박상현 나주 출신. 박정현의 형. 6·25 이전 나주 군당 선전부장. 유치내산에서 일하다가 일찍 전사.

박석무 담양 창평 출신. 박창규의 아들. 박석운의 형. 광주서중 졸업. 도 민청에서 일함. 지리산에서 전사.

박석우 담양 창평 출신. 박석정의 형. 6·25 전 전남 도당 선전부장. 1949년 여순봉기 후 섬진강변에서 피살.

박석운 담양 창평 출신. 박창규의 아들. 박석무의 동생. 입산 후 도 민청 부위원장 김귀한 연락병. 생포되어 형을 삶. 석방 뒤 활동 재개. 배를 납치하여 월북을 기도. 실패하여 사형 받음.

박석정 담양 창평 출신. 박석우의 동생. 담양군 유격대원. 1951년 가을 봉두산에서 생포.

박석준 화순 이서면 출신. 광주 지구 유격대(540부대) 부중대장. 전사.

박석칠 영암군 군서면 출신. 유치 지구로 입산. 화학산 대침공 때 부상. 지하로 내려갔다가 체포되어 중형을 받음.

박소향 여수 출신. 후퇴 후 도당 간부부에서 일함. 1955년 3월 박갑출 부위원장과 함께 있다가 자결.

박수내 완도 청산면 출신. 유치 지구에 입산.

박수산 이북 출신. 김일성대학 학생. 노령 지구로 입산 활동하다가 1952년 여름에 전사.

박순애 여수 출신. 박영발의 간호원. 제2차대침공이 끝난 뒤 강경구가 이끈 상승부대를 따라 서부로 이동했다가 전사.

박순애 나주 출신. 광주시 여맹원. 무등산으로 입산했다가 지리산으로 파송. 제2차대침공 때 생포.

박신규 목포 출신. 후퇴 후 목포시당 기요과장. 지리산으로 파송. 하산 후 정태묵 선에서 일하다가 체포됨. 박용규는 그의 아우.

박양춘 총사 산하 군사일꾼. 1951년 1월경에는 백운산 전구에서 활동.

박영발 경북 봉화 출신. 6·25 이전 전평에서 활동. 남로당 중앙위원. 선발되어 모스크바 정치 아카데미에 유학. 전쟁이 발발되자 귀국하여 전남 도당 위원장으로 부임. 후퇴 후 전남 유격투쟁과 지하당 사업을 이끌었음. 제5지구당 창설과 함께 상임 부위원장. 제5지구당 해체 후에는 조국출판사를 맡아 일함. 1954년 2월 21일 지리산 뱀사골에서 전사.

박영수 불갑 지구 사령관 표창 용사 대원. 전사.

박옥남 광주 출신. 총사 보위부대원. 1951년 전사.

박용구 장성 서삼면 출신. 박병구의 형. 1949년 항쟁 때 학살됨.

박용규 목포 출신. 박신규의 동생. 유치 지구 교양과에서 일함.

박용우 총사 지도원. 1952년 4월경에는 제1연대에 파견되어 있었음.

박용호 목포 출신. 조계산 지구 부책. 1954년 3월 생포.

박우선 개편된 995부대 제1중대 부중대장.

박원봉 함남 단천 출신. 흥남공대 상급교원으로 있다가 정치공작대로 남하. 지리산 도당간부학교 책임강사. 지리산 전투지구당 선전부장. 그 후 소환되어 남태준 부대 정치위원. 1954년 4월 생포.

박유배 진도 출신. 도당 연락부원. 서부 상행선 포스트 관리 책임을 맡음. 1954년 3월 생포.

인명록   353

박인애   목포 출신. 유치로 입산. 무안군 여맹원.

박일섭   나주 출신. 박상현·박정현의 부친. 해방 후 나주 국민
학교장. 나주 군당 위원장. 후퇴 후 지리산 도당간부학
교 교장. 제1차대침공 때 침공군 수색대에 포위되어 탈
출치 못하고 자결.

박장화   개편된 995부대 제2중대 정치지도원.

박정길   구례 간전면 출신. 광양 군당에서 일함. 전사.

박정덕   곡성 죽곡면 출신. 이병관의 아내. 곡성군 여맹 위원장
으로 활동하다가 1952년 봄 부상 생포. 다리 절단 후
7년간 수형생활.

박정숙   여수 출신. 여맹 일꾼. 1954년 제2차대침공 때 생포.

박정순   고흥 출신 구빨찌. 고흥군 여맹 위원장. 후에 전남부대
제1중대원. 1954년 2월 백운산에서 생포.

박정애   여수 출신. 백운산 도당학교 졸업. 1954년 지리산에서
전사.

박정하   구례 간전면 출신. 6·25 이전 도당 조직부 지도원. 일
찍 전사.

박정하   곡성 입면 출신. 입면 면당 위원장. 전사.

박정현   나주 출신 구빨찌. 박일섭의 둘째 아들. 일명 박진. 합법
때 나주군당 위원장. 후퇴 후 불갑 지구 사령관, 유치 지
구 사령관 등을 지냄. 그 후 총사 참모장으로 활약하다

가, 1951년 11월 백아산 대치전을 지휘하던 중 한동산에서 전사.

박종갑 화순 이서면 출신. 광주 지구 유격대(540부대) 정보과원. 그가 빨찌산이라고 하여 적들에게 가족 전원이 몰살당함. 사망.

박종덕 불갑 지구 사령관 표창 용사 대원. 전사.

박종석 유치 지구 사령관 표창 모범대원.

박종철 총사 제15연대 참모장. 1952년 4월 6일 백아산에서 전사.

박종하 구례 출신 구빨찌. 천재적인 유격전 지휘관. 특각 시절 유격대장. 1949년 9월 16일의 적군 15연대 섬멸전 이후 이현상 휘하로 소환되어 낙동강 도강전, 남하 도중의 청주 형무소 해방전 등 많은 전투를 지휘했음. 1951년 지리산 입산을 목전에 두고 전사.

박종현 총사가 7지대로 개편될 때 지대 사령부 간부과장.

박종호 해남 출신. 총사 발족 당시 기요과장. 도 인민위원회 서기장. 동상으로 두 발가락을 절단. 백아산에서 생포됨.

박종호 총사 제15연대 3대대 부대대장. 1951년 8월 1일 학천 해방전 때 수훈을 세움.

박중래 구례 간전면 출신. 구례 군당 조직부장. 전사.

박진수 화순 북면 출신. 총사 제1연대 대원. 전사.

박찬봉 경기도 고양 출신. 1949년 도당 조직부장으로 부임. 합법 때도 도당 조직부장. 후퇴 후 1952년 4월 지리산 전투지구당 개설과 함께 위원장. 제5지구당 유격지도부장. 경남 도당 재건을 위해 부위원장으로 부임. 1954년 2월 덕유산 월성리 바람골에서 전사.

박창규 함평 출신. 도 농민동맹 위원장. 노부부 함께 입산. 후에 지리산으로 파송됨.

박창규 여수 출신. 여수 유격대 문화부 중대장.

박채옥 여수 출신. 남태준 부대 대대장. 전남부대 부부대장. 용사 칭호를 받음. 1954년 2월 20일 백운산 옥룡골에서 전사.

박춘근 영암 출신 의사. 가명 박대화. 전남대학 부속병원 외과 과장. 합법 때 도 인민위원회 보건부장. 후퇴 후에는 총사 의무과장. 두 팔을 적탄에 잃고도 의무에 헌신. 영웅 칭호에 빛남. 전남부대 부정치지도원. 1954년 2월 백운산에서 생포되어 중형을 받음.

박춘산 구례 광의면 출신. 6·25 전 백운산 부대 중대장. 모친·형제 등 가족 모두 전사.

박태종 총사 산하 군사일꾼. 1951년 9월경에는 백운산·모후산 전구에서 활동.

박태준 광주 출신. 광주 서중 영어 교사. 광주시 유격대에서 일함.

박판기 6·25 때 진도 잔적 소탕전을 지휘. 후퇴 후 그 휘하 병력을 이끌고 백아산에 입산, 총사 직속부대 창설에 크게 기여했음.

박현채 화순 북면 출신. 서중 학생으로 백아산에 입산. 광주 지구 유격대 대원. 후에 『민족경제론』 저술. 사망.

박형수 목포 출신. 김경옥의 남편. 유치 지구 교양과에서 일함. 사망.

박홍근 화순 동복 출신. 총사 제1연대 2대대원. 모범대원 칭호를 받음.

박홍배 해남 출신. 도당 후방부원. 고문으로 청력 손상을 입고도 묵묵히 일했음. 제2차대침공 때 생포.

박○○ 광산 송정리 출신 여성. 광산 여맹 일꾼. 1951년 봄 무등산에서 전사.

박○○ 여수 출신 남성. 총사 후방부원. 지리산으로 파송되었다가 제1차 공세 때 전사.

방경득 이북 출신. 정치공작대로 남하. 후퇴 후 지리산에 입산. 정치지도원 등 일을 하다가 제2차대침공 때 생포.

방명남 개편된 995부대 부대원.

배만성 도당 연락부원. 제2차대침공 때 백운산에서 생포.

배민수 무안 출신. 광주사범 야산부대 사건으로 형을 살다가 6·25를 맞아 해방됨. 병사.

인명록 357

배찬백 평북 박천 출신. 인민군으로 남하. 남태준 부대 대대장으로서 제2차대침공을 맞음. 1954년 3월 31일(침공 기간 중) 소조를 이끌고 화개 침공군 주둔처를 기습함으로써 전남 유격투쟁의 도미를 장식함. 중형을 선고받은 뒤 현지에서 처형된 것으로 짐작됨.

배흥순 6·25 이전 전남 유격대 부사령관. 전사.

백경자 서울 출신. 총사 후방부에서 일함. 제1차대침공 후 행방불명.

백병익 6·25 이전 서남 해안 진입조의 한 사람. 후퇴 후에 무안 군당위원장을 맡음. 불갑산 대침공 때 부상. 영상강을 건너지 못하고 다시에 잠복했다가 교전 끝에 전사.

백영복 화순 동복 출신. 총사 제1연대 대원. 천봉산에서 전사.

백정기 영암 출신. 도당 선전부 지도원. 제1차대침공 후 서부로 파견되었다가 전사.

백창례 해남 출신. 유치 지구에 입산. 사망.

백창엽 해남 출신. 유치 지구에 입산. 전사.

백형태 장흥 출신. 유치 지구 유격대 소부대장.

백호인 총사 제7연대 소대장. 1951년 7월 28일 괴목-순천 간 철도 매복전에서 수훈을 세움.

백○○ 여수 출신 남성. 도당 직속 정공대 부중대장. 제1차대침공 때 백운산에서 전사.

변장학 나주 영산포 출신 구빨찌. 합법 때 도 민청 위원장. 후퇴 후 동 나주 군당 위원장. 1953년 지하로 내려가 공작 중 거점이 노출되어 피살.

(ㅅ)

서갑순 여맹 일꾼. 후퇴 후 지리산으로 파송되어 구례 군당에서 일함.

서계수 이북 출신. 목포시 민청 위원장. 유치내산으로 입산.

서봉윤 화순 한천면 출신. 학생으로 입산. 총사 제1연대 2대원. 전사.

서상례 진도 출신. 유치 지구에 입산.

서상문 화순 남면 출신. 남면 면당에서 일하다가 일찍 생포.

서성봉 영광 묘량면 출신. 면당 서기장. 전사.

서순경 영광 출신. 지리산으로 파송되어 윤기남 비서.

서순정 여수 출신. 가명 덕룡. 조계산 지구 부대장. 1954년 3월 비트가 발각되어 생포.

서윤원 백운산 지구 유격대원. 소조를 이끄는 분산투쟁에서 수훈.

서정숙 담양읍 출신. 담양군 유격대 문화부원. 1951년 1월 3일 가마골에서 생포.

서정숙 여수 출신. 지리산 지구 부대원.

서정애 담양읍 출신. 서정숙의 언니. 군 여맹에서 일함. 제1차 대침공 때 지리산에서 전사.

서정현 담양읍 출신. 총사 제1연대 창설 중대장. 용사 칭호를 받음. 생포되어 중형. 사망.

서춘심 완도 신지면 출신. 김근영의 아내. 유치 지구에 입산.

서판식 구례 광이면 출신. 구례군 농맹 위원장.

서평례 완도 금일면 출신. 여맹 일꾼. 유치 지구에 입산.

서한계 담양읍 출신. 후퇴 후 담양 군당 선전부 지도원. 사망.

서한구 담양읍 출신. 서정숙의 남동생. 군당 위원장 연락병. 제1차대침공 때 전사.

선동기 구례 마산면 출신. 일찍부터 투쟁 대열을 이끌다가 대의원으로 선출되어 월북. 최고인민회의 대의원. 전쟁이 발발되자 도당 선전선동부장으로 부임. 백아산에 입산했다가, 1951년 4월 3일 백운산으로 이동 도중 조계산에서 전사.

선석봉 영암읍 출신. 국방경비대 입대. 14연대 봉기 후 숙군에 걸림. 6·25 개전으로 서대문형무소에서 해방. 9·28 이후 영암군 '33부대' 부대장. 그 이후 생사는 모름.

성기동 광양 군당 소속. 1952년 백운산에서 전사.

성형식 곡성 겸면 출신. 광주사범학교 졸업. 곡성군 유격대원.

1951년 생포.

소동심 진도 출신. 도 여맹에서 일함. 제1차공세 때 생포.

소성대 구빨찌. 중앙당 연락책. 1950년 박찬봉과 함께 지하선을 타고 중앙 연락을 시도하다가 체포되어 처형됨.

소옥단 진도 출신. 광주 제사공장 여공. 후퇴 후 총사 제1연대 대원으로서 용감히 싸움. 1953년 유치 지구에서 전사. 여성으로서는 처음으로 영웅 칭호를 받음.

소정현 강진 출신. 총사 제1연대 중대장. 용사 칭호를 받음. 전사.

소진채 유치 지구 군사간부강습소 제8기 최우등생.

손대렴 광산 송정리 출신. 광산 군당 선전부에서 일함. 1951년 봄 무등산에서 전사.

손대종 불갑 지구 사령관 표창 모범대원.

손덕순 장성읍 출신. 장성군 유격대원.

손영심 해남 출신. 손채만의 여동생. 합법 때 시당 당증과에서 일함. 후퇴 후 무등산으로 입산. 그 후 도당으로 소환되어 선전부 지도원을 거쳐 제5지구당에서 일함. 1954년 2월 지리산에서 생포.

손정복 광양군 유격대 소부대장. 1954년 3월 백운산에서 생포.

손정순 영암 출신. 유치 지구에 입산.

손종옥 백운산 지구 유격대 소부대장. 1954년 3월 백운산에서 생포.

손창술 불갑 지구 사령관 표창 모범대원.

손채만 해남 출신. 손영심의 오라버니. 담양 군당에서 일함. 가마골로 입산 활동하다가 전사.

손형만 해남 출신. 손영심의 남동생. 남태준 부대 대원. 1951년 모후산에서 전사.

손○○ 진도 출신 남성. 김인철 부위원장 호위병. 제1차대침공 때 김 부위원장을 지키려고 싸우다가 함께 전사.

송금애 6·25 이전 서남 해안 진입조의 한 사람. 테러로 피살.

송기수 광양 출신 구빨찌. 광양군 유격대 소대장. 백운산 주변 지리에 밝아 소조 분산투쟁에서 수훈을 세움. 부부대장을 지냄. 그 혁혁한 전공으로 영웅 칭호를 받음. 전사.

송뇌성 총사 지도원. 순천 군당에 파견되어 있었음. 1953년 3월 26일 모후산에서 전사.

송덕용 개편된 995부대 제2중대 부중대장.

송봉현 강진 출신. 총사 제15연대 대대 정치지도원. 그 뒤 제1연대로 옮겨와 전홍찬 후임 연대 정치위원이 됨(연대장 한병윤).

송순종 순천군 주임면 출신. 조계산 지구에서 일하다가 1954년 3월 비트가 탄로나 생포.

송재섭 노령 지구 유격대 참모장을 지냄. 총사 지도원. 1952년 6월경에는 노령 전구에 파견되어 있었음.

승진석 서부지구 주재당부 조직책. 1953년 가을 잠복대의 저격으로 피살.

신동욱 화순 출신. 총사 기요과원. 전사.

신동한 인민군 출신 포사수. 총사 제1연대 소대장. 전사.

신만식 곡성 오산면 출신. 오산면 민청 위원장.

신봉윤 강진 출신. 총사 제1연대 창설 대원. 후에 중대장. 1951년 4월 6일 이양 토치카 격파전에서 수훈. 용사 칭호를 받음. 용계산에서 전사.

신상선 곡성 입면 출신. 곡성 군당 선전부장. 전사.

신순양 제주도 출신. 광주 지구에서 일함. 제1차대침공 때 생포.

신영학 광주 출신. 지리산 부대에서 일함. 후에 의무과장.

신오동 곡성 출신. 6·25 이전 곡성 군당 위원장.

신운하 전북 출신. 순천 군당에서 일함. 1954년 비트가 탄로나 피살.

신원우 이북 출신. 김일성대학 서기장으로 있다가 정치공작대로 남하. 후퇴 후 백아산 도당학교, 지리산 도당학교 강사. 제2차대침공 때 생포.

신윤선 곡성 오산면 출신. 오산 면당 위원장. 전사.

신일식 불갑 지구 사령관 표창 모범대원.

신중현 나주 왕곡면 출신. 조직 수호를 위해 1953년 다도면 비트에서 자결.

신한주 장흥 부산면 출신. 총사 제1연대 대원. 서부주재당부를 거쳐 지하로 침투. 생포.

심복순 곡성 출신. 곡성군 유격대 의무요원.

심상선 곡성 입면 출신. 곡성군 유격대 문화부 중대장. 입면 면당 위원장. 1952년 12월 매복에 걸려 전사.

심정섭 여수 출신. 여수군 유격대원. 도당 직속 정치공작대 대원. 1952년 1월 27일 백운산 병암골에서 전사.

심형찬 함남 갑산 출신. 중국 홍군을 거쳐 인민군 군관. 총사 제1연대 창설 부연대장. 제1차대침공 후 제7연대장. 그 뒤 남태준 부대 부사령관. 1954년 2월 백운산에서 전사.

(ㅇ)

안남초 장흥 관산면 농안리 사람. 1949년 지하 세포원으로서 물자를 대주다가 발각. 현장에서 사살됨.

안병윤 곡성 오곡면 출신. 오곡 면당 위원장. 사망.

안병철 보성 복내면 출신. 유치로 입산. 능주 면당에서 일하다가 1951년 봄에 생포.

안상수 평안남도 출신 인민군 병사. 후퇴를 맞아 무등산으로 입산. 광주시 유격대장 정영국의 연락병. 1950년 12월 무등산에서 전사.

안선옥 광산 출신. 광산 군당에서 일함. 지리산에 파송되었다가 제1차대침공 때 생포.

안승렬 다압 소지구당 소속. 1954년 3월 백운산에서 생포.

안정성 광산 출신. 광주시 유격대 참모장. 1951년 9월 지리산으로 파송. 제1차대침공 때 생포. 중형을 받음.

양갑렬 곡성 삼기면 출신. 곡성군 유격대 문화부 중대장. 후에 삼기 면당 위원장. 1954년 통명산에서 생포.

양권태 해남 출신 구빨찌. 손영심의 외삼촌. 총사 제1연대 창설 제1대대장, 뒤에 참모장. 모후산 지구 유격대 부사령관으로서 작전 도중 1952년 가을 보성강을 건너다가 전사.

양금심 진도 출신. 도당 후방부원. 1954년 제2차대침공 때 생포.

양대철 곡성읍 출신. 양현철의 동생. 광주서중 학생으로 입산. 정운창 연락병. 남태준 부대 대원. 제2차대침공 때 백운산에서 생포.

양대희 유치 지구 군사간부강습소 제8기 우등생.

양덕희 곡성 고달면 출신. 곡성군 여맹에서 일함. 지리산으로 파송되었다가 제1차대침공 때 생포.

양득승 화순 도곡면 출신. 양해정(인승)의 사촌동생. 화순 군당에서 일함. 제1차침공 때 화학산에서 생포.

양병문 곡성읍 출신. 양현철의 부친. 곡성군 유격대 정보과장. 1951년 전사.

양병하 곡성읍 교사 출신. 곡성 면당 위원장.

양수남 총사 지도원. 1952년 3월경에는 노령 전구에 파견되어 있었음.

양수아 보성 출신. 목포여중 미술 교사. 유치 지구 교양과에서 일하다가 지리산으로 파송. 문화공작대 대장. 제1차대침공 때 생포.

양순기 구례 출신 구빨찌. 합법 때 구례 군당 위원장. 후퇴 후에도 동직을 이어 맡음. 그 후 백운산 지구 유격대장. 도당으로 소환되어 전남부대 정치지도원. 제2차대침공 때 전사.

양승혁 이북 출신. 후퇴 후 도당 선전부 지도원. 1951년 4월 3일 백운산으로 이동 도중 조계산에서 전사.

양재근 화순 도곡면 대곡리 출신. 화순 군당 산하 뻘럭책으로 일하다가 1951년 화학산 대침공 후 비트에서 자폭.

양재오 화순 도곡면 월곡리 출신. 남로당 도곡면당 제1뻘럭에서 활동. 반용산 침공 때 전사.

양찬모 불갑 지구 유격대 참모장. 합법 때 장흥군 군사동원부장. 불갑 지구 재건을 위해 다시 들어갔다가 총격을 받고 자결.

양태일 인민군 군관 출신. 총사 창설 당시 기간 일꾼. 총사 보위중
대장으로서 백아산 대치전에서 빛나는 활약을 보임. 전사.

양해영 여수 출신. 남태준 부대원. 전남부대원. 1954년 2월 백운
산에서 생포.

양해정 화순 도곡면 출신 구빨찌. 본명은 양인승. 후퇴 후 『전
남로동신문』 필경을 맡아 일함. 도당 선전부 출판과장.
1954년 4월 중상을 입고 백운산에서 생포.

양 현 목포 출신. 유치 지구에 입산.

양형철 곡성읍 출신. 양대철의 형. 학생으로 입산. 곡성 군당에
서 일하다가 일찍 생포.

양회인 화순 도곡면 월곡리 출신. 양득승의 부친. 광주시 민전
부위원장, 남로당 도당 간부로 활동. 1949년 체포되어
전남도 경찰국 유치장에서 고문치사.

엄귀영 남태준 부대 정치지도원. 제2차대침공 때 생포.

엄금복 화순 이서면 출신. 남태준 부대 대원.

여영애 목포 남교동 출신. 유치원 원장. 유치 지구에 입산. 지리
산으로 파송되어 부대 지도원. 전사.

여○○ 광주 출신 여성. 광주시 여맹원. 광주시 유격대 후방부
원. 1951년 봄 무등산에서 전사.

염세열 광주 출신. 변호사. 조선대학 교수. 6·25 때 예비검속 피살.

염형기 함남 단천 출신. 합법 때 도당 조직부 부부장으로 부임. 백아산으로 후퇴하여 그 직분을 계속 충실히 이행. 뒤에 부위원장이 되어 일선 지도를 맡아 일하다가 변절자의 총격을 받고 중상. 1954년 대침공 기간에 비트가 발각되어 자결함.

오강호 광양 출신. 부친이 오금암. 전남부대 제1중대원.

오경술 해남 출신. 도당 후방부에 있다가 뒤에 선전부에서 신문 발행 일을 함. 사망.

오경자 광주 출신. 광주시당에서 일함. 전사.

오관수 함평 나산면 출신. 불갑산으로 입산. 연락 업무. 1951년 불갑산 대침공 때 생포. 15년형을 받음.

오국환 이북 출신. 백병익의 후임으로 잠시 무안 군당 위원장 직책을 맡음. 7지대로 개편될 당시 부정치위원.

오금선 함평 나산면 출신. 불갑산 침공 때 부상 생포. 형을 받음.

오금암 광양 출신. 오강호의 부친. 광양군 인민위원장. 사망.

오금일 나주 출신 구빨찌로 6·25 이전 백운산 특수 뽈럭(특각) 책임자. 합법 때 도당 노동부장. 후퇴 후 총사 부사령관으로서 수많은 전투를 지휘. 김선우의 뒤를 이어 총사령관. 서부에 끝까지 남아서 무장부대를 이끌다가 1953년 가을 말봉산에서 전사.

오길상 광주 출신. 총사 보위부대원. 1951년 봄에 전사.

오덕윤 강진 출신. 도당 연락부 지도원으로 지리산을 자주 내왕. 전남부대 제2중대장. 1954년 3월 백운산에서 생포. 무기형을 받음.

오덕현 화순 동복 출신. 총사 제1연대 위생병. 제1차대침공 때 생포.

오두오 총사가 7지대로 개편될 때 후방부 보급과장.

오병진 유치 지구 사령관 표창 모범대원.

오삼채 곡성 옥과 출신. 곡성 군당 총무과장. 전사.

오상준 해남 산이면 출신. 해남 군당 통신과장. 월출산을 거쳐 유치내산으로 이동. 거기서 전사.

오선근 도당 연락부원으로 지리산을 자주 내왕. 전남부대 제2중대원. 1954년 2월 백운산에서 전사.

오선옥 광산 출신. 광산군 여맹에서 일함. 지리산으로 파송되어 여성중대원. 제1차대침공 때 생포.

오성순 나주 출신. 총사 제1연대 후방부원. 전사.

오순심 해남 북평면 출신. 유치 지구 유격대원. 화학산 전투 때 생포.

오양수 유치 지구 사령관 표창 모범대원.

오영근 유치 지구 사령관 표창 모범대원.

오영철 해남 북평면 출신. 월출산으로 입산. 거기서 전사.

오재록 목포 출신. 중등학교 교사. 유치 지구에서 일하다가 지리산으로 파송. 문화공작대 대원.

오재원 구례 마산면 출신. 구례군 인민위원장. 전사.

오정근 화순 남면 출신. 남면 면당에서 일하다가 일찍 생포.

오정순 해남 북평면 출신. 유치 지구에 입산. 백운산 여맹에서 일함. 제1차대침공 때 생포.

오정현 광주 출신. 도당 선전부 지도원.

오지호 화순 동복 출신. 화가. 백아산으로 입산하여 총사 출판과에서 일함. 뒤에 백운산으로 이동. 1952년 2월 백운산에서 생포.

오현선 함평 나산면 출신. 정재룡의 처남. 부대 의무를 맡고 있다가, 1951년 2월 불갑산 침공 때 살해됨.

오홍근 구례 산동면 출신. 산동 면당 위원장. 사망.

오○○ 여성. 총사 창설 당시 통신과 부과장. 백아산에서 전사.

왕병석 구례 간전면 출신. 간전 면당 위원장. 사망.

우병철 여수 14연대 봉기군 출신 구빨찌. 총사 병기과에 있다가 눈 부상. 도당 88근위중대장. 전남부대 제1중대장. 발 부상으로 환자트에 있다가 1954년 생포.

우재근 담양 출신. 총사 제3연대 부참모장. 용사 칭호를 받음. 전사.

우재훈 광양 군당 조직부장. 백운산에서 전사.

우정운 광양 출신. 광양 군당 조직부장. 1953년 지뢰 사고로 전사.

원광산 총사 지도원. 1952년 6월에는 민청연대에 파견되어 있었음.

원 일 총사 제3연대 정치위원. 전사.

위종근 장흥 출신. 총사 보위중대원. 1951년 7월 2일 백아산 대치전 때, 미군 제트기를 소총 저격으로 격추. 영웅 칭호를 받음.

유동주 화순 북면 출신. 북면당 위원장. 1952년 봄 백아산에서 생포.

유몽윤 여수 출신 구빨찌. 합법 때 여수 군당 위원장. 후퇴 후 백운산 지구 유격대 사령관. 제1차대침공 기간에 양순기 후임으로 지리산에 건너가 대오를 수습하다가 전사.

유봉남 곡성 옥과 출신. 곡성 군당 교양지도원. 백운산 도당간부학교에 입교했다가 제1차대침공을 겪음. 도당 정공대원. 1952년 8월 옥과 면당 위원장. 1953년 4월 동악산에서 생포.

유봉윤 곡성 옥과 출신. 유봉남의 형. 야산대원으로 싸우다가 1949년 봉두산에서 전사.

유봉익 곡성 옥과 출신. 유봉남의 큰형. 총사 유격대원. 1954년 봄 조계산에서 부상 생포. 형을 받음.

유봉주 광주 출신. 곡성군 유격대원. 1953년 4월 봉두산에서 생포.

유 비 도당 보도과원으로 오래 일함. 제2차대침공 때 백운산에서 전사.

유상기 구례 출신. 합법 때 도 인민위원회 부위원장. 입산했다가 지하로 내려감. 병사.

유상기 광양 출신. 도당 책임지도원. 전남연대 초대 연대장. 지하당 사업을 하다가 제2차대침공 막바지에 전사.

유석우 나주 출신 구빨찌. 일명 유석호. 후퇴 후 유치 지구 부책. 화학산 대혈전 때 중상을 입고 지하로 내려감. 서부 주재당부 부책. 비트가 발각되어 피살.

유석호 나주 출신. 서부주재당부 부책. 지하사업 도중 비트가 탄로나 피살.

유 선 화순 북면 출신. 화순군 유격대원. 1951년 춘기침공 때 모후산에서 전사.

유성계 여수 출신. 6·25 이전 특수당원으로 활약. 합법 때 도 인민위원회 부위원장. 입산했다가 지하로 내려감. 광주에서 발각 사살됨.

유시태 광주 출신. 광주사범학교 졸업. 광주시 유격대원. 1951년 봄 무등산에서 전사.

유영성 유치 지구 군사간부강습소 제8기 우등생.

유영식 순천 황전면 출신. 노구를 이끌고 분전. 제2차대침공 때 부상 생포.

유운형 강원 철원 출신. 합법 때 도당 선전부 부부장으로 부임. 후퇴 후 백아산으로 입산. 백운산으로 이동한 후에 선전부장, 부위원장. 자하로 내려가 공작 도중 체포되어 무기형을 받음. 비전향장기수의 일원으로 귀북.

유원석 서부지구 주재당부 산하 다시 면책. 비트가 발각되어 피살.

유의석 나주 출신. 6·25 이전에 활동. 후퇴 후 입산했다가 전사.

유일남 합법 초기에 도 여맹 조직부장. 그 후는 미상.

유장영 구례 광의면 출신. 구례군 내무서장. 후퇴 입산 후 전사.

유재남 나주 봉황면 신동일 탑동 출신. 6·25 이전부터 활동. 봉황지서 습격 등 주도. 후퇴 후 유치로 입산. 1951년 봄 비트에서 동료 7명과 함께 자폭.

유제갑 나주 출신. 서부주재당부 산하 나주 군당 부책.

유주목 경남 하동 출신. 남부군 승리사단 정치위원. 그 후 지리산 부대 연락책. 5지구당 연락부장.

유 찬 곡성읍 출신. 군 농맹 부위원장. 사망.

유찬옥 나주 다시면 출신. 6·25 이전 나주 군당 위원장. 1948년 말 전사.

유　택 곡성 죽곡면 출신. 곡성군 인민위원회 위원장. 전사.

유형오 광양군 유격대 소부대장. 1954년 3월 백운산에서 생포.

유○○ 이북 출신 남성. 광주시당 당증과장으로 부임. 후퇴를 맞아 무등산으로 입산. 일찍 전사.

유○○ 이북 출신. 남성. 광주시당 조직부 부부장으로 부임. 입산 후 조직부장. 1951년 6월 무등산에서 전사.

윤국현 강진 출신 구빨찌. 합법 때 강진 군당 위원장. 후퇴 후에도 동직을 맡아 일함. 유치내산에서 전사.

윤금봉 담양 출신. 도당 보도과에서 일함. 제1차공세 때 생포.

윤기남 해남 출신 구빨찌로 6·25 이전 순천·고흥 소지구당 위원장. 합법 때 해남 군당 위원장. 후퇴 후 광주 지구책. 지리산 전투지구당 부위원장. 그 후 지하로 내려갔다가 발각되어 형을 받음. 사망.

윤동춘 무안군 해제면 출신. 윤예덕의 사촌 오라버니. 6·25 이전에 월북. 후퇴 후 불갑 지구 문화지도원. 전사.

윤병태 담양 출신. 총사 제1연대 대원. 전사.

윤봉금 담양 출신. 담양군 유격대원. 1952년 초에 체포. 광주 형무소에서 사형을 받음.

윤석두 광산 출신. 무등산으로 입산. 도당 연락부 지도원. 전남부대 제3중대원. 1954년 2월 백운산 옥룡골에서 생포. 사형을 받음.

윤성준 목포 출신. 윤예덕의 오라버니. 6·25 이전 활동함. 입산 후 전사.

윤세종 화순 출신. 학생으로 입산. 광주 지구 유격대 대원. 전사.

윤예덕 목포 출신. 유치산으로 입산. 지리산 부대 의무과 간호장. 후에 백운산으로 소환되어 간호일을 계속. 염형기의 마지막을 지켰음.

윤옥자 서울 출신. 여학생 신분으로 의용군에 나갔다가 후퇴로 입산. 총사 의무과원 및 제1연대 대원. 전사.

윤재명 광주 교사 출신. 총사 제1연대 중대 정치지도원.

윤정혁 여수 출신. 제2차대침공 당시 남태준 부대 기요과장. 1954년 4월 백운산에서 생포.

윤 제 불갑 지구 사령관 표창 모범대원.

윤제술 영광 출신. 총사 제1연대 대원. 전사.

윤태준 함평 나산면 출신. 해보면 성대 부락에서 학살됨.

윤○○ 나주 출신 남성. 1952년 여름 도당 선전부에서 프린트 일을 맡았음.

이강례 목포 출신. 유달 국민학교 교사. 목포시 여맹 지도원. 유치로 입산. 지리산으로 파송되었다가 제1차공세 때 전사.

이강만 구례 출신 구빨찌. 그냥 '강만'으로 통칭됨. 합법 때 도민청 조직부장. 유치로 입산. 백운산에서 민청학교를 개교. 그 후 지리산에서 활동하다가 전사.

이강순 곡성읍 출신. 광주 지구 유격대 대원. 불갑산에서 전사.

이강우 총사 지도원. 1952년 6월경에는 민청연대에 파견되어 있었음.

이강진 전북 고창 출신. 6·25 이전 서남 해안 진입조의 한 사람. 합법 때 『전남인민보』 주필. 후퇴 후 도당 선전부 부부장. 제1차대침공 기간에 백운산에서 전사.

이건일 유치 지구 사령관 표창 모범대원.

유○○ 이북 출신. 남성. 광주시당 조직부 부부장으로 부임. 입산 후 조직부장. 1951년 6월 무등산에서 전사.

이경자 순천 출신. 순천 군당에서 일함. 지리산으로 파송. 여성 중대원. 제1차대침공 때 전사.

이경자 광주 교사 출신. 김용철의 아내. 부부 함께 무등산으로 입산. 모후산에서 생포.

이구영 광주 출신. 제1연대 간호원. 1951년 여름 모후산에서 전사.

이근옥 장성군 삼서면 출신. 합법 때 삼서 면당 선전책. 후퇴 후 태청산에서 전사.

이금선 광주 출신. 총사 의무과 간호원. 세1차대침공 때 지리산에서 생포.

이기동 광양 군당 위원장. 제2차대침공 때 백운산에서 전사.

이기동 장흥 관산면 출신. 1948년 10월 여순 봉기 후 무장투쟁. 1949년 이기두·이기태·이지한 등 4형제 함께 전사.

이기두 장흥 관산면 출신. 1948년 10월 여순 봉기 후 무장투쟁. 1949년 이기동·이기태·이지한 등 4형제 함께 전사.

이기태 장흥 관산면 출신. 1948년 10월 여순 봉기 후 무장투쟁. 1949년 이기동·이기두·이지한 등 4형제 함께 전사.

이길수 담양 출신. 총사 제1연대 2중대장. 경기 사수. 모법대원 칭호를 받음. 전사.

이남래 보성 출신 구빨찌. 6·25 전 모후산 지구당 위원장. 후퇴 후 총사 문화부 사령관, 도 인민위원회 부위원장 등을 지내다가 1952년 경남 도당 재건을 위해 부위원장으로 전출. 그 후 복귀해 지하로 침투했으나 비트가 탄로나 현장에서 자결.

이남출 보성 회천면 출신 구빨찌. 이복순의 남동생. 일찍 전사.

이남현 보성 회천면 출신. 이복순의 오라버니. 6·25 이전 도당 연락책. 예비검속 때 학살됨.

이담래 보성 출신. 6·25 이전 서남 해안 진입조의 한 사람. 합법 때 도 인민위원회 간부부장. 후퇴 후 도당 간부부장. 이방휴 후임으로 남부주재당부를 맡음. 지하로 내려갔다가 피살.

이대영 순천 송광면 출신. 조계산 지구에서 일함. 사망.

인명록 377

이도금 여수 출신. 남태준 부대 후방부원. 고문으로 죽은 남편 뜻을 잇기 위해 입산. 힘이 세었음.

이동근 총사가 7지대로 개편될 때 문화부 민청 부부장.

이동기 강진 도암면 출신. 연락 사업. 두봉산 소지구당 소속. 1953년 12월 말봉산에서 생포.

이동수 곡성 죽곡면 출신. 박정덕의 시숙. 곡성 군당 조직부장. 6·25 이전에 전사.

이동술 광양 출신. 광양 연락부에서 일함.

이동환 1951년 1월 당시 총사 지도원.

이두화 함남 함흥 출신. 김일성 대학 학생. 백아산 및 백운산 도당학교 강사를 지냄. 제2차대침공 때 지리산에서 생포.

이득우 변호사 출신. 6·25 예비검속 때 학살됨.

이명옥 보성 출신. 도당 조직부 지도원. 염형기 도당 부위원장을 수행. 제2차대침공 때 백운산에서 생포.

이명재 순천 황전면 출신 구빨찌. 순천 군당 위원장, 화순 군당 위원장 등 직책을 맡음. 제2차대침공 기간에 백운산에서 생포.

이문수 담양읍 출신. 담양 군당 기요과장. 1952년 12월 생포. 병사.

이문식 유치 지구 사령관 표창 모범대원.

이방휴 화순 도곡면 출신 구빨찌. 합법 때 도당 농림부장. 후퇴 후 도당 책임지도원으로 불갑 침공을 겪음. 그 후 유치 지구책. 도당 부위원장으로서 남부주재당부를 맡음. 1953년 1월 전사.

이병관 곡성 죽곡면 출신. 박정덕의 남편. 죽곡 면당 위원장. 1953년 곡성 말골산에서 전사.

이복순 보성 회천면 출신. 이남현의 여동생. 광주사범학교 졸업. 합법 때 도당 당증과에서 일함. 후퇴 후 김선우 사령관 기요원. 제1차대침공 때 지리산에서 생포.

이복현 화순 이서면 출신. 광주시 여맹 일꾼. 무등산으로 입산. 제2차대 침공 때 지리산에서 생포.

이봉래 보성 회천면 출신. 6·25 이전 유치내산으로 입산. 전사.

이봉빈 총사가 7지대로 개편될 때 문화부 조직부 부부장.

이봉삼 여수 출신. 광양 부대장을 하다가 도당 직속 전남연대 창설 때 참모장. 그 후 전남부대로 개편되면서 부대장을 맡음. 1953년 8월 삼진강 하구로 진출했다가 전사.

이봉옥 광양 출신 구빨찌. 특각 시절 간부로 일함. 합법 때 광양군당 위원장. 후퇴 후에도 그 직책을 이어 맡음. 제1차 대침공 때 백운산에서 전사.

이봉천 영암읍 송평리 출신. 6·25 이전 영암군 당책을 지냄. 9·28후퇴 이후 영암군 당책. 유치지구 유격대 사령관. 1951년 이후 생사를 모름.

이분호 구례 용방면 출신. 용방 면당 위원장. 전사.

이상률 구례 마산면 출신 구빨찌. 합법 때 도당 조직부 지도원. 후퇴 후 순천 군당 위원장. 조계산 당부 위원장 등을 맡음. 1954년 3월 10일 비트가 탄로나 생포됨. 청주 감호소에서 병사.

이상암 구례 광의면 출신. 구례 군당에서 일함.

이상철 해남 출신. 총사 제1연대 대원. 전사.

이석제 광주 출신 의사. 총사 제1연대 의무관.

이선장 대구 출신 의사. 지리산 의무과에서 일함.

이성로 화순 이서면 출신. 6·25 이전에 활동. 입산 후 일찍 전사.

이성세 장성 출신 구빨찌. 합법 때 김병억 후임으로 장성 군당 위원장. 후퇴 후에도 그 직책을 이어 맡음. 제1차대침공 때 전사.

이성수 유치 지구 사령관 표창 모범대원.

이성애 이화 여전 출신 구빨찌. 6·25 전 어려웠던 시기에, 모진 탄압으로 끊긴 중앙당 선 연결을 위해 노력했음.

이성애 화순군 유격대 후방부원.

이숙현 보성 출신. 이남래 여동생. 강동학원 졸업. 입산 후 보성 군당 지도원. 제1차대침공 때 모후산에서 전사.

이순심 해남 북평면 출신. 유치 지구 유격대원. 전사.

이순채 나주읍 출신. 6·25 이전 나주 군당 위원장. 합법 때 인천시당위원장. 그 후 행적 모름.

이시창 총사 산하 군사일꾼. 1952년 3월경에는 백운산 전구에 파견되어 있었음.

이양래 보성 복내면 출신. 후퇴 후 도당 선전부 부부장. 1953년 2월 지도사업 차 모후산으로 가려다가 한동산 염곡 골짝에서 피습 전사.

이연순 해남 출신. 6·25 전부터 조직에서 일함. 제2차대침공 때 백운산에서 생포.

이영원 장흥 부산면 출신 의사. 지리산 부대 의무과장. 재귀열 발견 퇴치에 크게 기여. 1953년 1월 백운산으로 소환되어 백운산 의무과장. 전남부대 강사. 부상한 염형기를 보살피다가 중상을 입고 1954년 봄에 생포. 사망.

이영준 이북 출신. 담양 군당 부위원장으로 부임. 후퇴 후 동직. 1952년 1월경 월산면 용사골 비트에서 아사.

이영호 순천군 주암면 출신. 조계산 당부 부대장. 1954년 3월 쌍암면 비트가 탄로나 생포됨. 사형 받음.

이오재 총사 정보과원. 1952년 2월 28일 무등산 기슭에서 다른 2명과 함께 전사.

이옥자 구례 광의면 출신. 광의면 여맹 위원장. 이현상 부대로 전속되어 그 어려운 장정에 동참. 5지구당 해체 후 전남으로 귀속.

인명록 381

이우원 담양읍 출신. 담양 군당 조직부 지도원. 생포 후 중형 받음.

이윤수 도당 조직부 지도원. 전남부대 제3중대원. 1954년 2월 백운산 옥룡골에서 전사.

이인걸 이북 출신. 합법 때 목포시당 선전부장. 유치내산으로 입산하였다가 전사.

이인우 나주 출신. 후퇴 후 서나주 군당 위원장. 유치 지구 책임 지도원. 지하로 내려갔다가 피살.

이인주 구빨찌. 6·25 전 도당 위원장 전인수의 기요원. 후퇴 후에는 총사 기요원으로 일함.

이일권 개편된 995부대 부대원.

이일성 함남 북청 출신. 정치공작대로 내려왔다가 백아산에 입산. 총사 직속 무장부대에서 활동.

이일소 여수 출신. 광주시 유격대원. 1951년 무등산에서 전사.

이재남 영암 출신. 제3연대 연대장. 재산 영암군당 위원장. 전사.

이재만 장흥 출신 구빨찌. 합법 때 장흥 군당 위원장. 후퇴 후에도 동직을 계속 맡음. 전사.

이정관 광주 황금동 출신. 540부대원. 1951년 봄에 전사.

이정구 대전 출신 화가. 정명옥의 남편. 부부가 함께 유치내산에 입산했다가 지리산으로 파송됨.

이정단 유치 지구 사령관 표창 모범대원.

이정렬 화순 이서면 출신. 6·25 이전 백아산에 입산하여 투쟁. 1950년 초에 전사.

이정례 강동정치학원 졸업. 박영발 위원장 기요원. 지리산으로 이동, 박영발의 사고를 겪은 뒤 보급투쟁에 나갔다가 전사.

이정림 무안 출신. 유치 지구에 입산.

이정임 곡성 죽곡면 출신. 박정덕의 시누이. 순천 여맹 위원장. 노령에서 전사.

이종환 총사 산하 군사일꾼. 1952년 3월경에는 백운산 전구에서 활동.

이종관 경남 거문도 출신. 여수군 유격대 부부대장. 제1차대침공 때 백운산에서 전사.

이주현 목포 출신. 합법 때 목포공업학교 교장. 후퇴 후 유치 지구 선전부에서 일함. 그 후 박영발 위원장의 기요원으로서 밀착 호위. 1954년 2월 박영발 사고 후 보급두쟁에 나갔다가 전사.

이준희 광양 출신. 이봉옥의 동생. 이현상 부대에 전속되어 기요 업무를 봄. 속리산에서 전사.

이중기 담양 출신. 총사 제1연대 1대대원. 전사.

이지한 장흥 관산면 출신. 1948년 10월 여순 봉기 후 무장투쟁. 1949년 이기동·이기두·이기태 등 4형제 함께 전사.

이차남 함남 함흥 출신. 김일성대학 재학중에 정치공작대로 남하. 후퇴로 입산 활동하다가 전사.

이창수 여수 출신. 후퇴 후 여수군 인민위원회 위원장.

이창신 나주 출신. 6·25 전 나주 군당 조직부장. 고문사를 당함.

이철로 평양 출신. 김일성 대학 학생. 광주시당 선전부 지도원으로 일하다가 무등산으로 입산. 전사.

이철호 개편된 995부대 제1중대장.

이 청 여수 출신. 도당 기요과원. 1954년 백운산에서 생포.

이청송 항일 빨찌산 출신 인민군 장성. 쏘련에서 교육받고 중국 홍군에 종군. 남해여단을 이끌고 광주를 해방. 9·28로 후퇴로를 차단당해 부하를 이끌고 유치내산에 입산. 제2전선 구축을 꿈꾸었으나 이루지 못한 채 1951년 3월 18일 적군 침공으로 전사.

이태식 화순 도암면 출신. 별명 강철. 이방휴의 조카. 후퇴 후 광주 지구 유격대(540부대) 대장. 전사.

이태희 완도 죽청리 출신. 유치 지구에 입산. 전사.

이하춘 도당 지도원. 박갑출과 함께 지하공작 중 1955년 3월 비드기 발각되어 그 자리에서 자결.

이학규 함평 해보면 출신. 불갑산에 입산 활동하다가 생포.

이학기 나주 출신. 서부주재당부 산하 나주 군당책. 지하공작

중 거점이 탄로나 피살.

이형련 광주 출신 의사. 무등산에 입산했다가 도당으로 소환되어 백운산·지리산에서 의무일꾼으로 활동. 제5지구당 기요과 부과장. 1953년 9월 백운산으로 건너오다가 피습, 파상풍으로 절명.

이현용 민청연대 중대장. 1951년 10월 장흥읍 진입전 때 수훈을 세움.

이○균 이북 출신 남성. 합법 때 도당 기요과장. 백아산으로 입산. 폐질환으로 지리산에 파송됨.

이○○ 여수 출신 남성. 여수 군당 통신과장.

임기현 화순 북면 염치 출신. 6·25 이전 북면당 위원장. 총살당함.

임남순 해남 계곡면 출신. 유치로 입산. 지리산 지구 의무과원.

임병성 광산 출신. 입산 후 광산 군당 지도원. 1951년 봄에 생포.

임병순 담양 고서면 출신. 후퇴 후 담양 군당 조직부 지도원. 1952년 3월 생포.

임수모 유치 지구 군사간부강습소 제8기 최우등생.

임인조 담양읍 출신. 담양 군당 조직부 지도원. 생포되어 중형 받음. 사망.

임종대 담양 월산면 출신. 합법 때 담양 군당 선전부장. 후퇴 후에도 동직. 1951년 12월 26일 전사.

임종윤 남태준 부대 참모장. 1953년 이봉삼의 뒤를 이어 전남부대장. 제2차대침공 때 적병들과 대치 부상. 낙엽 속에 은신했다가 적병들의 방화로 화상을 입음. 비트가 탄로나 전사.

임종철 목포 출신. 유치 지구 교양과에서 일함.

임종환 남부군 사령관이 임명한 노령 전구 지휘관(1951년 9월 당시에는 그런 명령체계가 있었음).

임창식 구례 토지면 출신 구빨찌. 일찍 전사.

임천수 보성 출신. 소년으로 입산. 장경근 연락병. 전사.

임청정 유치 지구 사령관 표창 모범대원.

임춘하 경북 봉화 출신. 소년으로 입산. 생포되어 마포 형무소에서 옥사.

(ㅈ)

장경근 보성 출신. 총사 제1연대 참모장으로서 1951년 4월 24일 화학산 대혈전을 겪음. 후에 총사 부침모장. 두 번째 한천 지서 공격전에서 부상, 두봉산 장자골에 돌아와서 전사.

장계성 광주 출신. 광주학생사건 동참 지도. 6·25 예비검속 때 학살됨.

장기봉 함평읍 내교리 출신. 불갑산 대침공 뒤, 최후까지 불갑산에 남은 사람 중 하나. 1951년 7월 20일 용천사 근처에서 전사.

장삼례 구빨찌. 하산 직후 도 여맹 위원장. 후퇴 후 여맹 사업을 계속 하다가 지하로 침투. 체포되어 무기형을 받음.

장성수 구례 마산면 출신. 6·25 이전 구례 군당 위원장. 전사.

장용현 구례 문척면 출신. 문척면 농맹위원장. 전사.

장재성 광주 출신. 광주학생운동을 주도. 8·15 때 형무소에서 나옴. 광주시당 간부로 일함. 6·25 때 광주 형무소에서 피살.

장주익 구빨찌. 후퇴 후 도당 조직부 지도원, 기요과장. 제1차대침공 때 백운산에서 전사.

장중환 곡성 석곡면 출신. 14연대 봉기에 가담한 구빨찌. 곡성 군당 위원장을 지냄. 1951년 9월 30일 곡성 전투에 참가. 전사.

장흥선 광양 군당 소속. 1953년 백운산 옥룡골에서 전사.

장○○ 장성 출신 남성. 김백동을 호위하면서 동부로 이동 중 피습. 중상을 입고 생포되어 무기형을 받음. 폐결핵으로 마산 형무소에서 병사.

전덕례 광주 출신. 광주사범학교 졸업. 남태준 부대를 거쳐 총사 의무과 간호원. 뒤에 김선우 위원장 기요원. 1954년 4월 대침공 막바지까지 김선우 위원장을 수행.

전동순 담양 출신. 담양군 유격대원. 전사.

전동찬 총사 제1연대 지휘관. 1951년 화학산 대혈전을 겪음.

전봉주 장성 북하면 출신. 노령 병단 정보과장.

전수진 완도 금일면 출신. 유치 지구에 입산. 여맹 일꾼.

전영선 함남 북청 출신. 합법 때 해남 여맹 부위원장으로 부임. 후퇴 후에는 도 여맹 문교부장. 제1차대침공을 겪은 뒤 백운산 침공 때 생포됨.

전해순 곡성 출신. 곡성 군당 부위원장. 유격대장. 제1차대침공 때 봉두산 태안사 골짝에서 전사.

전해원 곡성 고달면 출신. 곡성 군당 부위원장을 지냄. 전사.

전해철 곡성 출신. 곡성 군당 기요과장. 1951년 말경 생포.

전홍찬 순천 교사 출신. 총사 제1연대 창설 문화부 연대장. 1951년 11월 한동산에서 전사.

정경패 광주 출신. 학생으로 입산. 김선우 총사령관 비서. 1952년 4월 6일 백아산에서 전사.

정관호 함남 북청 출신. 원산 교원대학 교원으로 있다가 정치공작대로 남하. 유치로 입산. 그 후 도당으로 소환되어

『전남로동신문』 편집을 맡음. 뒤에 주필. 선전부장. 1954년 4월 백운산에서 생포.

정구형 광주 출신. 총사 의무과 간호원. 1951년 봄에 전사.

정귀남 구례 출신. 구례 여맹에서 일함. 오라버니가 정원모. 지하공작을 하다가 체포되어 형을 받음.

정귀석 광양 출신 구빨찌. 특각 시절 인위과장 등 책임부서를 맡음. 합법 때 도당 간부부장. 후퇴 직후 백운산 지구책. 도 인민위원회 부위원장. 뒤에 도당 부위원장으로서 지리산 조직을 포괄 지도. 박영발의 조국출판사 뒷바라지를 감당. 1954년 2월 전사.

정귀석 함평 나산면 출신. 정재룡의 부친. 수형생활 겪고 병사.

정기술 화순 이서면 출신. 광주 지구 유격대(540부대) 소대장. 전사.

정기주 여수 출신. 여수군 유격대장. 광양 일대에서 소조투쟁을 함.

정길수 전남으로 귀속된 전 995부대 대원. 제2차대침공 막바지에 중상을 입고 생포.

정담조 담양 창평면 출신. 후퇴 후 한때 담양 군당책. 병풍산에서 전사.

정대철 인민군 군관(중위) 출신. 가명 박철. 총사 책임지도원. 지리산 도 당간부학교 강사로서 군사학 담당. 제1차대침공 때 생포.

정동기 광주 지산동 출신. 광주시 유격대 대대장. 1951년 봄 무등산 주변에서 교전하다가 전사.

정동선 담양읍 출신. 후퇴 후 담양 군당 조직부 지도원. 생포되어 형을 받음.

정동수 화순 북면 출신. 총사 제15연대 소대장. 1952년 4월 6일 백아산에서 전사.

정동영 보성 출신. 말봉산으로 입산하여 부대 일꾼으로 일하다가 지하로 내려감. 보성 일대에 지하조직망을 구축하고 활동하던 중 아지트가 탄로나 체포됨. 사형 받음.

정동하 담양 무정면 출신. 광주학생운동 주동자. 6·25 이전 곡성 군당 위원장. 여순봉기 후 체포되어 곡성 압록천변에서 피살.

정두래 광산 송정리 출신. 광산 군당 위원장 비서. 1951년 봄 무등산에서 생포.

정명숙 나주 출신. 정명옥의 여동생. 지리산 지구 의무과에서 일함. 사망.

정명옥 나주 출신. 정명숙의 언니. 이정구의 아내. 부부가 함께 입산. 나주 군당 지도원. 사망.

정봉희 합법 때 도 여맹 조직부장. 백운산에 있다가 제1차공세 후 지리산으로 파송되어감. 전사.

정삼석 함평 나산면 출신. 정한석의 형. 아우와 제삿날이 같음. 1951년 불갑 침공 때 피살.

정석호 담양 출신. 담양군 유격대원. 가마골에서 생포.

정상렬 구례 출신 구빨찌. 합법 때 무안 군당 위원장. 후퇴 후에는 도당 연락부장. 지리산 지역 연락부장.

정성기 화순 이서면 출신. 6·25 이전에 활동. 일찍 전사.

정세채 화순 청풍면 출신. 화순군 유격대원. 1951년 4월 화학산 혈전 때 부상, 비트에서 치료하다가 발각되어 자폭.

정소강 여수 출신. 여수군 유격대원. 전사.

정수석 함평 나산면 출신. 체포되어 강요받은 자술서를 스스로 찢고 죽음을 택함.

정순심 여수 출신. 백운산 지구 유격대원.

정순자 여수 출신. 여수군 유격대원.

정순화 광양군 농맹 위원장. 준화·태화 삼형제임. 백운산에서 전사.

정승임 목포 출신. 유치 지구에 입산. 지리산으로 파송됨.

정영국 광주 출신. 광주 서중 및 평양 강동학원 졸업. 오대산 빨찌산으로 활동. 합법 때 광주 군사동원부에서 일함. 후퇴를 맞아 무등산으로 입산. 광주시 유격대장. 1951년 8월경 전사.

정영범 광주 출신. 정영국의 형. 광주 서중 미술 교사. 광주시 유격대에서 일함.

정영숙 담양읍 출신. 광양 군당에서 일함.

정영순 담양 출신. 지리산에 입산.

정영애 영광 대마면 출신. 김영승의 둘째 형수. 리 여맹 위원장. 불갑 대침공 때 생포 피살.

정영채 순천 출신. 소년으로 입산하여 순천 군당에서 일함.

정영훈 무안 지도면 출신. 합법 때 지도면 분주소장. 9·28 후 입산했다가 지하로 내려감. 1955년 체포. 중형을 받고 복역 중 대구 형무소에서 옥사.

정영희 광산 출신. 정우영의 누나. 전남부대 소녀 대원. 1954년 2월 20일 백운산 옥룡골에서 전사.

정옥균 불갑 지구 사령관 표창 모범대원.

정옥기 광양 군당 소속. 1953년 백운산 옥룡골에서 전사.

정옥진 담양 출신. 도당 연락부원.

정용구 담양 대덕면 출신. 박창규의 사위. 광주서중 졸업. 청년 운동 지도자. 무등산으로 입산. 광주시당 조직부에서 일함. 지리산으로 파송. 제1차대침공 때 전사.

정우영 광산 출신. 정영희의 남동생. 도당 직속 전남부대 제1중 대원. 1954년 2월 백운산에서 생포.

정우영 광산 출신. 광산군 유격대원. 지리산으로 파송되었다가 제1차대침공 때 생포.

정운상 담양 고서면 출신. 합법 때 담양 군당 노동부장. 후퇴 후 간부부장. 최장갑 전사 후 군당 위원장. 1953년 체포되어 피살.

정운영 광주 출신. 무등산으로 입산하여 무장부대원으로 활동. 1953년 7월 생포.

정운창 구례 문척면 출신 구빨찌. 특각 시절 비서과장. 광주 지구 부책. 합법 때 도당 노동부에서 일함. 후퇴 후 곡성 군당 위원장. 도당 조직부 부부장으로서 봉두산 분트책. 지하공작을 하다가 체포 무기형을 받음.

정원모 구례 출신 구빨찌. 정귀남의 오라버니. 일찍 전사.

정재룡 함평 나산면 출신. 6·25 이전 나산 면당 위원장. 목포 형무소 탈옥사건 때 살해됨.

정재산 완도 출신. 합법 때 완도 군당 조직부장. 후퇴 후 도당으로 소환되어 선전부 지도원으로 일함. 제1차대침공 때 백운산에서 전사.

정재숙 구례 산동면 출신 구빨찌. 특각 시절 유격대 부사령. 1949년 9월 16일 이른바 '광양9·16작전' 때 제3대대를 지휘. 그 후 이현상 부대 휘하로 들어감.

정재호 함평 월야면 출신. 합법 때 군 인민위원회 부위원장. 불갑산 대 침공 때 태청산으로 빠져 활동하다가 그해 가을에 생포.

정종희 보성 회천면에서 출생. 후퇴를 맞아 일림산으로 입산 유격활동. 1951년 피습으로 두 눈을 잃음. 그 후 국가보안법 위반으로 12년 형을 받고 복역. 2008년 병사.

정준화 광양 군당 소속. 순화·준화 삼형제임. 백운산에서 전사.

정진덕 광주 출신. 순천 군당에서 일하다가 제2차대침공 때 생포.

정찬삼 화순 청풍면 출신. 화순 유격대를 거쳐 광주 지구 유격대(540부대) 대원. 사망.

정춘석 함평 해보면 출신 구빨찌. 6·25 이전 불갑산에서 유격투쟁을 하다가 전사.

정태만 이북 출신. 부상으로 외팔이가 됐으면서 지리산 부대에서 잘 싸우다가 전사.

정태묵 목포 출신. 지리산에서 부대 정치지도원. 지하당 사업을 위해 하산했다가 발각되어 7년형을 받음. 석방된 후 계속 통일공작을 하다가 체포되어 1972년 사형됨(이른바 '임자도 사건').

정태열 담양 출신. 담양 군당 선전부 지도원. 생포되어 형을 받음. 병사.

정태화 광양 군당 소속. 순화·준화 삼형제임. 백운산에서 전사.

정한석 함평 나산면 출신. 정삼석의 동생. 합법 때 나산면 분주소장. 입산 후 체포되어 총살당함. 형과 제삿날이 같음.

정 혁 제5지구당 해체 후 전남으로 귀속된 995부대 정치위원.

정형남 도당 선전부 지도원. 서부로 나아가 지도사업을 하다가 전사.

정호연 구례 토지면 출신 구빨찌. 본명 전경석. 토지 면당 위원장. 합법 때 순천 군당 위원장. 후퇴 후 담양 군당 위원장. 전사.

정홍선 광양 옥곡 출신. 백운산 옥룡골에서 전사.

정화근 화순 북면 출신. 소년으로 입산하여 간부들의 연락병으로 성장. 총사 제15연대 항미소년돌격대장. 여러 전투에서 혁혁한 전공을 세움으로써 영웅 칭호를 받음. 전사.

정회복 화순 청풍면 출신. 청풍 면당에서 일하다가 1951년 여름에 전사.

정○○ 광주 북동 출신 남성. 광주시 유격대원. 머리 부상으로 후방부원. 1951년 봄 무등산에서 전사.

조갑수 백운산 지구 유격대 참모장. 동 부사령관. 제1차공세 후 남태준 부대 부사령관. 전사.

조경애 순천 출신. 순천 군당에서 일하다가 전사.

조관옥 1952년 3월 당시 총사 보급과장.

조관익 장흥 장평면 출신. 도당 선전부 지도원으로서 서부 연락사업을 맡음. 후에 도당 직속 전남부대 대원. 1954년 침공 때 생포됨.

조국현 영광 출신. 총사 제1연대 창설 중대장. 가랭이재 전투 때부터 용맹을 떨침. 남태준 휘하 각종 전투에서 혁혁한 전공을 세움으로써 영웅 칭호를 받음. 전사.

조귀덕 화순 북면 출신. 조용마의 누나. 총사 간호원. 백운산에서 전사.

조기만 화순 이서면 출신. 광주 지구 유격대(540부대) 대원. 전사.

조기술 광주 지구 유격대(540부대) 대원. 1951년 광주 시내 침투 소조 투쟁에서 맹활약.

조기호 조계산 지구에서 일함. 제2차대침공 막바지에 비트가 탄로나 1954년 3월에 생포.

조덕호 화순 북면 출신. 조용마의 사촌형. 조국출판사 시절 박영발을 가까이서 호위함. 1954년 2월 지리산에서 전사.

조동만 여수 출신. 여수군 유격대장. 백운산 도당 직속 정치공작대 대장. 제1차대침공을 맞아 대원들을 잘 이끌었음. 1952년 1월 부상, 비트에 있다가 전사.

조두환 광양 사람. 광양 지하선에서 일하다가 제2차대공세 때 체포되어 형을 받음.

조만선 담양읍 출신. 담양 군당 당중과장. 1951년 12월 생포. 병사.

조병기 담양 금성면 출신. 담양 군당 연락과장. 생포되어 형을 받음.

조병일 합법 때 광주시당 간부부 지도원. 박정현이 총사 참모장 시절 그 밑에서 작전과장을 맡음.

조병탁 진도 출신. 김선우 호위병. 광양 금굴에서 유상기와 더불어 김선우 위원장을 탈출시키고 두 사람 함께 전사. 1954년 2월의 일.

조봉운 여수 출신. 후퇴 후 도당 조직부 지도원.

조사선 해남 출신. 총사 후방부원. 장사로 이름이 남. 그 후 전남부대 제3중대원. 1954년 2월 20일 백운산에서 전사.

조삼순 구례 간전면 출신. 간전면 여맹 위원장.

조상천 광양군 유격대 참모장. 1954년 3월 2일 백운산에서 전사.

조상철 광양군당 선전부장. 백운산에서 전사.

조성녀 총사 제1연대 대원. 1951년 4월 6일 이양 토치카 격파전에서 수훈을 세움.

조성휴 영광 출신. 총사 제1연대 중대장. 1951년 4월 이양 토치카 격파전에서 수훈. 그 후 남태준 부대 지휘관. 용사 칭호를 받음. 1953년 전사.

조세준 광주 출신. 담양군 유격대원. 1951년 봄에 생포.

조순옥 진도 출신. 여맹 일꾼. 유치로 입산했다가 지리산으로 파송. 제1차대침공 때 생포.

조영길 구례 출신 구빨찌. 합법 때 곡성 군당 위원장. 입산 후에도 그 직책을 계속 맡음.

조용마 화순 북면 출신. 그냥 '용마'로 애칭되었음. 박영발 위원장 연락병으로 지리산까지 수행. 박영발 사고 후 강경구를 따라 서부로 이동 저항하다가 전사.

조용만 구례 출신. 조용식의 아우. 백아산으로 입산 그 후 지리산으로 파송됨.

조용식 구례 태생 14연대 봉기군 출신. 가명 박태종. 특각 시절 선전선동 과장. 후퇴 후 총사 출판과장. 총사 제3연대 문화부 연대장. 제7연대장으로 있을 때 산동 작전을 지휘하다가 전사.

조용준 담양 출신. 의료 경험이 있어 후퇴 후 담양군당 의무 담당. 1952년 초 가마골에서 생포.

조우생 개편된 995부대 제2중대장.

조재흥 1951년 12월 당시 총사 지도원.

조정섭 구례 간전면 출신 소년 구빨찌. 유운형의 연락병을 거쳐 도당 선 전부에서 일함. 뒤에 전남부대 제1중대원. 1954년 4월에 생포.

조정애 서울 출신. 광주시 유격대 위생병. 1951년 봄에 전사.

조정철 함남 북청 태생 항일 빨찌산 출신. 이청송 장군의 남해 여단 정치 위원으로 광주를 해방. 항일 무장투쟁 당시 받은 총상으로 다리가 부자유스러워서 유치내산에 잔류. 제2전선 구축을 꿈꾸었으나 이루지 못한 채 1951년 3월 18일 전사.

조정현 화순 한천면 출신. 박갑출 뒤로 화순 군당 위원장. 제1차대침공 때 생포되어 사형을 받음.

조종운 순천 서면 사람. 14연대 봉기군 출신 구빨찌. 해남 군사동원부에서 일하다가 유치로 입산. 화학산 전투 때 전사.

조종현 광양 출신. 백운산 지구 유격대원. 소조 침입전에서 수훈.

조중환 보성 출신 구빨찌. 후퇴 후 광주 지구책, 모후산 지구책, 유치 지구책 등 중책을 맡음. 제2차대침공 때 용암산에서 중상을 입고도 저항하여 전사함.

조해진 화순 이서면 출신. 광양군 유격대원. 전사.

조형표 완도 출신. 6·25 이전 서남 해안 진입조의 한 사람. 합법 때 도 내무부장을 거쳐 완도 군당 위원장. 후퇴 후에는 총사 후방부 사령을 맡음. 그 뒤 지하로 내려갔음.

조효녀 나주 출신. 여맹원. 유치로 입산. 지리산으로 파송됨.

조흥만 영광 출신. 총사 제1연대 후방부원. 전사.

주금순 불갑 지구 사령관 표창 모범대원.

주기수 인민군 군관 출신. 9·28후퇴를 맞아 부하 군인들을 이끌고 백아산에 입산하여 총사에 합류, 그 병력을 기간으로 보위중대를 창설. 후에 총사 작전과장, 부참모장. 1951년 11월 제15연대장. 모후산 지구 유격대장. 1953년

3월 23일 모후산에서 전사.

주동기 장성 출신. 제1차대침공 후 장성 군당 위원장 직책을 맡음. 입암 산성 불바리기를 넘나들며 분투하다가 전사.

주삼길 유치 지구 사령관 표창 모범대원.

주일수 여수 출신. 광양군 유격대원. 후에 도당 직속 88근위중대원.

주정애 광주 출신. 광주시당에서 일함. 전사.

주종원 광양 옥곡면 출신. 백운산에서 유격투쟁.

주창률 불갑 지구 사령관 표창 모범대원.

지영배 화순 지역에서 유격투쟁. 중상을 입고 생포되었는데, 적들의 회유와 고문에도 굴하지 않고 끝끝내 죽음을 택함.

진명희 서울 출신. 의용군으로 참전했다가 입산. 지리산 지구 의무과에서 일함.

진성복 무안 지도 출신. 조계산 당부 부책. 송광면 용수골에서 전사.

진옥진 함평 나산면 출신. 독립운동가로서 오랜 투옥생활. 해방 후 좌익 진영에서 활동하다가 1948년 총살당함.

진희근 함평 출신. 전직 교사. 합법 때 내무서 근무. 입산 후에는 함평 유격대원. 1953년 7월 18일 불갑산 소지구당 소속으로 함평읍에 진입하여 함평교 보초막을 기습.

(ㅊ)

차기심 완도 출신. 유치 지구 유격대원. 지리산에서 생포.

차상규 유치 지구 사령관 표창 모범대원.

채연식 불갑 지구 사령관 표창 모범대원.

채원옥 유치 지구 사령관 표창 모범대원.

천○○ 광주 출신. 남성. 전남의대 재학 중에 입산. 총사 의무과에서 일함. 1951년 봄 침공 때 전사.

최갑상 담양 고서면 출신. 합법 때 담양 군당 간부부장. 후퇴 후 담양 군 당 위원장. 1951년 12월 29일 가마골에서 전사.

최경옥 경남 삼천포 출신. 여수 군당 선전부 출판과에서 일함.

최경자 영암 출신. 민청연대 간호원. 1952년 4월 15일 유치내산에서 한월수와 함께 생포.

최고운 총사 제1연대 1대대 문화부 대대장. 그 후 제7연대 정치위원(심형찬 연대장 시절). 전사.

최간열 영암 출신. 육군사관학교 학생. 월출산으로 입산. 영암군 유격대 후방부대장을 지냄.

최광수 인민군 출신. 총사 제1연대 대원. 전사.

최광준 인민군 군관 출신. 총사 창설 당시 기간 일꾼으로서 대열과장, 부참모장 등을 지냄. 1952년 3월에 전사.

최귀현 구빨찌. 총사 창설 당시 정보과장.

최규동 구례 광의면 출신. 구례군 유격대원. 전사.

최규문 영암 군서면 구림 출신. 9·28후퇴로 금정까지 갔으나 정착하지 못하고, 구림 민가에 내려왔다가 1950년 10월 10일(음) 피살.

최규복 구례 출신. 구례군 유격대(야산대 시절) 대원. 후에 정치지도원. 전사.

최규석 구례 광의면 출신. 광의 면당 위원장. 사망.

최근수 화순 북면 출신. 박복실의 남편. 도당 연락부원. 1954년 3월 백운산에서 생포.

최남옥 해남 출신. 전남부대 후방부를 맡음. 난치병에 걸려 하산을 권유받았으나 끝내 거부하고 자폭. 1953년 여름의 일.

최달만 장성 출신. 총사 창설 당시 병기과장. 어려운 조건에서 병기 수리와 탄약 제조 재생 등을 창의성 있게 수행. 1953년 8월경 백운산 진상골에서 전사.

최달순 화순 출신. 화순 탄광에서 일하다가 입산. 간호원으로 일함. 전사.

최도순 장흥 출신. 조계산 당부에서 일하다가 1954년 3월에 생포.

최동진 제1차대침공을 겪은 뒤 노령 지구에서 일함.

최무일 나주 세지면 출신. 유치내산으로 입산. 무장유격대원. 전사.

최 민 이북 출신. 총사 제1연대 2대대원. 기요 일꾼. 전사.

최병준 총사 소속 무장대원. 생포되어 형을 살았음.

최병호 구빨찌. 별명 '휘파람동무.' 도당 조직부 지도원. 루트 탐색에 초능력을 발휘, 연락 사업과 간부 길안내에서 중책을 맡음. 전사.

최복삼 구례 간전 출신 구빨찌. 총사 제1연대 부참모장, 뒤에 참모장. 1952년 4월 지리산 전투지구당 개설 때 부대장. 그 후 도당으로 소환되어 전남부대 참모장. 1954년 3월 2일 백운산에서 전사.

최봉권 이북 출신. 총사 민청연대 대원. 제1연대 2중대 정치지도원. 전사.

최봉심 영암 출신. 유치 지구 교양과에서 일함. 제2차대침공 때 지리산에서 생포.

최생수 장흥 안량면 출신. 장흥 군당 기요계장. 1953년 3월 사자산 비트에서 생포.

최 석 광주 출신. 전남의대 재학 중에 입산. 총사 의무과에서 일함. 1951년 봄에 행방불명됨.

최석태 구례읍 출신. 구례 면당 위원장. 전사.

최선민 완도 고금면 출신. 유치 지구 선전 지도원. 전사.

최성칠 구례 광의면 출신. 6·25 이전 유치 지구당 위원장. 전사.

최수문 광산군 잿등 출신. 제1연대를 거쳐 전남부대 제3중대원. 몸집이 크고 힘이 세었음. 제2차대침공 때 백운산에서 생포.

최수운 도당 조직부 지도원. 전남부대 제3중대원. 1954년 2월 백운산 옥룡골에서 전사.

최양렬 영암 덕진면 장암리 출신 구빨찌. 후퇴 후 영암군 유격대장을 맡음. 생사불명.

최영도 정태묵과 함께 일하다가 체포. 형무소에서 단식 자살.

최영만 남태준 부대 제2대대장. 1954년 2월 13일 백운산에서 전사.

최영심 여수 출신. 광양군 유격대 간호원. 1953년 12월 처참하게 능욕 가해된 전사체로 발견됨.

최영주 완도 군외면 출신. 유치 지구에 입산. 전사.

최영철 9·28후퇴 이후 백운산 지구 부책.

최영호 영암 출신. 제7연대 문화부 연대장. 백운산 도당 시절 선전부 부부장. 지하로 내려가려다가 월출산에서 사망.

최완식 총사 제15연대 부연대장. 1952년 4월 6일 백아산에서 전사.

최윤수 도당 조직부 지도원. 전남부대 제3중대원. 1954년 2월 백운산 옥룡골에서 전사.

최윤수 불갑 지구 사령관 표창 모범대원.

최을만 인민군 출신. 총사 제1연대 경기 사수. 2대대장. 1953년 남태준 부대 참모장. 후에 자수.

최장렬 6·25 전 지하당 사업. 후퇴 후 총사에 있다가 지하로 내려감.

최재연 화순 북면당 위원장(마지막). 전사.

최정호 구례 광의면 출신. 광의 면당 조직책.

최종호 강진 출신. 총사 제1연대 후방부에서 일함. 모후산에서 전사.

최주송 개편된 995부대 대원.

최창면 유치 지구 사령관 표창 모범대원.

최창진 광주 출신. 광주시 유격대 기요과장.

최치남 광산 송정리 출신. 광산 군당 선전부에서 일함. 지리산으로 파송. 제1차대침공 때 전사.

최태석 영암 군서면 구림 출신. 9·28후퇴 때 금정으로 입산. 영암 군당 학교 교장을 지냄. 1952년 2월 유치에서 전사.

최한주 제5지구당 해체 후 전남으로 귀속된 995부대 참모지도원.

최 현 1949년 6월 전남 유격대 사령관으로 부임. 그해 11월 유치내산에서 전사.

최형만 영암 출신. 광주시 유격대원. 1951년 봄 무등산에서 생포.

최형묵 이북 출신. 남태준 부대에서 기요 업무를 봄. 그 후 도당 선전부 지도원으로 일함. 제2차대침공 때 생포.

최홍례 완도 출신. 유치내산으로 입산. 그 후 지리산으로 파송되어 지리산 부대 여성중대 정치지도원. 제1차대침공 때 생포.

최황구 영암 출신. 광주서중 졸업. 곡성군당 선전부에서 일함. 1951년 봄 백아산에서 전사.

(ㅍ)

편말순 함평 신광면 유천리 출신. 불갑산 대침공을 겪은 뒤, 최후까지 불갑산에 남은 사람 중 하나. 공작중 생포됨.

(ㅎ)

하덕례 영암 출신. 유치 지구에 입산. 그 후 지리산으로 파송됨. 1952년 침공 때 생포.

하두호 화순 이서면 출신. 광주 지구 유격대(540부대) 정보과원. 전사.

하 은 화순 출신. 총사 보위부대원.

하이래 화순 이서면 출신. 북면당 위원장. 적벽산에서 전사.

하재철 총사 제7연대 중견 지휘관. 1951년 7월 26일 휘하 소조를 이끌고 압록-구례 간 철도 파괴전을 감행.

하제남 화순 북면 출신. 북면 유격대원. 전사.

하창호 화순 이서면 교사 출신. 6·25 이전 조직원. 광주 지구 유격대(540부대)에서 일함. 전사.

하태호 광양 출신. 광양 유격대원.

하환호 화순 이서면 출신. 광주시 유격대 대원. 전사.

한기정 인민군 출신. 남해여단 소속. 백아산 보위부대. 1951년 동기 침공 때 생포.

한동섭 장성 출신. 노령 지구 유격대(노령 병단) 대원. 제1차대 침공 때 가마골에서 전사.

한만길 광양 출신. 남태준 부대 정치위원. 광양 군당 위원장. 1954년 3월 2일 백운산에서 전사.

한병윤 인민군 군관 출신. 00부대(남해여단)에 있다가 민청연대장. 남태준 후임으로 제1연대장. 제1차대침공 때 부대를 이끌고 적군 포위망을 잘 빠져 다님. 부상한 뒤 지하로 내려갔다가 전사.

한복삼 이북 출신. 광주시 유격대 후방부장. 1951년 6월경 전사.

한상룡 전북 출신. 995부대에 있다가 5지구당 해체로 전남에 귀속.

한상복 광주 출신. 유치로 입산. 지리산으로 파송되었다가 제1차대침공 때 생포.

한숙인 본명 한절자. 백아산으로 입산. 총사 의무과에서 일하다가 지리산으로 파송됨. 사망.

한영애 해남 출신. 유치내산으로 입산. 지리산으로 파송되었다가 제1차대침공 때 생포.

한옥남 장성 삼서면 출신. 백아산 부대원. 제1차대침공 때 생포.

한월수 완도 신지면 출신 구빨찌. 도 민청 책임지도원. 총사 지도원으로 있다가, 민청연대 창설 연대장. 1952년 3월 유치에서 생포.

한일현 곡성읍 출신. 한호현의 형. 곡성 군당 조직부장. 1952년 봉두산에서 전사.

한주희 구례 출신. 구례군 유격대원. 1951년 6월 3일 구례읍 변전소 공격에서 돌격소조를 이끌고 수훈을 세움.

한창수 총사 발족 당시 백두산 부대 부대장. 그 후 제15연대 연대장을 지냄. 1951년 가을에 전사.

한창희 구례 출신. 한주희와 형제 간. 구례 군당에서 일함.

한호현 곡성읍 출신. 한일현의 동생. 곡성군 민청 위원장. 1954년 생포.

한홍구 승주군 송광면 출신. 소년으로 입산. 후에 조계산 당부 정치지도원. 1954년 3월 비트가 탄로나 생포.

허복순 함북 출신. 합법 때 무안군 여맹 부위원장으로 부임. 불갑 지구 여맹 위원장. 유치 지구 여맹 위원장. 도 여맹 문교부장. 제1차대침공 때 백운산에서 전사.

허정섭 장성 출신. 북하 면당 간부. 제1차대침공 때 생포. 형을 받음.

현원준 평안도 태생 인민군 출신. 제1차대침공 때 생포. 형을 받음.

홍경희 목포 출신. 유치내산에 입산하여 김용우 지구책 기요원으로 일함. 1951년 4월 화학산 대침공 때 전사.

홍순돌 총사 기요과원. 화학산 전투를 겪음. 동상으로 다리 절단.

홍승엽 목포 출신. 유치내산에 입산. 후에 지리산으로 이동.

홍용식 광주 양동 출신. 입산 후 무장부대원. 토치카 공략전에서 오른팔을 잃음. 지리산 도당학교 졸업. 1952년 백아산 전투에서 다시 왼팔까지 잃음. 1953년 가을 침공 때 비트에 있다가 생포. 끌려가던 도중 절벽에서 투신 자결함.

홍인철 총사가 7지대로 개편될 때 7지대 기요과장.

홍정기 목포 출신. 유치내산에 입산.

황병택 영암 출신 구빨찌. 일명 점택. 합법 때 영암 군당 위원장. 후퇴 후 유치 지구 유격대장. 총사 책임지도원. 그 뒤 지하로 내려가 당 재건공작을 하다가 비트가 발각되어 중상을 입고 이송 중 여운재에서 절명.

황영관 화순 북면 원리 출신. 총사 병기과원. 1952년 가을 백아산에서 생포. 형을 받음.

황영주 구빨찌. 총사 책임지도원. 제3연대 창설 연대장. 후에 제15연대장을 맡음. 1951년 11월 18일 말봉산에서 피습. 그 후 생사를 모름.

황우민 완도 군외면 출신. 완도군 민청 일꾼. 입산 후 유격대원. 전사.

황의국 완도 신지면 출신. 김복심의 남편. 부부가 함께 유치 지구에 입산. 전사.

황태영 목포 출신. 유치 지구에 입산. 지리산으로 파송되었다가 제1차대침공 때 생포.

맺음말

가신 님들을 추도하는 글로 뒤풀이를 대신한다.

향 사르고 손 모아

반석 위에 굵은 획으로 파두고 싶은 이름들
오방색 만장에 써서 덩다랗게 띄우고 싶은 이름들
황금판에 아로새겨 바다 깊이 묻어주고 싶은 이름들
높이 세운 위령탑 둘레에 구리로 녹여 넣고 싶은 이름들

아, 불멸의 이름들이여

변치 않고
삭지 않고
깨어나지 않는 긴 긴 잠
평화만이 깃든 영겁의 고요 속으로 가시라
고운 님들이여

누가 부르지도 않았건만
누가 등을 밀지도 않았건만
스스로 나서서 참된 삶을 위해 싸우다가
꽃다운 목숨 기꺼이 내던져
조국의 제단 앞에 향불로 사라진 이들이여

우리 모두 머리 숙였나이다
우리 모두 허리 굽혔나이다
우리 모두 엎드렸나이다, 그 거룩한 제단 앞에

무슨 말을 하리이까
무슨 말로 기리리이까
우리의 정겨운 마음 그대로를
우리의 추모하는 마음 아울러 가다듬어서
그저 경건히 바치나이다, 절 받으소서

*

중상을 입은 전우의 손에
핀을 뽑은 수류탄을 쥐여주고
그의 총까지 메고 귀대한 전사
그도 다음번 전부에서 죽었디

보름으로 차가는 달을 쳐다보며

언제 집으로 가게 될까요, 눈물짓던 소녀
반드시 이기고 돌아가게 될 거라고
부대 정치지도원은 격려하며 말했다
그 소녀는 그날 밤 보급투쟁에서 죽었다
정치지도원은 땅을 치며 자신이 한 거짓말을 울었다

비트에 들어갔던 지하일꾼 몇 사람
그것이 폭파되면서 땅이 무너져내려
지번 없는 비트는 그들의 생무덤이 되었다

어디 가면 뼈라도 추스를 수 있을까고
짐짓 찾아 헤맬 일이 아니더라
온 산천 두루 누비고 다녀 보니
눈길이 멎는 데, 발길이 닿는 데가
모두 옛 전우들의 죽은 자리더라, 무덤이더라

철길을 넘다가 저격을 받고
강을 건너다가 매복에 걸리고
재를 넘다가 지뢰를 밟고
그렇게 저렇게 아무데서나 아무렇게나 죽었다

피에 젖은 레포
시신 가슴에 얹히는 돌팡구
잘려서 배낭에 든 머리를

그 몸통을 찾아 이어서 묻어준 전우
그도 그해를 넘기지 못하고 뒤를 따랐다

죽어서
가없이 큰 뜻이 된 이들이여
아낌없이
그렇게도 서둘러 간 앳되고 어린 전사들이여
성장을 멈추라
그저 그때 그 자리에서 훨훨 날아 천사되거라
길이길이 늙지 않는 애기 천사되거라

            *

또 다르게는 더 처절하게
눈 가리이고 팔 뒤로 묶인 채
형장에서 평생 싸움을 마감한 이들
마지막으로 그가 위해 바친 말은
오직 하나, 조국 만세
그의 외침이 끝나기 전에
총탄이 그의 가슴을 찢었다

그들은 지금 어디에 묻혔는가

양 겨드랑이를 잡혀

긴 시멘트 복도를 끌려나와
쪽문안으로 밀려 들어서면
덜컹 내려앉는 소리와 함께 투사 가신다

누가 그들을 매어달았는가, 그리고 왜

천장에 높이 달린 채 연중 내내
꺼지지 않는 나전구 하나
어스레 희뿌연 방안, 변기 냄새
거기서 들릴까 말까 가느다란 숨소리

다리를 자를 때 너무 많이 흘린 피
거기에 결핵이 덥쳐
지금 형무소 독방에서
임종을 맞고 있는 무기수 김 연락병

그에게는 고향에 기다리는 어머님이 계시다

질펀한 콘크리트 바닥
그 구석에 던져져 살았는가 죽었는가
빛은 차단된 채 폭력만이 판을 치는 고문실
거기서 저렇게 뭇 생령들이 망가졌다

그는 시장에서 농구화 한 켤레를 샀다

그 몸통을 찾아 이어서 묻어준 전우
그도 그해를 넘기지 못하고 뒤를 따랐다

죽어서
가없이 큰 뜻이 된 이들이여
아낌없이
그렇게도 서둘러 간 앳되고 어린 전사들이여
성장을 멈추라
그저 그때 그 자리에서 훨훨 날아 천사되거라
길이길이 늙지 않는 애기 천사되거라

　　　　　　　*

또 다르게는 더 처절하게
눈 가리이고 팔 뒤로 묶인 채
형장에서 평생 싸움을 마감한 이들
마지막으로 그가 위해 바친 말은
오직 하나, 조국 만세
그의 외침이 끝나기 전에
총탄이 그의 가슴을 찢었다

그들은 지금 어디에 묻혔는가

양 겨드랑이를 잡혀

긴 시멘트 복도를 끌려나와
쪽문안으로 밀려 들어서면
덜컹 내려앉는 소리와 함께 투사 가신다

누가 그들을 매어달았는가, 그리고 왜

천장에 높이 달린 채 연중 내내
꺼지지 않는 나전구 하나
어스레 희뿌연 방안, 변기 냄새
거기서 들릴까 말까 가느다란 숨소리

다리를 자를 때 너무 많이 흘린 피
거기에 결핵이 덥쳐
지금 형무소 독방에서
임종을 맞고 있는 무기수 김 연락병

그에게는 고향에 기다리는 어머님이 계시다

질펀한 콘크리트 바닥
그 구석에 던져져 살았는가 죽었는가
빛은 차단된 채 폭력만이 판을 치는 고문실
거기서 저렇게 뭇 생령들이 망가졌다

그는 시장에서 농구화 한 켤레를 샀다

그 몸통을 찾아 이어서 묻어준 전우
그도 그해를 넘기지 못하고 뒤를 따랐다

죽어서
가없이 큰 뜻이 된 이들이여
아낌없이
그렇게도 서둘러 간 앳되고 어린 전사들이여
성장을 멈추라
그저 그때 그 자리에서 훨훨 날아 천사되거라
길이길이 늙지 않는 애기 천사되거라

             *

또 다르게는 더 처절하게
눈 가리이고 팔 뒤로 묶인 채
형장에서 평생 싸움을 마감한 이들
마지막으로 그가 위해 바친 말은
오직 하나, 조국 만세
그의 외침이 끝나기 전에
총탄이 그의 가슴을 찢었다

그들은 지금 어디에 묻혔는가

양 겨드랑이를 잡혀

긴 시멘트 복도를 끌려나와
쪽문안으로 밀려 들어서면
덜컹 내려앉는 소리와 함께 투사 가신다

누가 그들을 매어달았는가, 그리고 왜

천장에 높이 달린 채 연중 내내
꺼지지 않는 나전구 하나
어스레 희뿌연 방안, 변기 냄새
거기서 들릴까 말까 가느다란 숨소리

다리를 자를 때 너무 많이 흘린 피
거기에 결핵이 덥쳐
지금 형무소 독방에서
임종을 맞고 있는 무기수 김 연락병

그에게는 고향에 기다리는 어머님이 계시다

질펀한 콘크리트 바닥
그 구석에 던져져 살았는가 죽었는가
빛은 차단된 채 폭력만이 판을 치는 고문실
거기서 저렇게 뭇 생령들이 망가졌다

그는 시장에서 농구화 한 켤레를 샀다

먹방 구석에 기대어 뼈대는 앙상
희게 바랜 얼굴에 눈만 살아서 불붙고
그는 양심의 자유를 지키려고 단식중이다

우루루 달려든 깡패들이
그를 끌고 어디론가 간다
고무 호스를 목에 찔러 넣고 강제로 먹일 거다

아, 그는 끝내 죽음의 길로 가는구나

*

후방을 갖지 못해 늘 굶주렸고
언제 한번 배불리 먹고 실컷 잠잘까
그것밖에는 소원이 없었느니라

교대 병력이나 보충할 길이 막혀
이긴 싸움 뒤에는 으레 끝없는 쫓김
대오는 나날이 설피어가고
겹겹으로 에워싸인 포위망 속에서
그래도 우리는 살고 배우고 싸웠느니라

전우를 잃고 돌아와서 묵념 올렸고
전우를 묻고 돌아서서 눈물 씹었느니라

모진 설한풍에 동상 걸린 발을 비비면서도
한숨 지은 적은 없었느니라

장차 어찌 될까고
걱정 한번 한 적도 없었느니라
그저 길 하나가 있었을 뿐
그 길은 영광으로 통한다는 것을 믿었을 뿐

위하는 이 오직 한 분 있었고
그도 우리를 밤낮으로 위한다는 것을
따짐이 아니라 사랑으로 느꼈을 뿐

곁에 동무가 있으면 외롭지 않았고
보초선에 동무가 섰으면 믿고 잠을 잤다
그저 최고가 동무였다
그저 동무가 최고였다
아, 우리 동무, 우리 동무, 가신 동무들이여

*

세상에 내로라하는 사람 있거든 나서 보라
우리 빨찌산만큼 잘 싸운 사람
우리 빨찌산만큼 어렵게 싸운 사람
우리 빨찌산만큼 뜨겁게 싸운 사람

이 세상에 있거든 앞으로 나서 보라
또 지구상에 우리만큼 가열차게 싸운 나라가
한 나라라도 있거든 나서 보라

그렇게 될 수밖에 없었던 시작은
그렇게 될 수밖에 없었던 마감으로
이제는 접어둘 수밖에 없는가
숫자로 셀 수조차 없는 주검을 두고서

그래서 가신이들 이름은 통곡이다
그래서 가신이들 이름은 사랑이다
겨레 사랑, 나라 사랑
자유 사랑, 평등 사랑
그들은 우리 인민의 선봉이요 자랑이다

아, 조국이여
그토록 많은 희생을 요구한
모진 이름, 우리 조국이여
당신 품에서 태어나
당신 이름을 바로 세우려고
싸우다 가신 이들을 챙겨주소서

우리 사랑, 그 이름 조국이여
당신 이름과 더불어

가장 높은 자리에다가
위 이름들을 올려주소서, 그래서
영원히 스러지지 않는 후광으로 빛내주소서.

지은이 **정관호**

【약력】

1925년 함경도 북청 출생.
1942년 '독서회 사건' 치안유지법 위반으로 함흥형무소에서 2년 수감.
1949년 평양 노어대학(후일 평양 외국어대) 졸업, 원산 교원대학 교원.
1950년 /월 6·25전쟁 때 동원되어 전남 강진으로 파견됨.
1950년 말 춘천으로 집결 지시를 받고 이동 중 혼자 남게 되어 장흥군 유치산에 입산, 강진군당 합류, 전남도당(위원장 박영발)에 소환되어 『전남노동신문』 주필 역임.
1954년 4월 8일 백운산에서 검거되어 형을 삶.

【저서】

음악 오디오 에세이집
『영원의 소리 하늘의 소리』, 『소리의 고향』.

시집들
『꽃 되고 바람 되어』, 『남대천 연어』, 『풀친구 나무친구』, 『한재』, 『아구사리 연가』.

장편소설
『남도 빨치산』(전6권).

기타 역편저 다수.